本书出版得到上海文化发展基金会图书出版专项基金资助

中国梦：
两类因素对冲下的
中国经济前景

张鹏　贾康○著

立信会计出版社
LIXIN ACCOUNTING PUBLISHING HOUSE

图书在版编目（CIP）数据

中国梦：两类因素对冲下的中国经济前景/ 张鹏，贾康
著. —上海：立信会计出版社，2017.9
ISBN 978 - 7 - 5429 - 4891 - 5

Ⅰ.①中…　Ⅱ.①张…②贾…　Ⅲ.①中国经济—研
究　Ⅳ.①F12

中国版本图书馆 CIP 数据核字（2016）第 009306 号

策划编辑　　窦瀚修　方士华
责任编辑　　方士华
封面设计　　南房间

中国梦：两类因素对冲下的中国经济前景

出版发行	立信会计出版社		
地　　址	上海市中山西路 2230 号	邮政编码	200235
电　　话	(021)64411389	传　　真	(021)64411325
网　　址	www. lixinaph. com	电子邮箱	lxaph@sh163. net
网上书店	www. shlx. net	电　　话	(021)64411071
经　　销	各地新华书店		
印　　刷	江苏凤凰数码印务有限公司		
开　　本	787 毫米×1 092 毫米	1/16	
印　　张	10.75	插　　页	1
字　　数	222 千字		
版　　次	2017 年 9 月第 1 版		
印　　次	2017 年 9 月第 1 次		
书　　号	ISBN 978 - 7 - 5429 - 4891 - 5/F		
定　　价	38. 00 元		

如有印订差错，请与本社联系调换

我国发展的阶段性特征与经济前景

（代序）

习近平总书记在 7 月 26 日省部级主要领导干部专题研讨班开班式的讲话中明确指出，"我们要牢牢把握我国发展的阶段性特征"，并"提出新的思路、新的战略、新的举措"。因此，如何认识我国发展的阶段性特征，并进行全面科学的把握和学习，就成为现阶段我国发展的重大理论问题、核心实践要求和全面行动纲领。我国的两类因素的"对冲"就是以在阶段性特征下的主要矛盾对立为基础，并使得中国经济创新驱动和治理现代化在阶段性的特征下协调统一。

阶段性强调三个视角：一是历史唯物主义的视角，即从历史阶段、社会阶级和演进规律来看，我国处在怎样的一个历史时期；二是辩证唯物主义视角，即从主要矛盾和次要矛盾的互动与转化关系出发，我国表现出怎样的静态特征和动态趋势；三是从认识论的角度出发，阶段性特征既有应然和必然，但也存在着偶然，增强理论自信，保持战略定力，是我们认识必然，借力偶然的重要方法。

一、从历史视角看，我国阶段性特征和经济前景表现为全球化、现代化和经济新常态

当今的世界越来越成为一个整体，全球化浪潮席卷着世界的每一个角落。作为全球第二大经济体，我们以改革开放的姿态来拥抱整个世界，以壮士断腕的勇气和一往无前的决心来引进人类文明的先进思想、体制机制和科学技术，以极富前瞻性、战略性的眼光和"共建共享共赢"的理念提出了"一带一路"战略。中国既是全球化积极的参与者，也是全球化的倡导者和推进者。从全球化在当前的发展来看，多极化格局中"极点"互动的特点表现愈发明显，并通过区域战略和经贸合作形成了"┤"形格局（也可表述成横 T 形）。即中美两国形成"极点"互动的 G2 模式，中国主导的"一带一路"为"一"，美国主导的美洲自由贸易区为"｜"，世界经济以亚太和泛大西洋地区为主轴，形成了全球化的新格局。

现代化既指经济发展的现代化，又指人民生活的现代化，还强调国家治理的现代化，我们的事业就是继往开来的现代化。经济发展的现代化强调生产体系的更高质量、更有效率、更加公平和更可持续，强调实体经济的基础性地位，强调科学技术是第一生产力；人民生活的现代化强调收入分配机制的公平公正，强调生活富裕、安定和谐、文化繁荣、法治昌明，国民素质和社会文明程度显著提高；国家治理的现代化强调国家治理体系更加完善，法律法规措施系统完整，国家机构体制机制协调有序，国家

治理能力的科学性、规范性明显提升。在当前,我国现代化的阶段性特征集中表现在"全面小康社会"和"第五个现代化"建设两个方面,并成为统领我国现代化发展的两个主线。

我国最大的实际就是处于并将长期处于社会主义初级阶段。习近平总书记指出,"全党要牢牢把握社会主义初级阶段这个最大国情,牢牢立足社会主义初级阶段这个最大实际,更准确地把握我国社会主义初级阶段不断变化的特点,坚持党的基本路线"。社会主义初级阶段在当前最重要的表现就是"经济新常态"和"建设伟大工程"。要努力形成经济新常态的形态更高级、分工更复杂、结构更合理的演进路径,确立经济新常态在我国经济发展中"大逻辑"的定位;要毫不动摇推进党的建设新的伟大工程,团结带领人民进行伟大斗争、推进伟大事业、实现伟大梦想。

二、从辩证视角看,阶段性特征与经济前景表现为新发展理念、供给侧结构性改革和稳中求进

习近平总书记指出,"认识和把握我国社会发展的阶段性特征,要坚持辩证唯物主义和历史唯物主义的方法论"。辩证唯物主义是我们认识和把握当前经济社会运行阶段性特征的基本方法和理论源泉。辩证唯物主义的三大基本规律与当前的经济社会发展实践相结合,就形成了发展的阶段特征。

对立统一规律也即矛盾规律是新发展理念作为阶段性特征的重要基础。经过改革开放近40年的发展,我国社会生产力水平明显提高,人民生活水平显著改善,但"人民群众日益增长的物质文化需要与相对落后的社会生产之间的矛盾"仍然是当前阶段的主要矛盾,并随着对美好生活的向好,在实现了基本小康之后,人民群众的需要呈现多样化多层次多方面的特点:期盼有更好的教育、更稳定的工作、更满意的收入、更可靠的社会保障、更高水平的医疗卫生服务、更舒适的居住条件、更优美的环境、更丰富的精神文化生活。这些需求的满足则需要转变我们的发展方式,树立全新的发展理念,即:以创新发展作为国家发展全局的核心,让创新贯穿党和国家的一切工作,让创新在全社会蔚然成风;以协调发展作为中国特色社会主义事业总体布局的基础支撑,正确处理发展中的城乡、区域、产业等重大关系;以绿色发展作为节约资源和保护环境的基本要求,坚定走生产发展、生活富裕、生态良好的文明发展道路;以开放发展作为我国参与全球经济治理和公共产品供给的重要手段,推动我国经济深度融入世界经济;以共享发展作为增强发展动力、实现共同富裕的关键抓手,扶贫工作是其中之要。"创新、协调、绿色、开放、共享"五大新发展理念面向"十三五"提出,作为当前发展的阶段性特征是适当的,合乎逻辑的。

否定之否定规律是指对发展模式、组织方式和产品形态的"扬弃",即通过"否定"形成"去芜存菁",通过"再否定"形成"青出于蓝",从而把表面上的循环往复转变成了"波浪式"前进和"螺旋式"上升。供给侧结构性改革就是否定之否定规律在当前经济社会发展中表现出的阶段性特征。改革开放近40年来,我国形成了较为完备和较具竞争力、影响力的国民经济体系,通过创新投融资方式和支持企业滚动发展实现了产

能的极大扩张;通过引进外资和扶持龙头企业的方式,形成了"中心—外围"结构的产业生态;通过延长产业链、细化分工形成了标准化的生产组织方式;通过产业积聚和专业园区实现了规模经济和范围经济的完美融合。以"标准化产品＋价格竞争＋同质市场覆盖"的模式,"中国制造"横扫全球,并一举解决了国内供给短缺的问题,对传统的分散型、小型和非标准型生产的"否定"取得了巨大的成功。但随着"个性化和多样化需求渐成主流","模仿型和排浪式的阶段基本结构"等趋势的形成,标准化生产体系匹配个性化消费需求的难度就越来越大,我们必须要对现有的生产体系进行调整和完善,以使其能够匹配最终需求,"再否定"的阶段性表现就是供给侧结构性改革。供给侧结构性改革强调增加有效供给,减少无效供给,即强调供给必须匹配需求(有效供给),而且着力点并非单一厂商,而是整个供给体系,即通过供给体系的改革实现高效率、低成本、高质量的差异化产品生产,实现对个性化、多样化需求的匹配。具体到理念和手段上,"制造＋再制造""增材制造""柔性生产""虚拟现实""工业机器人""区块链协同"等就成为新的时代名词;而表现在企业的组织模式上,小型化、专业化和智能化成为新的趋势和方向。"再否定"成为供给侧结构性改革的实质,也成为中国经济新一轮增长的内生动力。

质量互变规律强调量变的重要性和面对质变的信心、决心和能力,稳中求进就是质量互变规律在当前发展阶段的典型特征。"稳"强调量变的环境,即通过系统性、渐进性、小幅度的量变实现对发展瓶颈和机制制约的突破,进而为局部质变的"进"创造了良好的条件和重要的突破口,以量变带动局部质变,局部质变又为系统性、全局性变革创造和准备条件。2013年以来,我国一直坚持稳中求进的总基调,量变在不断地积累,局部质变也在有序地发生,至2016年年末,主要领域的"四梁八柱"性改革基本出台。以垄断行业改革为例,在不少人民群众还抱怨垄断企业的各种"恶行"的时候,随着今年5月21日国务院"油气改革指导意见"的颁布,我国能源、交通、通信、金融和军工等领域的垄断行业改革方案已基本完成,改革的重心转入推进落实阶段。量变带来的局部质变在我们经济社会发展中随处可见,在坚持稳中求进的时代特征下,将改革进行到底。

三、从认识论的角度看,阶段性特征与经济前景的表现为区间意识、底线思维和战略定力

认识论是关于人类的认识来源、认识能力、认识形式、认识过程和认识真理性问题的科学认识理论。首先它是可知论,即从"必然"的角度出发,人们不仅能够认识物质世界的现象,而且可以透过现象认识其本质;其次它是反映论,即将人的经验和意识与分析与归纳相结合,从而在"偶然"的基础上产生正确的预期和判断;再次它还是实践论,即"应然"的角度产生理论总结,并将实践作为认识的基础、认识的来源、认识发展的动力、认识的目的和检验认识真理性的唯一标准。

"应然"原则的阶段性特征与区间意识。具体是指对经济运行设定合理(意)区间,当经济在区间内运行时,无论增速高一点,还是增速低一点,都属于正常的现象。

这一方面使政府与市场之间的关系更加协调、规范,另一方面也给改革以必要的空间和时间。

2012 年以来,我国宏观调控转向区间调控,即只要经济在合理的区间内运行,就不安排"强刺激"政策,推动市场在资源配置中发挥决定性作用,并以"点调控"和"微刺激"来更好地发挥政府的作用。2015 年则在区间调控的基础上,基于对政策效果的认识和判断,实施了定向调控和相机调控,使政策与经济的匹配程度更好,政策效率更高,并成功地在 2016 年完成了经济"探底"、2017 年经济"企稳"的目标。

"必然"原则的阶段性特征与底线思维。这一判断也即经济效率的提高,社会文明的发展都将导致一定程度的生产要素和组织因子的活跃,从而加大不确定性。我们坚持底线思维,在没有达到底线(已知的"必然")之前,通过提升监管水平和处置能力应对风险的变动;而一旦达到了底线,则以控制风险作为第一要务,予以系统、规范和有效地处置。

底线思维最主要的表现就是 2016 年 10 月国务院办公厅颁布的《地方政府性债务风险应急处置预案》。其中规定,在风险达到 IV 级之前,地方政府应有序安排本地的财政支出和投资事项,确保政府运转和公务员工资,并协调推进地方经济发展、社会保障服务、基础设施建设和跨区域公共事务管理等各项工作。而在风险达到 IV 级之后,在恢复正常偿债能力前,除国务院确定的重点项目外,原则上不得新上政府投资项目。在建政府投资项目能够缓建的,可以暂停建设,腾出资金依法用于偿债,此外,市、县债务管理领导小组或债务应急领导小组认为确有必要时,可以启动财政重整计划。而当风险达到 I 级的标准后,除缓建项目、出售资产、压缩经费和降低福利之外,还将由省级政府暂停相关涉事市、县的新增地方政府债券资格,并启动债务风险责任追究机制。相关风险底线以风险应对为第一要务,部分管制性措施在约束风险进一步扩张的同时,也将减少风险的处置和缓冲空间,但从底线思维的角度出发,这种牺牲是值得的,只有这样才能真正阻止地方政府的投资冲动和滥用信用,确保我国财政体系的平稳、可持续发展。

"偶然"原则的阶段性特征与战略定力。"偶然"不代表趋势,但又反映变化,因此,面对"偶然"要保持战略定力,坚持改革的方向,坚持发展的目标,但又不忽视可能存在环境变化。比如,面对当前的中国经济,我经济潜力足、韧性强、回旋余地大,即使不刺激,速度也跌不到哪里去。因此,对一些经济指标回升,不要喜形于色;对一些经济指标下行,也别惊慌失措。保持战略定力就一定可以迎来中国经济的新局面。

比如,今年刚刚公布的 8 月份经济数据,引发了市场的一片哗然,许多重要的运行指标在数据上表现出了明显的下滑。例如:社会消费品零售总额的增速降至 10.1%,比 1～7 月份的均值下滑了 0.3 个百分点;固定资产投资增速降至 7.8%,较 1～7 月份下降了 0.5 个百分点;而全国规模以上工业增加值的同比实际增长为 6%,较 7 月份回落了 0.4 个百分点。但实际上,社会消费品的结构正处于改善之中,汽车、通讯器材等耐用消费品的增速均明显超过年度均值,不断优化的国债收益率曲线也在为市场的消费融资提供强大的支撑;而固定资产投资的结构中,汽车、造船、铁路、电气机械等装备制造业的投资增速均保持在8%左右的良好状态,计算机、通信及其他电子设备制造业的投资增速高达25.4%;全国规模以上工业企业的产出中,机电类、装备制造类的增加值增速均远远超过6%的平均增速,主要产品的产量在去产能的大背景下,均保持稳定增长或增速加快。这些隐藏在表面数据背后的变化实际上是真正意义上的趋势性变化,随着积极因素的不断积累,我国经济的基础条件、要素构成、动力结构和运行机制都将形成新一轮经济增长的重要支撑。

张　鹏　贾康
2017 年 9 月

目　录

导　论

　　当前,全球经济步入复苏期,这将为我国的经济增长提供良好的外部条件,但各主要经济体宏观政策的分歧,也将加剧我国的经济风险和压力。美国经济继续保持平稳运行的态势,目前的年度经济增长率保持在 2.8% 左右,进入潜在经济增长区间;欧元区经济增速实现了稳步复苏,总体保持在 2% 左右,成为摆脱欧债危机影响、步入经济正常化的典型标志;日本经济增速总体可达 1%,尽管表现不属上佳,但继续了经济增长态势;印度受到货币改革、统一货物劳务税制等问题的影响,经济增速预计将低于 7%,但依然表现亮眼。而在政策层面,美国总统特朗普的"百日新政"和中国的"稳中求进""供给侧结构性改革"受到世界的广泛关注,全球经济两大"发动机"的政府前景与措施转向的影响巨大,世界需要摸准脉搏、评价风险、协同有序、形成合力。今后一个阶段,全球经济呈总体加速复苏的表现,以质量、效率、结构优化为特征的新一轮全球性增长启动在即。

　　在宏观经济运行的态势上,我国经济运行态势总体进入"L"形的底部运行。各项经济指标趋稳,经济下行的风险降低;闲置资源开始从落后产业和过剩产能中有效析出;全要素生产率、劳动生产率等效率指标的表现呈小幅长期改善态势;外部经济运行环境好转,进出口活跃,国际产能合作有序推进,"一带一路"经济走廊建设取得了重大进展。但经济运行中仍然存在一定的矛盾和不足:增长内生动力仍需增强,部分行业产能过剩严重,一些企业生产经营困难较多,地区经济走势分化,财政收支矛盾较大,经济金融风险隐患不容忽视;环境污染形势依然严峻,特别是一些地区严重雾霾频发,治理措施需要进一步加强;在住房、教育、医疗、养老、食品药品安全、收入分配等方面,人民群众还有不少不满意的地方。

　　中国经济正进入关键的转型期,从强调增长速度到追求结构优化,从强调扩张规模到追求效率提升,从强调增加数量到追求质量提高,当前,中国经济正处于从数量时代向质量时代转型的关键阶段。

　　在这个阶段之中,我们既有着强大的经济上行动力,又存在着巨大的经济下行压力,两类因素既相互独立、各自强化,又在一定的环境之下消解缓和,甚至相互转化。因此,我们要坚持从动态和静态结合的视角来看待中国经济的上行动力和下行压力。以静态视角,明晰构成因子、运行规律和总体格局;以动态视角,促成调整转化、整合提升、融合创新。

　　而在"动、静"之间,我们要进一步完善和提升中国的宏观调控体系,构建科学的政策框架,丰富政策机制和措施手段,制定严谨而富有前瞻性的预警机制和相机抉择模型。而这些研究和理论上的探索,就成为本书研究的总体框架和创新要点。

第一章 中国梦:"十八大"报告对当前经济 形势分析与发展目标确立

党的"十八大"报告全面阐述了过去 10 年的辉煌成就和实践经验,提出了今后一个时期的大政方针和工作部署,为党和国家事业发展指明了前进方向。"十八大"报告无论是在继续解放思想还是深化改革开放方面,无论是在推动科学发展还是促进社会和谐方面,无论是在推进伟大工程还是领导伟大事业方面,都显示出党中央运筹帷幄、驾驭全局的高超本领,求真务实、励精图治的进取精神,高瞻远瞩、深谋远虑的战略眼光。"中国梦"是将"十八大"的伟大思想和战略决策落实到经济运行、社会治理、文化伦理和个人发展中的重要渠道和关键抓手,以"中国梦"为核心,中国各阶层在"十八大"报告的指引下,向全面建成小康社会,向中国经济的现代化,向社会主义现代化建设的新里程碑迈出坚定的步伐。

一、"十八大"报告对当前经济形势的分析

中共"十八大"是在我国进入全面建成小康社会决定性阶段召开的一次统一思想、凝聚力量,承前启后、继往开来的盛会,是高举中国特色社会主义伟大旗帜,从思想上政治上组织上为实现全面建成小康社会宏伟目标、奋力开拓中国特色社会主义更为广阔的发展前景作出战略部署的盛会,是展示我们党团结、胜利、奋进的盛会。"十八大"报告指出,我国在经济社会的发展中形成的三个基本模型,并从九个角度论断和指导我国经济发展战略与形势。

(一)"十八大"报告指出的我国在经济社会形成的三个基本模型

第一个模型是总依据模型。"总依据"用一句话概括就是我国是社会主义初级阶段。拆开来看包括三层含义:第一层含义是中国正处于并且长期处于社会主义的初级阶段,因此我们在这个阶段相应的经济政策、社会政策、政治改革等都处在探索期,我们要允许大胆的探索,允许失败,也希望社会公众宽容这样一次探索,这也是中华民族在整个复兴道路上的探索和实践。第二层含义是这个阶段社会的主要矛盾仍然是人民群众日益增长的物质文化需要与落后的社会生产力之间的矛盾,仍然要以经济建设为中心,这个中心是不可动摇的。第三层含义,中国是世界上最大的发展中国家。这句话表述当中有两个要点,第一个是"最大",第二个是"发展中"。既然是最大

的,中国在任何国际事务活动当中都不可能被忽视掉,我们都可能被当作主要的合作伙伴,或者主要的竞争对手,或者主要的争取对象,我们不能因为处在这个阶段,在国际经济、外交、政治、军事、安全等领域的话语权上升,而妄自尊大,中国是一个发展中国家,我们对于国际事务,是积极地参与,并且保持自己独立自主、自力更生的态度。总依据模型主要分析了这三方面的内容。

第二个模型是中国特色社会主义的发展模型。发展要解决好三个问题,第一个是为谁发展?第二个是怎么发展?第三个是发展什么?"十八大"报告对这三个问题都有了非常准确的回复。为谁发展?为人民发展,要坚持人民的主体地位。怎么发展?它有三个层次:第一,要坚持解放和发展生产力,生产力仍然是我们最关注的因素;第二,要坚持推进改革和开放;第三,要坚持党的领导。发展什么或者发展成果是什么?第一,要坚持维护社会的公平正义。公平正义在表述当中用了规则公平、机会公平、过程公平。没有使用结果公平的表述方法,但并不代表我们不重视结果公平,因为我们还要坚持走共同富裕的道路,但是为什么把这两点分开来表述,最大的原因是首先要坚持三个公平,在三个公平基础之上,以效率主宰整个生产力的发展过程,到了结果阶段,还要再重视一次公平。这两次公平的地位是不一样的。在第一次公平当中,效率具有非常重要的地位,至少跟公平是等价的。而在共同富裕的这个阶段,效率和公平之间,就要有一个相应的地位上的调整,我们要在实现共同富裕过程中,做一部分低效率甚至是无效率的事情,即把市场之中一部分的资源配置格局重新调整或者打散,把一部分高效的资源配置转移到低效率的领域来。这样的处置方法可以维护社会的公平,保障社会正常的稳定和发展。第二,要坚持促进社会和谐。这是在公平之外强调社会阶层间的理解与沟通,以和谐为目标,形成社会治理的基本要求,并构建社会阶层间、人民内部矛盾层次的优化和完善之道。第三,要坚持和平发展。中国是世界的中国,中国的发展将为世界的发展提供重要的动力和坚实的支撑,并以自身的责任和胆略为世界注入新的能量和机遇,勇于国际担当,并肩负更多的多边使命。中国特色社会主义的发展模型主要包括上述内容。

第三个模型是"五位一体"的发展模型。"五位一体"的发展模型,与科学发展观是紧密相连的。科学发展观的核心是以人为本,作为一个人来讲,有一些基本的需求和需要,第一是生活富裕,第二是享受的政治和社会权利公平,第三是所处的时代拥有相对较好的思想和道德水平,第四是生活环境优美,第五是人际关系或者人与组织、人与体制之间的关系相对和谐。个人对这五方面的基本需要,向外推广就表现为经济建设、社会建设、政治建设、文化建设和生态建设。这五个方面在科学发展观的理念中得到统一,在建设中国特色社会主义的实践中得到统一。

这三个模型就是"十八大"报告在经济社会发展的框架上,形成的主要结论以及在整个谋篇布局当中所隐含的主要发展模型。

(二)"十八大"报告对当前经济形势的论断与指导

在上述三个模型的基础上,"十八大"报告还对当前的经济形势和发展作出了重要论断,并进行了深入的分析。在结构上,它们主要分为以下九个方面的内容:第一是总体经济形势,第二是经济结构的情况,第三是区域发展战略,第四是城乡一体化,第五是对外贸易,第六是对外直接投资,第七是通货膨胀,第八是金融市场,第九是房地产市场。

1. 中国经济的总体形势

从经济运行走势上看,在 2010 年第一季度达到最高峰以后,国内生产总值(GDP)增速总体进入不断下滑的阶段。2012 年第四季度 GDP 增速是 7.4%,跌破了 2012 年 7.5% 的预期控制线,但是全年的 GDP 增速还是达到了 7.5% 以上。关键的问题是,究竟是什么原因导致了这一轮 GDP 增速的下滑?

在理论上,推动 GDP 增长有三个路径:第一个路径是要素数量的扩张,如大量的年轻劳动力进入市场;第二个路径是生产效率的提升,相同的投入能够带来更多的产出;第三个路径是货币估值因素的影响,即资产产品的价值受到溢价的影响,而带来体现在货币价值上的产出增长。例如,北京的房价在 1998 年的时候,每新建 1 平方米的住房给 GDP 带来的增量是 2 000 元,而在 2012 年,同样是新建 1 平方米的住房,给 GDP 带来的增量达到 30 000 元。更关键的是,这个溢价并不是通货膨胀带来的,也没有办法通过平减指数从 GDP 当中扣减,货币估值溢价就实实在在地统计在 GDP 之中。根据有关国际经济组织的测算,2010 年到 2011 年,中国的 GDP 增量中大约有一半左右是因为货币估值因素所推动,也即 2011 年 9.3% 的 GDP 增速,去掉一半左右的货币估值因素,真正落实到实体经济产出规模或价值(剔除通胀影响)之中的不到 5%。即 2011 年最大的特点是,从宏观层面可以感觉到收入增长(面对的 GDP 增速为 9.3%),增速还比较快,但是在实体经济企业层面则感觉到市场压力较大,经营环境较为紧张(面对的经济增速不到 5%),形成了微观和宏观的巨大差异。在这种情况下,2011 年的中央经济工作会议就明确提出,2012 年要以发展实体经济为主体。而如果要切实推进实体经济的发展,就必须要对资产市场进行调控,而对资产市场进行调控的结果将导致整个货币估值因素大幅度下滑,直接就表现为 2012 年的 GDP 增速明显下滑,进而导致政府财政收入的较大幅度下滑。这种情况下,我国宏观经济形势一下子从 2011 年非常好的状态变成了 2012 年相对紧张的状态。

"十八大"报告当中并没有放松对实体经济发展的要求,"十八大"报告中是这样表述的:我们一定要全力支持实体经济的发展,实行更加有利于实体经济发展的政策措施,以结构调整作为未来经济增长的主要支柱。因此,我们下一个阶段还必须大幅度推动和支持实体经济的发展。在这种环境下,对资产市场的调控不可能出现大的放松,中国的经济增速有可能将在相对平稳的状态下保持一段时间,这也是一个战略性的决策。

从实际经济运行上看,2012 年总体经济增长情况并不好,政府也开始通过扩大财政支出的方式支持经济。2012 年年初的时候中央财政一共规划了 4 100 亿元的经济建设支出,而至 2012 年 9 月月末一共花了 3 900 多亿元,余额还有 100 多亿元,花出去了大约 97% 的钱。在这些政策的支持下,实体经济在 2012 年的第三季度开始出现了较好的复苏苗头。但是当时也有一种疑虑认为政府将被迫增加赤字,举借更多的债务,从而导致复苏的进程中断和市场的"挤出"。但实际上,中央政府的预算稳定基金仍保有1 100亿元的头寸,各级政府在央行国库的存款还有2万多亿元,而且,随着房地产市场的逐步回暖,地方政府的财政压力得到了比较大的缓解。

2. 居民消费情况的自主性升级仍不够稳定

中国的消费增速始终保持在稳定的状态,17%左右的增速在国际上也算非常好的,虽然后来出现了一定的波动,但是总体还可以保持在相对平稳的区间。"十八大"对消费提出来的要求是"扩大消费需求的长效机制,释放居民的消费潜力"。如何落实这句话,成为解决问题的关键。

从逻辑上看,主要的方法是:第一,提高收入。这是一个长期的命题,需要依靠持续稳定的经济增长,并进行深入的分配制度改革才可以有效实现,所以短期内效果并不理想。第二,城市化。随着城市化的发展,第一层面它能够带来居民的增收,特别是部分农民的增收来自土地性质的财政收入;第二层面它使农民转变成市民,其原来自给自足的劳动被显性化,大量的自给自足的劳动转变为社会购买,自然而然拉动消费的上升。第三,改善消费环境。改善消费环境在当前最主要的是改善信用环境,使人们能够很方便地筹集到合适成本和规模的资金,并用合理的融资去开展自己的消费,或者是实现自己的消费愿望。信用消费这几年在中国的建设是非常好的,信用卡的消费规模迅速增加,另外像"蚂蚁花呗""京东白条"等准信用业务也得到了良好的发展,2012年信用消费的总规模超过3万亿元。第四,提供消费时间。其最突出的表现为国家旅游局推出的国民休闲计划。它要引导国民懂休闲、能休闲、会休闲、休好闲。我国经济发展到现阶段,需要这样一个国民休闲计划的指导。例如,休闲计划当中提到了促进"银发旅游",即让老年人也享受旅游的权利。因此应该在核算养老保障时将这一因素考虑进去,并作为调整保障水平的构成标准。又如,修学旅游计划,也纳入国民休闲计划,然后在教育补助经费当中也应有针对性的安排。

提升消费结构包括两个层面:第一个层面是从过去的非耐用消费品消费为主体,逐步转向为耐用消费品消费为主体。第二个层面是从过去无保障的在市场上自由采购商品为主体,逐步转向合格的商超采购并且进行有保障、有品牌的产品销售为主体。例如,商务部启动的"万村千乡"工程,重构了农村商品流通基础条件,使农村具备了基础的消费现代化的环境。又如,在"家电下乡"过程中,家电以旧换新、汽车、摩托车下乡,建材下乡等一系列消费补贴工程,都是政府积极引导消费、建立扩大消费需求长效机制的一个重要表现形式。而为了防止耐用消费品的"替代"和"挤出"效应,我国的消费促进计划还设计了退出程序:如"家电下乡"活动在2012年年底退出,家电"以旧换新"的活动在2011年年底退出,"摩托车下乡"活动也在2013年的1月31日退出。但是,随着家电鼓励政策、家电补贴政策的退出,市场的波动性随即表现出来,消费增速出现了一个明显的下滑。为了避免消费增速过度波动,并引导城乡消费结构的进一步升级,我国从2012年5月16日开始,又启动了以"节能降耗"为目标的消费补贴计划,计划执行了2年,产生了应有的效果,并在2014年启动了退出程序。

从消费补贴的情况来看,为什么要在关键的阶段调整消费促进措施和补贴对象?以"家电下乡"为例,政府希望能够纳入"家电下乡"之中的商品不外乎是标准化、高质量、维修便利、使用便利的商品,而这样的产品恰恰是缺乏技术含量、库存积压明显的产品。家电企业的竞争优势是创新,是不断地研发和推出新产品。而"家电下乡"等补贴计划将导致我国许多大型的家电厂商把自己的工作重心从研发新产品转向生产成熟产品。在促进消费的同时,它也降低了我国家电企业的创新能力和竞争力,所以这个政策必要要退出。它是一项短期政策而不是长期政策。而简单的退出必然导致市场出现较大的压力,对新产品的促进和新消费习惯的培育的政策开始发力。但是,如何定义新产品,明确新产品的范围和特征就成为政策面突出的问题。第一,没有办法给予清晰可判断的概念的政策在执行当中是没有办法开展的,因此,从政策可执行的角度考虑,以"节能"作为新产品的标志,而且节能又符合生态文明、科学发展观、"两型社会"的建设要求,于是新一轮的家电补贴计划是以节能为整体推广的。涉及的主要家电产品包括热水器、平板电视、空调(仅包括分体式的电空调)、洗衣机、冰箱和冰柜,又将台式电脑(包括一体机的电脑)纳入其中,此后还将家用中央空调(含水冷中央空调)也纳入补贴范围。从整个消费促进的政策来看,每项政策都存在一定程度的市场扭曲、过度消费等问题,所以每一项政策都应安排退出机制,持续时间不宜过长。但从整体消费促进计划来看,它具有良好的政策效应和定位,符合"十八大"的基本要求,所以在经济发展的关键阶段,这些政策还将得到进一步的实施和完善。

从投资的情况来看,按照"十八大"的要求要把投资有效落实到实体经济上。这个实体经济的范围包括房地产行业在内,即新建房地产也是增加商品和服务产出,是增加值的有效构成部分(尽管没有办法剥离货币估值因素的影响)。更进一步来看,房地产在实体经济中只是一个产业,关联性良好,产出又较为集中,且其本身在实体经济中的占比是较为有限的。从2012年的投资情况来看,房地产的投资增速线和第二产业的投资增速线的投资增速差越来越小,到2012年的第一季度以后转向负值,这时第二产业的投资增速超过了房地产业的投资增速,说明了总体投资结构是改善的,但是第三产业的投资状况不理想。因此,推动"营改增"改革,将第三产业的设备类投资纳入可抵扣的范围,引导第三产业的投资和增长成为我国此后一段时期的重要政策选择。

3. 区域发展战略实现"东西"平衡和城乡并重

从整个区域发展的战略来看,中国的总体区域发展战略就是东部率先发展、西部大开发、东北振兴、中部崛起的四大区域战略,在2006年和2007年即国家启动大规模的投资计划(即"四万亿")之前,东部地区的经济发展速度都是快于中西部地区和东北部地区的,"四万亿"投资计划开始以后特别是西部地区,每年的经济增长都高于东部地区,说明"十八大"之前对投资引导、对消费促进的大理念没有错,有效地促进了区域平衡。"十八大"对区域发展的要求是:首先,要实现以西部大开发作为主体;其次,注重东北振兴;再次,推进中西部地区的崛起,并有效保证东部地区在发展中的率先地位。从战略上看,西部大开发在 2020 年以前将仍然处于区域发展战略的核心地位。

从城乡一体化的情况来看,目前我国存在着非常明显的城乡二元结构。从城乡居民收入的情况来看,城镇居民和农村居民的收入差距 2000—2011 年逐年增大,尽管 2010 年和 2011 年农村居民收入的增速快于城市居民,但是绝对量仍然在继续拉大。在这种情况下,对推进城乡一体化发展,"十八大"提出了明确的要求。

第一,要加大统筹城乡发展力度,促进城乡共同繁荣。这个理念之下有四个措施:第一个措施是坚持工业反哺农业;第二个措施是推进发展现代农业,包括观光农业,设施农业和其中的农业经济化、农产品的初步加工或者精加工;第三个措施是坚持把公共基础设施建设和社会事业发展的重点放在农村,这是党和政府对农村公共产品提供方面的一个重大思路调整,重点是对"一事一议"通过的事项提供近乎全额的补助,以保障基础设施建设和社会事业发展的需要;第四个措施是改革农村土地产权制度,确定农民在土地产权中的地位和权利,提高农民在土地增值收益中的分成比例。

第二,要依法维护农民土地承包经营权、宅基地使用权和集体收益分配权。除了广东省率先开展探索以外,陕西省西安市也有一个县已经默默做了 5 年。这个县的县委、县政府发现,农民土地经营权的流转,大多发生在邻里之间或亲戚之间,在流转的过程当中土地的承包经营权没有合理的市场定价。为解决这个问题,这个县就建立了一个叫作土地承包经营权的转让市场,市场的交易额很小,县里不追求这个市场形成经营性收益,只希望市场能形成一个交易的价格,从而形成用于指导农民土地经营权流转的参考价格,并作为流转的建议价格,这样大幅度提高了农民承包经营权流转中的收益水平。接下来他们又关注起另一个非常稳定的农民权利——宅基地的权利。随着这几年农民大规模进城,农村出现了比较大的宅基地闲置。而农村的宅基地,在较长时期内的产权状况是非常稳定的,但是又不能像城市的房产一样进行抵押。于是,该县就构建了两个中心:第一个中心是农村宅基地的价格评估中心;第二个是农村宅基地抵押权担保中心。农民要想把自己的宅基地抵押,从银行获得资金开展一些农业现代化或者农产品深加工,首先要把自己的宅基地交给评估中心进行评估,然后再到担保中心申请担保,担保中心在核定产权后,一般会按照 70% 的评估价格提供担保,农民再持担保中心的担保函去银行进行贷款。根据政府与银行的协议,银行会按照一定的比率提供贷款,农民从而获得了生产经营的资金。如果生产经营的状况良好,到期自然偿还贷款,然后收回自己抵押的宅基地,如果状况不好出现违约风险,银行因为有保函的保障,所以并没有什么风险,而风险集中在担保机构。政府的担保机构自然是有一定程度的风险承担能力的,但如果风险太大,违约的农民太多,则需要将土地指标置换和农民宅基地担保联动起来,如利用大量留置在政府手里的宅基地,完成土地整合或指标置换,从而用于工业土地开发、现代农业发展或者经济园区建设。这个县的改革思路非常系统和完整,一环扣一环不断向深处推,然而由于受到法律的限制,这种探索只能是默默地进行,并要把握好法律的尺度,使自己的行为尽可能地合法、合规，但探索的效果还是较为不错的。2012 年 6 月月末，广东被国务院批准可以开展类似的探索和试点，我们希望这样的探索和试点能够像"十八大"所要求的那样，促进城乡的共同繁荣，保障农民的利益。

4. 中国的对外贸易以多元平衡和产品升级为目标

2012 年，我国的对外贸易总体形势不是很好，突出表现为出口增速严重下滑，所以 2012 年上半年的国际收支一度出现逆差，前 5 个月是逆差，直到 6 月份才有一部分顺差，到年末实现的年度总顺差额也非常小，比 2011 年出现了大幅度下降，降幅接近 40%。究其原因，除了美国和欧盟自身的经济增长下滑带来了进口需求增速下降等客观原因之外，我国还面临比较严峻的新贸易保守主义的侵袭。从我国 2012 年受到美国和欧盟反倾销、反补贴、保障措施或者是 337 条款（知识产权侵权）等贸易纠纷的情况看，涉及的产品种类多，对我国产业发展的影响大，贸易保护主义的色彩十分突出。在这样比较严峻的外贸形势下，"十八大"对未来外贸的定位要求是要完善互利共赢、多元平衡、高效安全的开放经济体系。

第一，多元平衡不是寻求对每一个国家、每一个贸易伙伴都要实现贸易平衡，而是总体上能够维持在贸易平衡或略有顺差的水平上。具体的政策包括：要形成引领国家经济合作和竞争的开放区域，培育带动区域发展的开放高地，也就是要推进"三个开放"，即沿海开放、沿江开放和沿边开放，并在沿海、沿江和沿边地区形成规模较大、辐射带动能力较强的外贸结点。国务院在"十八大"召开之前，较大力度地批准了很多边贸地区的保税区、出口加工区等特殊园区，并强调功能区与边贸职能的统一。国务院这一举措，把许多边贸口岸从过去单纯的商品过境转变为商品在本地进行加工，这样就可以有序地推动相应的产业向边境地区转移。而中国的边境地区主要集中在东北地区或者西部地区，所以这种情况下可以带动整个区域形成了第二个开放的高潮。

第二，坚持出口和进口并重，强化贸易政策和产业政策的协调。我国在 2010 年以来连续受到美国和欧盟的"双反"调查，最主要的原因就是在这一轮经济危机中，中国受到的影响相对较小，于是在全球致力于经济复苏的背景下，我国产业结构升级进展良好。而在产业结构升级之后，我国出口产品的技术水平和在国际分工体系中所形成新的分工环节就跟美国和欧盟主流技术水平的产品处在同一环节上，产生了非常明显的直接竞争，自然会受到高度关注，并遭到欧美相应的"双反"调查。解决问题的方法和思路是：以进口为手段，为我国的产品出口和外贸升级创造良好的条件。在以上进程基本完成后，着力形成以技术、品牌、质量和服务为核心的出口竞争优势。从实践上看，目前国际贸易界或者国际营销界都认同存在一个"微笑曲线"，曲线的两端一个是研发端，一个是营销端，它们成为增加值聚集和收益率最高的环节，而生产环节则往往是就业促进和低收益保障环节，风险和压力相对较小，但贸易利益也受到了明显的限制。值得关注的是日本的情况，日本也有很多产业集中在生产制造阶段，但是日本的制造业参与国际分工所获得的增加值的比例远远高于我国制造业所能获得的增加值比例，最主要的原因就是质量上的差异。所以在当前，"微笑曲线"的两端不仅仅是技术、品牌和服务,质量也要纳入进来,中国经济要从数量时代步入质量时代。

第三,促进加工贸易的升级。加工贸易对中国的外贸发展起到了非常重要的作用,即使到 2012 年,加工贸易占整个出口贸易的比重也在 45% 以上。但是加工贸易有一个重要的不足,就是在加工贸易中,我国企业赚的不是产品应有的增加值,而仅仅是一点劳务报酬,行业称之为工缴费。加工贸易使用了中国大量的劳动力和资源,而给国民经济带来的附加值和增值率要远远低于一般贸易。在我国贸易规模不断上升,并成为全球第二贸易大国的背景下,我们就不能像原来那样过分依靠劳动力和资源的消耗来推进加工贸易的发展。虽然加工贸易仍然是我国对外贸易的非常重要的构成部分,但是它必须要有一个相应的升级过程。在我国的加工贸易体系的发展中,要素的优势能够得到尽可能的维持,但技术和质量应该成为加工贸易高度关注的重要因素。

第四,大力发展服务贸易,提升服务贸易质量和效益。服务贸易和商品贸易有很大的一个差异,商品贸易出口的时候有出口退税,服务贸易出口的时候没有任何的出口退税,而随着"营改增"改革的深入,自 2012 年开始,我国已经在着手解决服务贸易的退税和支持政策问题,并争取在"十三五"期间,通过服务贸易发展基金、税收政策、财政政策和金融政策的有效支持,实现我国服务贸易在不断开放基础上的全面发展。

5. 加大国际直接投资力度

我国的国际直接投资既包括"引进来",又包括"走出去",重点是有序引导国内企业走出去,开展国际产能合作。到 2012 年 9 月末为止,当年我国引进了外国直接投资的规模是 832 亿美元,比 2011 年同期下降了 5% 左右,出现了负增长状态,但在全球依然是最大的国际直接投资的流入国。但是从整个外商直接投资(FDI)流入结构来看,偏离度比较大,整个外资流入主要集中在两个产业,一个制造业,一个房地产业,剩下的产业中外资流入相对都比较少,特别是第三产业,规模很小。但是,制造业投资对我国产业发展和投资稳定有着重要的意义,除某些特殊行业外,可以重点考虑进一步加大制造业引进外资的力度,并适当提高服务业外商的引进水平。外资流入地区的前三位分别是江苏、广东和上海,分布的区域结构上也没有出现明显的改观,仍然是高度集中在东部地区,向中西部地区转移的浪潮还没有出现。所以我们下一步要按照"十八大"区域平衡发展的要求,逐步推动 FDI 向中西部地区转移和扩散。与此同时,我国在 2012 年已经成为全球资本的重要市场,并具备同时建立离岸和在岸资本市场的条件,国内的资本积累借助普遍性的资产溢价也达到了比较高的水平。这个阶段引进的外资最优结构是注重实现引资、引技和引智(包括发明人)三者结合,而不是仅有量的扩张,所以我们对外资的态度是鼓励和扶持,但是同时要强调调整,不能像原来那样集中在资源性行业和劳动密集型行业,而是要根据国家产业政策的动态发展,相应地与产业政策进行最好的契合。必须指出的是,由于我国中西部地区经济总体仍然欠发达,迫切需要就业和资本流入的支持,因此,外商的劳动密集型和资源密集型产业向中西部地区梯度转移是符合产业政策的。这几年中国企业大幅度加速了对海外投资的步伐,中国对海外投资的规模也上升很快,并成为全球重要的资本输出国家,2012年上半年达到了近400亿美元。我国过去想方设法引进外资,现在开始对海外进行投资,并在投资的进程中注重结构优化和质量提升。以"走出去"为代表的直接投资在刚开始的时候是以能源和资源作为最主要的投资对象,在基本达到投资目标后,逐步转向了技术、品牌、销售渠道,很多企业在并购的时候往往看重的是技术、品牌。我国江阴市有一个服装企业,原来是给意大利的品牌做代工的,现在利用欧债危机的影响,在原订单企业资金流动困难的情况下,江阴市的这家企业主动向上兼并,把意大利的服装厂兼并到下游企业的旗下,实现了品牌、技术、人才全方位"逆袭"。这就是"十八大"报告所说的,要加快走出去的步伐,加大中国企业的对外投资,增强企业国际化的竞争能力,培育一批世界水平的跨国公司。

6. 物价和通货膨胀形势总体表现出波动期的特征

我国物价形势从2011年7月份达到高点以后,形成了持续性的改善,总体状况相对较好。从消费者物价指数(CPI)来看,呈逐月下降的态势,"十八大"召开的11月份CPI数值良好,全国增速是1.9%,北京的增速是2.9%。作为特大型城市和消费型城市,北京的物价指数比全国高一些是正常的,因为在消费结构中许多消费品是服务性产品,而服务性产品是受到劳动力成本直接影响最大的产品,国家这几年致力于提高外来务工人员和本地低收入阶层的收入水平,自然带来了劳工成本的提高,劳工成本提高就要转嫁到商品价格上。但是如果对我国的通货膨胀问题进行一个根本性的判断,即通胀风险是不是已经得到了有效的化解?目前来看还差得很远。2012年9月末,中国的广义货币(M2)是94.37万亿元,比上一年增长了19.8%,明显快于GDP7.7%的增速,按照平均汇率核算,约合14万亿美元,而美国的M2仅仅是略高于10万亿美元,我国的流动性存量是美国的140%。而当时我国的GDP仅为美国的50%左右,我们的货币增量是美国的1.5倍左右,这种情况下,扩大的货币存量,可以通过其他方式进行转化和分解,如我国农村的土地价格还处于低估的状态,许多资源价格被人为扭曲在较低水平,知识产权受到保护水平的局限而导致价格低估。随着改革的不断深入,这些资源和土地价格结束低估状态,并恢复到正常的水平,则可以大量释放对货币的需求,形成基本匹配的"资产池"和"资金池",可以减少货币对实体经济发展的影响。尽管我们有这样一些政策的储备和理论上的突破,但增速过快的M2及其庞大的规模,一定会对市场价格的平稳运行带来扰动,直接表现为货币的增速要远远快于商品市场和流通速度的增长,从而使我国的物价形势的脆弱性明显增强。世界银行给了我们一个数字,2006年以来,中国中央银行的总资产增长了119%,达到了4.5万亿美元,中国中央银行成为全球"最有钱"的中央银行,超过了美联储和欧洲中央银行。于是,我们必须弄清楚一个问题,就是庞大的货币供给的快速增长究竟是什么原因导致的?

从总体上看,我国货币供给快速增长主要有两方面的原因。第一个方面的原因是中国正处在金融不断深化的过程当中,过去没有价格的产品被重新估定了价格,有了价格就要有货币表征其应有价格。2003年以来的房地产大幅度溢价,导致大量的社会资源向房地产市场集中,而如果中央银行保持货币政策中性,大量的资金集中到房地产市场就会带来实体经济融资成本的大幅度上升,尤其是实际利率的大幅度上升,从而打压实体经济的发展。从宏观调控的角度来讲,推动实体经济增长是中央银行既定的四大货币政策目标之一,除非有极其特殊的原因,否则在政策层面是无法接受实体经济发展速度下降的。但是中央银行如果提高了贷款利率以应对市场扭曲,将对房地产市场形成重大打击,而一旦房地产市场出现问题,金融市场的平衡、商品市场的平衡都有可能出现进一步的压力。这样便引出来货币过快增长的第二个原因——货币流通速度下降。即中央银行不得不默认资金沉淀,并通过新投入一部分货币的方法来间接支撑实体经济的发展。但是这些新投放的货币,只能保证其初始贷款环节在实体经济,而在名义上投入实体经济之后,相当一部分贷款又通过其他的渠道转入到房地产市场,实体经济融资始终表现为资金困难局面,而房地产市场的泡沫却还在不断积累。持续几轮之后,我国广义货币存量就形成了规模偏大的情况。

除了货币性的原因以外,我国结构性的原因也占有重要的比重。"十八大"报告对这个问题也有涉及。以期货交易和商品市场交易的价格上涨幅度来看,商品市场上所有的商品价格涨幅都高于期货市场商品价格涨幅,价格可以差异,但是在上涨幅度上两个市场大致应该是趋同的,特别是大宗商品领域。而导致商品市场上涨幅度更大的原因主要是两点:运输费和商品税费,即期货市场既没有运输费,也没有商品税费,而商品市场上有运输费和商品税费,所以导致了商品市场的涨幅比期货市场的涨幅更大,这也间接地说明了不合理的物流成本和不合理的税费成本导致商品市场价格以更大的幅度在上涨。比如,我国增值税链条不完整的问题,不仅导致企业税费畸轻畸重,而且导致市场竞争上的不公平,并抑制生产性服务业的发展。在当前的交通运输、建筑、房地产、通讯等重点行业都有类似的问题。

而如果聚焦到通货膨胀的反应指标 CPI 的数值上,2012 年的 CPI 与通货膨胀感受的吻合度并不好。至少在感觉上,2012 年 CPI 指标值对通货膨胀的反应是有一定的偏离度的,如 2012 年 10 月的 CPI 增速是 1.9%,可是老百姓的物价上涨的感受还比较明显。之所以会出现数字和物价感受之间的差异,第一个原因在于物价差异是一个连续的过程,而数字是散点同比变动的,这种离散的同比的数字往往会出现基期数据偏高而导致的指标值偏低的问题,在高速通货膨胀的第二年,往往都会形成连续性的物价感受和离散型同比数据间的巨大背离。第二个原因是物价因素,许多人在关心物价水平有没有可能会退到通货膨胀之前——如 2008 年前后的水平,这是不可能的。因为新的货币价值概念已经重新形成了,商品间的比价体系也已经形成了,这种比价体系之间具有较强的粘性和支撑力。第三个原因是新的财富标准已经确定了,例如,2012 年在北京四环以内拥有一套 70 平方米的房子,少于 200 万元都很难找到,相比于 2008 年前后的 70 万元左右的水平,财富的标准已经得到了重新地定义。第四个原因是要素价格也进行了调整,按照北京统计局的统计,2009 年 1 月,外来务工人员的月薪是 2 170 元(包含"五险一金"),2012 年的月均收入是 4 060 元,几乎翻番。所以价格水平不可能向下走,也不会出现通货紧缩,只能向所谓的"合理"状态回复。

按照"十八大"要求,国家在稳定物价方面将采取一系列关键性的举措:一是增加生产保障供给,通过现代农业建设、先进制造业发展和现代服务业提升,增加市场上的产出总量;二是降低生产体系成本,重点包括生产性税费、融资成本、生产性企业过高的社会保障成本、不合理的市场寻租成本等多个方面;三是深化流通体制改革,降低流通成本、物流成本,有效推进物流体系和商品流通体系改革,减少环节、降低收费、控制租金,进而提升我国流通体系的效率;四是加强监管规范秩序,保障市场公平竞争和市场主体间的公平,为创新提供最好的发展和应用环境,推动准入型监管全面转向事中、事后监管。

7. 金融市场的复杂性更加突出

受到改革预期和市场运行的共同影响,"十八大"以来的金融市场环境更加复杂。2012年,金融市场主要涉及四个问题:资本市场、人民币汇率、股市和债市。

第一,资本市场。资本市场运行中最大问题就是人民币存款的大幅度波动,给我们调控经济带来了非常大的影响。从存贷款的情况看,我国银行业的存贷比一般保持在高位运行,2011年年末,甚至接近73%的水平,直逼存贷比"红线"75%的阈值。于是到了2012年上半年就出现一个现象,企业要想银行放贷款的前提是有存款,没有存款就不能获得新增贷款,而2012年前5个月我国的新增存款是下降的,必然压缩新增贷款的规模,从而抑制了投资增长,同时导致了实体经济的融资较为困难。而从2012年6月份起呈现出逐步好转的态势,到"十八大"召开前,我国的存贷款情况已经大为改观了。2012年年末,我国的存款增速非常快,原因有两个:第一个是房地产市场的回暖,从而形成了贷款和存款的加速循环;第二个是2012年10月以后,大量的外汇资金涌入中国,在美国货币政策执行第三轮量化宽松(QE3)和"财政悬崖"的影响下,中国成为美国金融风险的世界级的对冲市场,热钱的大量涌入,必然导致以"外汇占款"为投放主渠道的人民币规模的迅速扩大,人民币兑美元的汇率也同时大幅度上升。但是也要注意,人民币兑美元大幅度上升的情况下,资产价格可能有所上升,也有可能在2013年或其后一段时间,股市出现新一轮行情,但是风险是非常大的。此外,人民币大幅度升值有两个好处:第一个是进口产品便宜了;第二个是出国旅行费用便宜了。"十八大"及其后一段时期的资本市场的风险总体是可控的,但是波动状态是有的。

第二,人民币汇率。2012年的人民币汇率经历了"过山车",从2012年5月开始,人民币对美元出现了急剧贬值,随后又表现出对美元急剧的升值。这种剧烈变化给汇率管理带来了较大的压力,导致了中国许多外贸企业结算困难,汇率风险显著加大。某一个大型的石油公司仅汇兑损失就超过了5亿元。人民币汇率也是"十八大"重点关注并要采取进一步改革措施的方面。

第三,股市。从整体上看,"十八大"之前的股市已具有良好的探底企稳特征,2011年新股发行只有2010年的60%多,压低了30%以上;增资配股被压低了将近40%,因此,只要股市的概念和人气能够有所提升,股市就具备一定程度的恢复性上涨的条件。但从"十八大"前后一段时间来看,股市仍然处于下跌状态,监管部门暂时也没有很好的应对方法,但是股市调控的重点还是要积累人气,而不是继续严格限制上市公司的数量和股市扩容的速度,因为从我国经济的长远发展来看,我们必须要使直接融资渠道占据金融市场中一个合理的比例。人为压低价格既不合理,也是对市场的过度扭曲,对很多企业也是不公平的。到2012年年末,已经通过审核排队等待上市的企业有790多家,如果措施得当,一方面实现这些企业有序上市,另一方面向股市注入具有良好收益和分红能力的企业,可对股票市场带来有益的变动和促进,尽管要稀释存量的资本,但都能够带来更多的外部资本,一旦市场形成热点,资金供给并不是一件很难的事情。

第四,债市。债市是2012年以来着力建设的市场。中小企业要想实现上市融资很困难,虽然可以通过股权投资基金进行一定程度的化解和缓解,但仍然无法从主流和市场层面有效满足中小企业股权融资的需求。债市融资,对中小企业讲相对容易一些,总体上表现为承担有限的风险并获得有限的收益。从国际经验来看,在风险投资机制尚不发达的情况下,债市是中小企业融资的重要渠道,所以债券市场是"十八大"召开后一段时间推动和建设的关键点,既可以满足中小企业的投资需要,也可以成为国家对金融市场调控的重要抓手。从市场结构和需求来看,将主要完成三部分:第一个是国债市场;第二个是地方债市场;第三个是中小企业的集合债券和集合票据市场,预期会在债市当中进一步出现突破。

8. 房地产市场到了"转表"的关键阶段

房地产市场的"转表"即利用资产价格较高的有利时机,将企业资产负债表中的"高值"资产(特别是房地产)转给居民资产负债表,一方面形成居民的财产,另一方面将债务也移交给居民,从而使生产性资本和投资性资本进行有效的分表管理,让生产性企业轻装上阵,也让投资性资产有利可图。在各国进行房地产调控的关键阶段,一般都将"转表"是否成功作为能否将房地产作用发挥到最大,并成功回归"收益率—增加值"轨道的关键一步。

房地产市场跟老百姓的生活息息相关,从"十八大"前后的时间点来看已经进入非常敏感的阶段。敏感到什么程度,其表现是房地产租金的增速已经明显落后于社会的其他投资领域的收益率,说明房地产投资已经进入溢价率时代,一旦房地产溢价率速度下降,房地产风险将明显暴露。受到中国传统伦理习惯的影响,我国一直习惯于生产性税收,而对财产性税收较少涉及,所以作为我国最重要的财产——房地产仍处于不征财产税的状态,自然导致了房地产溢价能力强,市场对存量房地产市场调控能力不足。此外,我国的房地产市场具有两个特性:第一个是投资品;第二个是居住品。投资品和居住品在当前的市场当中很难进行区分,进一步加大了房地产市场调控的难度。根据"十八大"的要求,房地产市场的调控要坚持三个目标:一是维护房地产市场的稳定;二是维护中国金融体系的稳定;三是实现"居者有其屋"的计划。

而具体到调控策略上,现在的调控思路是,既然房地产市场没有办法分清哪个是投资品,哪个是居住品,就都看作投资品。这样,房地产市场结构就失衡了,只有投资品,没有居住品。政府另行构建一个居住品房地产市场,选择20%左右的城市家庭

（含进城务工人员），由政府出面主导构建房地产市场。3 600万套保障房建好以后可以在两个市场之间保持单向互通，投资品的房子可以根据法定程序申请进入到居住品市场（如向税务局或其他相关的主管部门申报居住性的房子），但是居住品市场的房子不能反向进入投资品市场。单向互通以后流动不会发生，接下来必须对投资品市场规定一些政策措施：第一，继续鼓励投资品住房的建设和发展，不是限制是鼓励，如果限制的话就相当于把供给量压低了，供给量压低以后需求还在，自然而然价格会涨上去。第二，要降低购房者的购房能力，降低收复的杠杆率，大幅度提高收复比；第三，推出房地产税等财产税制，迫使单向流动发生。单向流动发生以后，居住品市场的价格会逐渐上升，投资品市场的价格水平会下降，并且维持在一个合理的比率，实现平衡目标。这个大思路可以满足保障房地产市场的稳定，保持合理的价格水平，实现居者有其屋的目标，与"十八大"的要求是匹配的。但是，须重点防范伪保障性住房和存量小产权房借机合法化，不然的话，将导致不当得利，并将使我国保障性住房的战略流于形式。

9. 高科技产业迅速发展

"十八大"前后，我国高科技产业得到了良好的发展，企业实力不断增强。2012年第三季度，中国高科技产业的增速是11.7%，GDP增速只有7.7%，工业增速8.1%，高科技产业的增速明显较快。其中，七大战略性新兴产业[①]是主体力量，并取得了长足、较快地发展，2011年国家的研发投资投入了8 687亿元，增长了23%；其中，基础研究是411亿元，应用研究是1 028亿元，实验发展经费是7 246亿元，基础研究占比是4.7%；研发投入强度是1.84%，人均研发经费是30.1万元。投入强度的水平尽管低于美国、日本，但是比某些发达经济体还是要明显高的。另外，在我国，基础研究的占比看起来偏低，其实不然，中国的应用研究有两个作用：一是促进技术向应用领域的转化；二是弥补我国知识产权保护力度的不足。美国政府对应用研究投入很少，最多也就是政府采购，在研发的层面上很少进行大量的补贴。美国的知识产权保护制度很完整，一旦进入应用层面以后就形成了市场的垄断优势，可以利用垄断的效果获得超额的利润，以此弥补自己的研发投入。我国存在"山寨"现象，并导致了创新"租金"的快速消散，因此，需要由政府给予创新主体有效的补偿。所以中国的应用研究投入规模非常大，其中一部分用于保障和补偿。2011年，我国有些城市已经具备了创新城市或区域创新中心的基本条件，北京（5.76%）和上海（3.11%）的投入强度已经超过了该年度日本的平均水平（3.07%）。

二、"十八大"对发展目标的确立

"十八大"发展目标的核心是全面建成小康社会的宏伟目标，也是我国"两个百

---

① 2017年，现代中药、民族药被列为第八大战略性新兴产业。

年"目标的关键之一。从当前情况看,任务艰巨、使命光荣,全党和全国人民正在加速推进这一历史性目标的实现。

(一) 全面建成小康社会的宏伟目标

中共十六大提出全面建设小康社会奋斗目标以来,全党全国各族人民继续奋斗,社会经济发展取得巨大成就。2014 年,国内生产总值达到 63.6 万亿多元(现价,下同),按汇率折算,迈上 10 万亿美元的大台阶,占世界经济份额 13.3%,1 年增量相当于一个中等发达国家的经济总量;人均国内生产总值 7 594 美元,按世界银行标准,居中高收入国家中等水平;城乡居民人均可支配收入分别为 2.9 万元和 1.1 万元。对于我们这样一个有着 13 亿多人口的大国来说,这确实是很了不起的成就。从这个起点出发,到 2020 年实现国内生产总值和城乡居民人均收入比 2010 年翻一番时,初步预计我国国内生产总值可达 15 万亿美元左右,经济实力和综合国力进一步增强,人民生活进一步改善,发展将开始向更高水平迈进。

中共"十八大"指出,我国仍处于并将长期处于社会主义初级阶段的基本国情没有变,人民日益增长的物质文化需要同落后的社会生产之间的矛盾这一社会主要矛盾没有变,我国作为世界上最大发展中国家的国际地位没有变。这"三个没有变",不仅现在如此,即使实现全面建成小康社会目标以后相当长时间内依然如此。目前,虽然从总量上看,我国主要经济指标已居世界前列,但按人均算仅仅属于中等收入国家的行列了。2014 年,我国人均国内生产总值只相当于全球平均水平的 70%、美国的 1/7、欧盟的 1/5,排在全球第 80 位左右。按联合国人类发展指数排序,我国在第 91 位。从综合发展水平看,特别是在创新能力、劳动生产率、社会福利水平等方面,我国与发达国家仍有很大差距。到 2020 年实现全面建成小康社会目标时,我国人均国内生产总值大体也只相当于世界平均水平的 90% 左右。发展是硬道理,是解决中国一切问题的基础和关键。我们必须坚持发展是第一要务,以提高发展质量和效益为中心,全面深化改革,实施创新驱动发展战略,打造"大众创业、万众创新"和增加公共产品、公共服务"双引擎",不断释放改革红利和人才红利,努力把经济潜在增长率充分发挥出来,推动我国发展不断迈上新台阶。

(二) 经济保持中高速增长、产业迈向中高端水平

实现到 2020 年国内生产总值和城乡居民人均收入比 2010 年翻一番,必须保持一定的经济增长速度。初步测算,"十三五"时期,国内生产总值每年平均增长速度须保持在 6.5% 以上,主要经济指标平衡协调,才能实现翻一番目标。即使实现全面建成小康社会目标之后,相当长时间仍需保持一定的增长速度,才能实现第二个百年奋斗目标。因此,保持经济中高速增长是我们长期的任务。在我国经济发展进入新常态的背景下,要长期保持经济中高速增长,必须加快转变经济发展方式,促进经济转型升级、产业迈向中高端水平。世界上不少发展中国家在进入中等收入阶段后,就是因为没有实现转型升级,经济长期停滞,结果陷入"中等收入陷阱"。我们提出"双中

高",是要推动实现更高质量、更有效率、更加公平、更可持续的发展。"双中高"是两位一体、互促共进的。只有保持中高速增长,才能为转方式、调结构留下空间,为迈向中高端水平创造好的条件;只有迈向中高端水平,才能既扩大需求、又创造供给,培育发展新动能,实现可持续的中高速增长。

我国作为世界第二大经济体,在超过 10 万亿美元高基数之上和复杂多变的国内外环境中,在新旧动能转换时期,要实现"双中高"并不容易。从国际看,当前世界经济增长乏力,复苏进程艰难曲折,不稳定、不确定因素较多。我国经济与世界经济深度交融,外部环境的复杂性、多变性必然会影响我国。从国内看,我国正处在"三期叠加"(增长速度换档期、结构调整阵痛期、前期政策消化期)阶段,长期积累的结构性矛盾逐步显现,资源环境约束趋紧,劳动力成本上升,不平衡、不协调、不可持续问题仍然突出,推动经济从粗放增长到集约增长的升级发展,从过度依赖投资拉动到消费和投资协调拉动的转换,是一个充满阵痛、十分艰难的过程。对此,必须有清醒的认识。同时,我国发展仍处于可以大有作为的重要战略机遇期,有不少有利条件。新一轮世界科技革命和产业革命在孕育形成,将给经济发展带来新的机遇。我国新型工业化、信息化、城镇化、农业现代化在深入推进,经济发展有很大的潜力、韧性和回旋余地。近两年来,面对世界经济增长乏力和我国经济增长下行压力加大的严峻形势,我们坚持稳中求进工作总基调,统筹稳增长、促改革、调结构、惠民生、防风险,不断创新宏观调控思路和方式,取得显著成效。经济保持 7% 左右的增长,增速仍居于世界主要经济体前列,增量比过去两位数增长时还要大,而且经济结构出现积极变化,新的经济增长点加快形成,民生不断改善。这些成绩确实来之不易,也增强了各方面的发展信心。

实现"双中高",要充分挖掘内需潜力,激发和释放发展新动能。我国基础设施仍比较薄弱,产业装备亟须升级改造,有效投资需求有很大潜力。同时,总储蓄率保持在较高水平,社会资金充裕,扩大有效投资也有条件。要创新投融资机制,更多运用市场化办法,继续加大对中西部铁路和公路、水利、棚户区和危房改造、城市地下管网、农村电网等基础设施薄弱环节投资,增加对先进制造等新兴产业和传统产业升级改造投资,提升投资效率,更好发挥投资对增长的关键作用。2014 年,消费对经济增长贡献率已达 60% 左右,要着力扩大居民消费,推动消费结构升级,充分发挥消费对增长的基础作用。新型城镇化是扩大内需的最大潜力所在,也是最大的结构调整。要通过深化户籍制度改革、增强城镇就业和公共服务能力等举措,着力解决好"三个一亿人"(促进一亿农业转移人口落户城镇,改造约一亿人居住的城镇棚户区和城中村,引导约一亿人在中西部就近城镇化)问题。要优化发展空间格局,充分发挥各地比较优势,逐步缩小区域发展差距。

实现"双中高",要实施创新驱动发展战略,深入推进"大众创业、万众创新",打造增长新引擎。创新是引领发展的第一动力。要把创新贯穿到经济发展的各个领域和全过程。加快推进农业现代化,促进农业稳定发展、农民持续增收,保障国家粮食安全。加快实施"中国制造 2025""互联网＋"行动计划,进一步提高工业化和信息化融合发展水平,推动先进制造业加快发展。近年来,服务业较快增长,已占国内生产总值的"半壁江山"。要继续推进服务业领域的改革开放,着力发展生产性服务业、高端服务业和新兴服务业。"大众创业、万众创新"既是个人和小微企业的兴业之策,也是大企业的强盛之道。要依靠"双创",打造众创、众包、众扶、众筹等平台,推动大、中、小企业变革生产经营方式、提升效率,促进传统产业改造升级和新产业、新业态、新模式发展。

(三)人民生活水平和质量普遍提高

发展的目的是为了让人民过上好日子,全面建成小康社会也主要以人民生活水平和质量是否普遍提高为衡量标准。要坚持共享发展,在经济平稳增长基础上,促进居民收入持续提高,健全公共服务体系,着力解决群众最关心、最直接、最现实的利益问题,不断增进人民福祉。

抓好保障和改善民生是重点任务。就业是民生之本、社会稳定之基。这几年,在经济下行压力很大的情况下,就业一直保持稳定,已很不容易。"十三五"时期,就业压力依然不小,结构性矛盾更加突出。要继续实施更加积极的就业政策,更好发挥市场在促进就业中的作用,鼓励以创业带动就业,加强职业培训,着力解决好高校毕业生、农村转移劳动力和其他重点人群的就业问题,努力实现比较充分的就业。教育是经济发展和社会进步的根本,要大力促进教育公平发展和质量提升,使劳动年龄人口的受教育年限得到明显提高,教育现代化取得重要进展。要继续发展医疗卫生事业,努力保障人民群众健康。

增加公共产品、公共服务供给,既是普遍提高人民生活水平和质量的重要保障,也是经济发展的重要引擎。目前,公共产品短缺、公共服务薄弱等问题依然突出。解决这一问题,应合理区分基本需求与非基本需求,政府主要是保基本、兜底线,非基本需求主要依靠市场来解决。要创新公共产品、公共服务供给机制,通过政府与社会资本合作、特许经营等市场化办法,引导社会资本及外商投资参与,使公共服务体系更加健全,基本公共服务均等化水平不断提高,公平性和可及性明显增强。按照"保基本、建机制"原则,完善社会保障制度,筑牢保障基本民生的安全网。"十三五"期间,要基本完成棚户区改造任务,让中低收入群众和困难群众居住条件进一步得到改善。农村贫困人口脱贫是全面建成小康社会最艰巨的任务。《中共中央关于制定国民经济和社会发展第十三个五年规划的建议》(以下简称《建议》)要求,到2020年,现行标准下的贫困人口实现脱贫,贫困县全部摘帽,解决区域性整体贫困。我们要加大扶贫攻坚力度,实施精准扶贫、精准脱贫,多渠道增加投入,确保让贫困地区和贫困人口与全国一道迈入全面小康社会。

推动形成合理的收入分配格局,既关系效率也关系公平。城乡收入差距大是收入分配中的突出问题。近几年,农村居民收入增速出现了由过去低于城镇居民到持续高于城镇居民的重大变化,城乡收入相对差距趋于缩小。《建议》提出,今后5年,收入差距缩小,中等收入人口比重上升。完成这一任务,仅靠"二次分配"是不够的,主要得靠"一次分配"。很重要的在于推进"双创",让更多的人富起来,畅通社会纵向流动渠道,实现效率和公平的有机统一,逐步形成"中间大、两头小"的橄榄形收入分配结构。

(四)国民素质和社会文明程度显著提高

实现全面建成小康社会目标,既要努力满足人民物质需求,也要努力满足人民精神文化需求。我们要在抓好物质文明建设的同时,大力加强精神文明建设,使人民思想道德素质、科学文化素质、健康素质明显提高。

一个国家国民素质和社会文明程度,与文化密不可分。《建议》要求,要使中国梦和社会主义核心价值观更加深入人心。要大力推动社会主义文化大发展、大繁荣,提高国家文化软实力,更好发挥文化引领风尚、教育人民、服务社会、推动发展的作用。创新是社会进步的动力,是中华优秀传统文化的精髓。我国过去30多年取得的巨大成就,也可以说是规模宏大的社会创业、创新行动的结果。实现全面建成小康社会目标,必须更好发挥创新这个引领发展的第一动力作用。要积极倡导创业创新文化、理念和社会氛围,推动"大众创业、万众创新",使人们在创造物质财富的同时,实现人生价值,凝聚起推动发展的强大新动能。

《建议》要求,到2020年基本建成公共文化服务体系。完成这一任务,政府、市场、社会要共同参与,构建起多层次、多方式的公共文化服务供给体系。政府主要是推动文化事业发展,创新向社会力量购买公共文化服务模式,使人民群众基本文化权益得到更好保障。要围绕"文化产业成为国民经济支柱性产业"要求,深化文化体制改革,促进文化产业转型升级,大力发展新型文化业态。同时,要推动中华文化走向世界,持续扩大感召力和影响力。

(五)生态环境质量总体改善

良好的生态环境是提升人民生活质量的重要内容,也是全面建成小康社会的应有之义。目前我国发展面临资源约束趋紧、环境污染严重、生态系统退化的严峻形势。作为仍处在工业化进程中的发展中国家,如何在经济发展与生态环境保护之间找到平衡,从而实现双赢,是亟须破解的难题。要牢固树立绿色发展理念,把经济建设与生态文明建设有机融合起来,让良好生态环境成为全面小康社会普惠的公共产品和民生福祉。

《建议》要求,推动形成绿色发展方式和生活方式。经过这些年的努力,"十二五"规划确定的资源环境约束性指标预计可以如期实现。但目前我国能源资源消耗强度仍然偏高,节能减排潜力很大。"十三五"期间,我们要多措并举,促进能源资源使用效率大幅提高,能源和水资源消耗、建设用地、碳排放总量得到有效控制,主要污染物排放总量大幅减少。同时,要大力发展节能环保产业,这不仅是促进环境保护的有效途径,也是新的经济增长点。

国土是生态文明建设的空间载体。我们已制定并实施主体功能区规划。要健全资源环境承载能力监测预警机制,构建科学合理的城市化格局和产业发展格局。对于限制开发区域和禁止开发区域,要把生态环境安全作为不可逾越的"红线"。完善资源有偿使用制度和生态补偿机制,让保护资源环境的地方不吃亏、能受益。"十三五"时期,要使主体功能布局和生态安全屏障基本形成。

(六)依靠改革开放推动制度建设

经过长期的探索实践,中国特色社会主义根本政治制度、基本政治制度、基本经济制度、法律体系等以及建立在这些制度之上的经济体制、政治体制、文化体制、社会体制等各项具体制度基本形成,为促进经济社会发展提供了强大动力和制度保障。但一些领域的具体制度仍不完善,存在着不少体制、机制弊端。改革开放既是推动发展的根本保障,也是推动制度建设的重要动力。我们要按照《建议》要求,全面深化改革、进一步扩大开放,革除体制机制弊端,到2020年使国家治理体系和治理能力现代化取得重大进展,各领域基础性制度体系基本形成,各方面制度更加成熟、更加定型。

经济体制改革是全面深化改革的重点,核心问题是处理好政府和市场的关系,使市场在资源配置中起决定性作用并更好发挥政府作用,而其中的关键又在于转变政府职能,推进简政放权、放管结合、优化服务改革。近年来,这项改革取得重要进展。减少行政审批1/3的目标提前完成,非行政许可审批全部取消。特别是推进商事制度改革,使新增市场主体呈井喷式增长。下一步,要继续推进"放、管、服"改革,健全既能激发市场活力和社会创造力,又能保障公平竞争,也能提供优质公共服务的体制机制。要加快构建开放型经济新体制,实施新一轮高水平对外开放,培育国际合作和竞争新优势。创新外贸发展机制、推动"大进大出"向"优进优出"转变,创新外商投资管理体制、推动向准入前国民待遇加负面清单的管理模式转变,创新对外投资合作方式、推动"一带一路"建设和国际产能合作,创新内陆开放机制、推动形成全方位的区域开放新格局。

同时,要协调推进政治、文化、社会、生态文明及党的建设等领域的具体制度建设。人民民主更加健全,民主制度更加完善,民主形式更加丰富。司法公信力明显提高。人权得到切实保障,产权受到有效保护,人民群众的积极性、主动性、创造性进一步得到发挥。中国特色现代军事组织体系更加完善,支撑国家安全发展能力增强。党的建设制度化水平显著提高。

全面建成小康社会新的目标要求已经明确,关键要积极作为、真抓实干。让我们紧密团结在以习近平同志为总书记的党中央周围,高举中国特色社会主义伟大旗帜,协调推进"四个全面"战略布局,为实现"两个一百年"奋斗目标、建成富强民主文明和谐的社会主义现代化国家、实现中华民族伟大复兴的中国梦作出新的贡献。

(七)十八届三中全会全面深化改革的总目标

全面深化改革的总目标是完善和发展中国特色社会主义制度,推进国家治理体系和治理能力现代化。这个总目标是根据邓小平同志提出的战略任务来确定的。邓小平同志在 1992 年年初南方谈话中提出,恐怕再有 30 年的时间,我们才能在各方面形成一套更加成熟、更加定型的制度。十八届三中全会的《中共中央关于全面深化改革若干重大问题的决定》(以下简称《决定》)在邓小平同志提出的战略目标基础上,进而提出推进国家治理体系和治理能力现代化,进一步丰富了"完善和发展中国特色社会主义制度"目标的内涵和要求。

第一,完善和发展中国特色社会主义制度,推进国家治理体系和治理能力现代化,是实现社会主义现代化题中应有之义。完善和发展中国特色社会主义制度,目的是为了更好地提高党带领人民管理经济社会事务的能力;推进国家治理体系和治理能力现代化,是为了更好发挥制度优势,把制度优势转化为管理经济社会事务的效能。两者一脉相承、有机统一。国家治理体系实际上就是我国经济社会管理制度体系,既包括人民代表大会制度这一根本政治制度和中国共产党领导的政治协商制度、民族区域自治制度、基层群众自治制度等基本政治制度,中国特色社会主义法律体系,公有制为主体、多种所有制经济共同发展的基本经济制度,也包括经济、政治、文化、社会、生态文明等各领域的制度安排、体制机制。治理能力则是我们运用这些制度和体制机制管理经济、社会事务的能力。有了好的治理体系,才能提高治理能力;提高治理能力,才能发挥治理体系的效能。推进国家治理体系和治理能力现代化,是继"四个现代化"后我们党提出的又一个"现代化"战略目标,是完善和发展中国特色社会主义制度的必然要求。

第二,完善和发展中国特色社会主义制度,推进国家治理体系和治理能力现代化,是新的时代条件下加强党的执政能力建设的必然要求。对一个国家、一个政党来讲,治理体系和治理能力是制度建设和制度执行力的集中体现。我们党已经执政 60 多年,无论是在制度建设还是在管理经济社会事务方面都取得了巨大成就,积累了许多经验。特别是改革开放以来,我国以世界上少有的速度持续快速发展起来,人民生活显著改善,城乡面貌发生翻天覆地变化,充分说明我们党在制度建设和管理经济社会事务上的智慧和能力。但我们也要看到,相比经济社会发展要求,相比人民群众的期待,相比当今世界激烈的国际竞争,我们在制度建设和管理能力方面还有许多不足,还有许多亟待完善和提高的地方。特别是在新的时代条件下,我们党的执政能力越来越多地体现在制度建设和治理能力上。完善和发展中国特色社会主义制度,推进国家治理体系和治理能力现代化,就是要适应时代发展要求,既改革不适应实践要求的体制机制,又不断构建新的制度和体制机制,使经济、政治、文化、社会、生态文明和党的建设等各方面制度和体制机制更加科学、更加完善,推动党和国家各项工作制度化、规范化、程序化,不断提高党科学执政、民主执政、依法执政能力。

第三,完善和发展中国特色社会主义制度,推进国家治理体系和治理能力现代化,要求我们在加强制度建设的同时,把治理能力建设摆在更加突出的位置。长期以来,我们十分重视制度建设,通过不懈努力不断完善各方面的制度和体制机制,但在如何发挥好制度效能方面重视不够。很多制度都已建立起来,很多体制机制看起来也很完善,很多法律、法规和政策措施就摆在那里,但就是落不到实处,不能很好地发挥作用。同时,随着经济社会发展,社会管理面临许多新情况、新问题,许多问题尚未找到有效的解决办法。因此,一方面要求完善和发展中国特色社会主义制度,另一方面要求推进国家治理体系和治理能力现代化,更加注重治理能力建设,加强和创新社会管理,把各方面制度和体制机制的优势转化为管理经济社会事务的实际效能。

三、"十八大"对经济体制改革提出的基本要求

"十八大"对经济体制改革的要求是综合性的,从生产力、生产关系、分配制度、社会发展和制度提升几个方面共同推进的结果,具体表现在以下五个方面。

(一)坚持解放和发展社会生产力

解放和发展社会生产力是解决社会基本矛盾的根本手段,是促进社会进步的根本动力。改革开放以来,中国共产党始终不渝地坚持解放和发展社会生产力,不断满足人民群众日益增长的物质文化需要,为实现人民幸福、人的全面自由发展奠定了坚实的基础。

中国共产党坚持解放和发展社会生产力,提出了社会主义本质的科学命题,把对社会主义的认识提高到新的科学水平。马克思、恩格斯在《德意志意识形态》中初创了"唯物史观"。他们坚持认为生产力是"全部历史的基础""生产力的总和决定着社会状况"。对于社会主义本质的认知,同样需要遵循生产力标准的一般规律。

中国共产党坚持解放和发展社会生产力,把发展作为党执政兴国的第一要务。"三个代表"重要思想把党的建设同先进生产力的发展要求、先进文化的前进方向、最广大人民的根本利益联系起来。其中,能否坚持解放和发展社会生产力、能否代表先进生产力的发展要求,成为衡量党先进性的试金石。"三个代表"重要思想提出把发展作为党执政兴国的第一要务,强调坚持党的先进性,要落实到解放和发展生产力上。这说明解放和发展社会生产力对于马克思主义政党的极端重要性。中国特色社会主义道路的实质就是"中国共产党领导的科学发展之路"。中国特色社会主义道路的开辟和发展的关键是抓住了经济建设的中心,一以贯之地把解放和发展社会生产力当作社会主义的根本任务。

中国共产党将解放和发展社会生产力融入社会主义本质的理解中、党的先进性建设中、中国特色社会主义道路的实践中,充分体现出社会主义的优越性,满足了人民群众的需求,带来了人民群众的富足,促进了人民群众的"人生出彩"。坚持解放和发展社会生产力,充分体现出社会主义的优越性。中国共产党通过大力发展生产力,充分体现出社会主义制度的优越性。社会主义的优越性归根到底要体现在生产力比资本主义发展得更快、更好。

中国在改革开放30多年的发展中,取得了西方资本主义国家几百年才能取得的成就,为实现中华民族伟大复兴奠定了坚实的基础;中国成为世界上第二大经济体,

国际地位显著提升。用习近平总书记的话说,我们比历史上任何时期都更接近中华民族伟大复兴的目标,比历史上任何时期都更有信心、有能力实现这个目标。经济高速增长、民族复兴、国际地位提升等,让民众有获得感、民族自豪感和大国荣誉感。

人民群众拥护中国共产党的领导,在于我们党成功开辟了一条走向胜利的道路。道路自信的底气来自我们改革开放以来取得的伟大成就,来自我们紧紧抓住体现中国特色社会主义优越性——解放和发展社会生产力。另外,坚持解放和发展社会生产力,极大地满足了人民群众日益增长的物质文化需要,实现了人民的富裕、国家的富强,带领中国人民走向自由发展之路。

中国共产党不是片面的经济主义论者,而是强调以人为本的发展观,将生产力发展与人本身的发展结合起来。社会主义发展生产力的目的是为了满足人民日益增长的物质文化生活需要。社会主义的优越性最终要体现在不断提高人民的生活水平。中国共产党也不是片面的物质主义论者,只重视物质生产。我们党一贯强调的是包括物质和文化生产在内的"社会生产力",这是马克思主义有关生产力论述的要旨,是一种整体主义的观点。中共"十八大"提出了"生态生产"的概念,进一步拓展了社会生产力的内涵。强调发展"社会生产力",就是为了满足人民群众经济、政治、文化和生态等各个方面的需要,促进人民群众的全面发展。

面对国内外形势的复杂变化,中国共产党以强烈的历史使命感,最大限度集中全党全社会智慧,最大限度调动一切积极因素,努力让一切劳动、知识、技术、管理、资本的活力竞相迸发,让一切创造社会财富的源泉充分涌流,让发展成果更多、更公平地惠及全体人民。

(二)坚持推进改革开放

中共"十八大"报告提出:"必须坚持推进改革开放。"牢牢把握这一基本要求,对于充分激发全社会创造活力,为中国特色社会主义胜利前进提供强大动力,具有重大意义。30多年来,改革开放极大地调动了亿万人民的积极性、主动性、创造性,极大地解放和发展了社会生产力,推动我国以世界上少有的速度持续快速发展,给人民带来更多福祉,使社会主义在中国大地上焕发出勃勃生机。实践证明,改革开放是坚持和发展中国特色社会主义的必由之路。

要坚持社会主义市场经济的改革方向,加快完善社会主义市场经济体制,推动经济更有效率、更加公平、更可持续发展。完善公有制为主体、多种所有制经济共同发展的基本经济制度,毫不动摇地巩固和发展公有制经济,推行公有制多种实现形式,完善各类国有资产管理体制,推动国有资本更多投向关系国家安全和国民经济命脉的重要行业和关键领域,不断增强国有经济活力、控制力、影响力。毫不动摇鼓励、支持、引导非公有制经济发展,保证各种所有制经济依法平等使用生产要素、公平参与市场竞争、同等受到法律保护。完善按劳分配为主体、多种分配方式并存的分配制度,完善劳动、资本、技术、管理等要素按贡献参与分配的初次分配机制,加快健全以税收、社会保障、转移支付为主要手段的再分配机制。进一步完善健全现代市场体系,完善市场决定价格机制,在更大范围、更广领域内发挥市场在资源配置中的基础性作用。健全国家计划、财政政策、货币政策等相互配合的宏观调控体系,加强宏观调控目标和政策手段机制化建设,建立有利于科学发展的财政体制和有利于结构优化、社会公平的税收制度,健全促进宏观经济稳定、支持实体经济发展的现代金融体系。深化行政审批制度改革,继续简政放权,减少政府对微观经济活动的干预,推动政府职能向创造良好发展环境、提供优质公共服务、维护社会公平正义的根本转变。

进入改革攻坚期,面对前所未有的机遇和挑战,破解新的难题、化解新的风险、激发新的活力、实现新的发展,需要始终把改革创新精神贯彻到治国理政各个环节。要提高改革决策的科学性,增强改革措施的协调性,坚决破除一切妨碍科学发展的思想观念和体制机制弊端,不断推进理论创新、制度创新、科技创新、文化创新以及其他各方面创新。要在深化经济体制改革的同时,继续推进政治体制、文化体制、社会体制、生态文明制度改革,构建系统完备、科学规范、运行有效的制度体系,促进现代化建设各个环节、各个方面相协调,促进生产关系与生产力、上层建筑与经济基础相协调,不断推进我国社会主义制度的自我完善和发展。

(三)坚持维护社会公平正义

中共"十八大"报告提出:"必须坚持维护社会公平正义。"牢牢把握这一基本要求,对于彰显中国特色社会主义的价值优势、道义优势、制度优势,不断增强中国特色社会主义凝聚力、向心力、感召力,具有重大意义。

中国共产党自成立之日起,就把实现和维护社会公平正义作为始终不渝的价值目标。新中国成立以来特别是改革开放以来我国发展取得的巨大成就,为实现社会公平正义提供了物质基础和有利条件。随着我国社会深刻变革,影响社会公平正义的各种矛盾和问题日益突出,人民群众对党和政府维护社会公平正义的要求越来越高。同时,由于我国还处于并将长期处于社会主义初级阶段,实现和维护社会公平正义仍然任重道远。我们要按照中共"十八大"精神,把维护社会公平正义作为中国特色社会主义的重大任务,摆在现代化建设更加突出的位置抓紧、抓好,切实抓出成效,使全体人民能够在经济社会发展中更多、更好地平等参与、平等竞争、平等发展、平等享有。

要逐步建立以权利公平、机会公平、规则公平为主要内容的社会公平保障体系,逐步实现全体公民在社会发展的各方面都享有平等的生存和发展权利;实现机会均等,为每一位社会成员提供创业发展、奉献社会、追求幸福、实现人生价值的同等机会;实现在法律、制度面前人人平等,让每一位社会成员平等地享有权利,平等地履行义务,平等地承担责任,平等地受到保护。为此,将通过加紧建设对保障社会公平正义具有重大作用的制度,进一步完善民主权利保障制度,从各层次、各领域扩大公民有序政治参与,保证人民当家作主。将坚持执法为民、公正司法,加快推进司法体制和工作机制改革,建设公正、高效、权威的社会主义司法制度,发挥司法维护公平正义的职能作用。加快建立覆盖全国城乡的基本公共服务体系,调整财政收支结构,把更多财政资金投向公共服务领域,投入教育、就业、医疗、社会保障、社会治安等领域,不断增强公共产品和公共服务供给能力,提高公共服务质量和水平,解决好人民最关心、最直接、最现实的利益问题,在学有所教、劳有所得、病有所医、老有所养、住有所居上持续取得新进展,使公共服务成果更好地惠及广大人民群众。

(四)坚持走共同富裕道路

中共"十八大"报告提出:"必须坚持走共同富裕道路。"牢牢把握这一基本要求,对于逐步解决城乡区域发展差距和居民收入分配差距较大的问题,充分发挥中国特色社会主义优越性,具有重大意义。

邓小平同志在1990年就强调指出:"共同致富,我们从改革一开始就讲,将来总有一天要成为中心课题。社会主义不是少数人富起来、大多数人穷,不是那个样子。"他在1992年视察南方重要讲话中提出:"走社会主义道路,就是要逐步实现共同富裕。""如果富的愈来愈富,穷的愈来愈穷,两极分化就会产生,而社会主义制度就应该而且能够避免两极分化。"经过30多年的改革发展,我国在解放和发展生产力、促进共同富裕方面取得长足进展,广大人民群众从改革发展中得到越来越多的实惠,社会贫困人口大幅减少,生活水平有了不同程度提高。同时,地区之间、城乡之间、不同群体之间收入差距扩大的趋势还没有得到有效遏制,国民收入分配格局不合理,严重影响了人民群众的积极性,在发展经济的基础上促进共同富裕,已经成为发展中国特色社会主义必须认真解决好的重大现实课题。

走共同富裕道路,首先要大力解放和发展生产力。共同富裕的基础在于解放和发展生产力,共同富裕的前景也在解放和发展生产力,解决收入分配差距过大问题的根本出路同样在解放和发展生产力。只有做大蛋糕,才能为分好蛋糕提供强大物质基础。既充分发挥公有制经济对国民经济的主导作用,增强国有经济在关系国家安全和国民经济命脉重要行业和关键领域的控制力、影响力,又充分发挥多种所有制经济参与市场竞争、激发社会创造活力和发展经济的积极作用,既保护一切合法的劳动收入,又保护各种要素按贡献分配的非劳动收入,放手让一切劳动、知识、技术、管理和资本的活力竞相迸发,让一切创造社会财富的源泉充分涌流,使所有市场主体和各方面力量共同致力于发展生产力,合力推动经济持续健康发展,为共同富裕奠定雄厚的物质基础。

走共同富裕道路,就要合理调整收入分配关系。正确处理效率与公平的关系,初次分配和再分配都要兼顾效率和公平,再分配更加注重公平。要努力实现居民收入增长和经济发展同步、劳动报酬增长和劳动生产率提高同步,提高居民收入在国民收入分配中的比重,提高劳动报酬在初次分配中的比重。通过健全扩大就业和提高劳动报酬的发展环境和制度条件,深化企业工资分配制度改革,推行工资集体协商制度,保障职工工资正常增长和支付,逐步提高最低工资标准,建立健全中低收入居民收入稳定增长机制,提高居民收入水平和消费能力。通过加快健全以税收、社会保障、转移支付为主要手段的再分配调节机制,扩大社会保障覆盖面,逐步完善基本公共服务体系,促进形成良好的居民消费预期。建立公共资源出让收益的全民共享机制。多渠道增加居民财产性收入。建立公正合理的收入分配秩序,保护合法收入,增加低收入者收入,调节过高收入,取缔非法收入,努力解决收入分配差距较大问题,朝着共同富裕方向稳步前进。

(五) 坚持促进社会和谐

党的"十八大"报告提出:"必须坚持促进社会和谐。"牢牢把握这一基本要求,更加积极主动地正视矛盾、化解矛盾,对于最大限度地增加和谐因素,最大限度地减少不和谐因素,开创社会和谐人人有责、和谐社会人人共享的生动局面,具有重要意义。

社会和谐是中国特色社会主义的本质属性。在社会主义初级阶段,我国生产力与生产关系、经济基础与上层建筑的矛盾虽然仍是社会的基本矛盾,但这种非对抗性的矛盾,完全可以通过和平的、渐进的方式,通过有领导、有步骤、有秩序的调整和改革加以解决。

促进社会和谐,要求把保障和改善民生放在更加突出的位置,多谋民生之利,多解民生之忧,解决好人民最关心、最直接、最现实的利益问题,在学有所教、劳有所得、病有所医、老有所养、住有所居上持续取得新进展,努力让人民过上更好生活。

促进社会和谐,要求加强和创新社会管理。围绕构建中国特色社会主义社会管理体系,加快形成党委领导、政府负责、社会协同、公众参与、法治保障的社会管理体制,加快形成政府主导、覆盖城乡、可持续的基本公共服务体系,加快形成政社分开、权责明确、依法自治的现代社会组织体制,加快形成源头治理、动态管理、应急处置相结合的社会管理机制。

促进社会和谐,要求调动全社会全民族积极性主动性创造性,团结一切可以团结的力量。贯彻尊重劳动、尊重知识、尊重人才、尊重创造的重大方针,充分发挥人民首创精神,使全社会创造能量充分释放、创新成果不断涌现、创业活动蓬勃开展。完善创新机制,保护创新热情,鼓励创新实践,宽容创新挫折,增强自主创新能力,加快建设创新型国家。大力弘扬自力更生、顽强拼搏、团结协作精神,倡导自主创业、艰苦创业、和谐创业,营造鼓励人们干事业、支持人们干成事业的社会环境,使我国经济社会发展始终充满旺盛的创造活力。

第二章　新机遇：国民经济形成推进改革和促进转型的有利环境

我国经济已经进入到新常态的发展阶段，既面临着重大转型，又具备改革关键阶段的历史地位和作用。我们要学习和掌握经济发展新常态的基本特征和运行规律，通过认识新常态、适应新常态，积聚高端要素、积累有利因素，实现改革开放新跨越和经济发展方式的转变。

一、当前经济社会发展的主要矛盾和突破重点

中共"十八大"以来，以习近平同志为总书记的党中央综合分析世界经济长周期和我国发展阶段性特征及其相互作用，作出"我国经济发展进入新常态"的重大战略判断，并对新常态怎么看、新常态下怎么干提出了明确要求。习近平同志深刻指出："要把适应新常态、把握新常态、引领新常态作为贯穿发展全局和全过程的大逻辑。"这个大逻辑具有统领性和客观必然性，是当前经济发展之纲，对于推动发展具有纲举目张的作用。确定当前经济社会发展的主要矛盾节点和重点突破路径，必须深入理解这个贯穿发展全局和全过程的大逻辑。

（一）新常态下经济社会发展的主要矛盾

经济发展新常态下的主要矛盾既体现在空间上，又体现在时间上，我们必须辩证地认识和对待，并以结构性和创新性两个角度实现对矛盾的有效认识和突破。

1. 新常态要具备的新特征就是经济社会主要矛盾的体现和解决路径

当前，我国经济发展呈现迅速变化、结构优化、动力转换等阶段性特征。这符合经济转型升级的客观规律，是不以人的意志为转移的必然趋势。新常态是对我国当前经济发展阶段性特征的高度概括，是对我国经济今后一个时期战略性走势的科学判断，是谋划和推动经济社会发展的重要依据。准确把握新常态的基本特征，需要从时间和空间角度审视我国发展历史条件和历史任务的演变。

从时间角度看，可以发现我国发展的内部条件发生了深刻变化。在经济高速增长时期，我国发展的内部条件包括：长期短缺经济形成的巨大产业发展空间，生产什么都能赚钱、生产多少都能卖出去；自然资源、劳动力等生产要素的成本较低，具有人口红利和低成本扩张的比较优势；后发优势突出，经济发展潜力巨大，可以通过引进

和学习先进技术实现快速发展。这些内部条件在改革开放的大潮中得到充分利用,人民群众发展经济的激情释放出来,大大解放和发展了生产力。现在,我国经济总量已经位居世界第二,经济进入了增速换挡期,发展的内部条件变化很大,传统优势逐渐丧失:低端产业产能过剩需要尽快消化,过去生产什么都能赚钱、生产多少都能卖出去的情况不存在了;自然资源、劳动力等生产要素成本明显上升,低成本资源和要素投入形成的驱动力明显减弱;随着与发达国家技术差距的缩小,后发优势也在减弱。这些变化要求经济增长动力必须更多地来自创新。

从空间角度看,可以发现我国发展的外部条件发生了深刻变化。在30多年前我国开始实行改革开放时,适逢发达国家向外转移劳动密集型产业,对大量制造业产品具有旺盛需求。我国充分有效利用了国际市场,拉动了对外贸易和经济快速发展。但2008年国际金融危机以来,发达国家普遍加强了贸易保护,世界经济复苏缓慢,短时间内难以形成推动经济发展的有效力量。市场需求疲软,使我国靠外需拉动的经济增长受到一定冲击,经济增长需要更多依靠创新和扩大内需来驱动。

从时空两个角度看,我国经济已经走过了"长身高"的阶段,步入了"长肌肉""强身健体"的时期。与之相适应,我国经济发展的驱动力也要由要素投入转向创新驱动。习近平同志深刻指出:"新常态下,我国经济发展的主要特点是:增长速度要从高速转向中高速,发展方式要从规模速度型转向质量效率型,经济结构调整要从增量扩能为主转向调整存量、做优增量并举,发展动力要从主要依靠资源和低成本劳动力等要素投入转向创新驱动。"准确到位地认识经济发展新常态的这些变化,有利于从速度情结中及时解脱出来,抛弃旧的思维逻辑和再现高增长的想法,切实把思想和行动转换到适应和引领新常态上来。从世界范围看,日本、韩国等国家都曾因为没有充分认识和把握好经济增速换挡期,而采取了不适宜的发展战略和政策,导致经济产生巨大泡沫,甚至酿成危机。因此,只有科学判断并准确把握好发展大势,主动适应内外部条件变化,切实转变经济发展方式,才能推动我国发展不断迈上新台阶。

2. 准确把握新常态下的主要矛盾和突破重点

随着我国经济总量不断增大,经济发展中长期积累的一些结构性、体制性、素质性矛盾和问题日益凸显,成为经济持续健康发展的突出障碍。推动新阶段经济发展,必须准确把握经济发展新常态下的主要矛盾和主要任务。

我国经济发展新常态下的主要矛盾是结构性的,表现为落后的供给能力与广大人民群众日益增长、不断升级和个性化的物质文化需求之间的矛盾。这一供求矛盾的主要方面和关键症结是供给侧的结构性问题,表现为无效和低端供给过剩、有效和中高端供给不足。观察我国当前发展显现出来的问题,包括经济增速下降、工业品价格下降、实体企业盈利下降、经济风险发生概率上升等,可以发现,这些都是高速增长期积累的深层次问题的突出反映。这些深层次问题不是周期性的,而是结构性的。也就是说,人民群众的需求升级了,但产品、服务等供给还停留在中低端水平,造成大量需求外溢。低水平供求平衡被打破了,但高水平供求平衡还未形成。在这个由低水平供求平衡向高水平供求平衡跃升的时期,又遇到世界经济格局发生深刻调整,我国经济深层次结构性问题暴露出来。适应和引领经济发展新常态,迫切需要抓住结构性问题这一主要矛盾,下大力气推进结构调整,并通过培育新的比较优势找准在世界供给市场上的定位,为我国和世界提供更优质、更高端的供给。

我国经济发展新常态下的突破重点是调整经济结构,提高发展质量和效益。对于一个经济体而言,在既有经济结构下谋求发展的空间是有限的,到了一定的发展阶段,既有经济结构不足以支撑经济继续增长了,就必须调整、提升经济结构,才能使发展迈上新台阶。调整经济结构包括通过创新来优化要素配置、提升产品品质,也包括淘汰落后产能。淘汰落后和鼓励创新同样重要,对落后产能的淘汰会形成对创新的激励,解放出大量被落后产能占用的资源,使之得到更有效的利用,从而激发经济增长的活力。可见,经济结构调整是一个优胜劣汰的过程,会付出一定代价。但是,一旦经济结构得到提升,经济发展的空间就会得到极大拓展。新常态下的经济发展,应当是有质量、有效益的发展。发展的质量和效益体现在宏观层面,是生产要素可以自由流动,要素配置效率大幅提高;体现在微观层面,是企业通过创新提供新的供给、创造新的市场,或者原有产品成本降低、性能提升。可见,提高发展的质量和效益、调整经济结构,基础动力在于创新。

(二) 以供给侧结构性改革形成矛盾转化的主渠道

解决当前经济社会发展的主要矛盾的关键在于改革,而改革则需要根据结构性、创新性的要求,调动一切积极有利的因素,按照新常态的发展规律,形成新的生产组织模式和方法。

1. 推进供给侧结构性改革是适应新常态的关键抓手

面对经济发展新常态下的主要矛盾和主要任务,遵循新常态的大逻辑,当前必须推进供给侧结构性改革,使供给体系更好适应需求结构的变化。推进供给侧结构性改革是适应新常态的重大创新,只有把改善供给侧结构作为主攻方向,才能解决深层次结构性问题,实现经济全面、协调、可持续发展。

调控宏观经济可以从需求侧和供给侧两个方面着力,两者具有不同特点。需求侧管理的特点可以概括为三点:其一,从需求端入手,着眼于解决周期性和总量性问题。其二,注重短期调控,主要表现为在经济低迷时通过政府花钱刺激经济,实行扩张性的财政政策和货币政策,包括政府直接上项目等。其三,把经济发展更多看作是宏观层面的问题,是宏观政策使然,相对忽略微观层面即市场主体活力的提升。这三个特点决定了需求侧管理在某些情况下存在不适应性。有时,经济之所以减速,是由于在快速发展期间上了很多不该上的项目,形成了过剩产能,是结构性问题,而刺激性政策起的是"膨大剂"作用,只会使问题更加严重,甚至最终导致滞胀。

供给侧管理的特点也可以概括为三点:其一,认为经济下行是结构性问题,需要从供给端即生产端入手,通过调整结构解决问题。其二,认为经济发展更多源于企业的活力,把供给更多看作是企业的供给,而不是政府的供给,主张通过鼓励企业创新改善供给、释放需求。其三,着重发挥市场机制的作用,通过市场机制来优化要素配置、调整生产结构。

历史经验证明，在一般情况下，供给侧管理对于激发经济增长活力、增强经济发展后劲具有更积极的作用。对于发展中国家而言，在市场体系还不完善的发展阶段，经济发展往往是非均衡的，即资本、劳动力、技术流向经济增长较快的地方，造成行业之间、区域之间发展不均衡。发展过度不均衡是不可持续的，也不符合我国全面建成小康社会的目标要求。着力解决供给侧存在的问题，能够为经济发展提供内生动力，更有利于增强经济发展的均衡性、协调性和可持续性。

供给侧结构性改革不同于西方经济学中供给学派的主张。供给侧结构性改革旨在通过一系列措施，特别是推动科技创新、发展实体经济等来调整产业、产品结构。它既强调发挥市场在资源配置中的决定性作用，又强调更好发挥政府作用；在强调供给侧的同时，也不忽视需求侧。其中，着眼于供给创新是供给侧结构性改革的关键特征。以创新创造出新的供给和需求，使经济货真价实地发展，而不是"虚胖"。习近平同志深刻指出："从国际经验看，一个国家发展从根本上要靠供给侧推动。一次次科技和产业革命，带来一次次生产力提升，创造着难以想象的供给能力。"发达国家乃至整个世界经济的发展实践表明，创新驱动是大势所趋。谁能在创新上下先手棋，谁就能掌握主动。因此，我们应大力推动创新，提高全要素生产率，而不应沉迷于低成本扩张。

2. 用改革的办法推进经济结构调整

供给侧结构性改革需要相应的体制和政策保证，必须加快推进相关改革，特别是加大重点领域和关键环节市场化改革力度。在改革过程中，有以下几点值得注意。

（1）明确供给的主体是企业。企业是自负盈亏的市场主体，其生产活动遵循效益原则和投入产出原则。只有某项供给对企业有利，它才会选择生产。即使利率再低，企业也不会盲目上项目；即使已经启动的项目，如果发现无利可图，它也会及时中止，如果损失不可避免，它会尽量减少损失。按照市场价格信号和所掌握的信息，在优胜劣汰的严酷竞争下，企业会主动创新以提升产业、产品结构，也会主动淘汰落后产能以减轻负担。当前，应通过市场化改革使企业真正成为自主经营、自负盈亏的独立市场主体，从而整体提升企业活力和对市场变化的敏感性。只有切实把企业的活力激发出来，才能从根本上增强供给结构的适应性和灵活性。

（2）处理好政府和市场的关系。恩格斯在为马克思《资本论》英文版写的序言中指出，市场经济下"生产力按几何级数增长，而市场最多也只是按算术级数扩大"。这就是说，经济发展难免会出现产能过剩问题。但是，在市场机制作用下，通过破产、兼并、重组以及经济下行期对过剩产能强制性的淘汰，再一次占领市场的产能必然是更先进的。反之，如果市场机制不健全，甚至还有片面追求 GDP 的做法和地方保护主义等的干预，企业对市场变化的反应就会不灵敏，过剩产能就会积累。因此，实现经济长期健康发展，必须坚持社会主义市场经济的改革方向，在健全市场经济体制上下工夫。当前，对于市场体系相对健全、能够自动出清的领域，应放手让市场充分发挥作用，政府则将职能转变到营造良好环境、为社会问题托底上来。通过政府和市场的共同作用,调整各类扭曲的政策和制度安排,完善公平竞争、优胜劣汰的市场环境和机制,减少无效和低端供给,促进产业优化重组。

(3) 尊重规律,鼓励创新。创新是突破发展瓶颈的根本出路,必须把发展基点放在创新上。但是,由于创新具有不确定性,需要对创新予以鼓励和扶持。创新的不确定性主要体现在两个方面:一是创新方向和技术方面的不确定性。这取决于对技术发展趋势和必须攻克的难关的预判是否准确,以及能否顺利攻克技术难关。二是市场方面的不确定性。即使技术上的创新是成功的,但按照投入产出原则,市场能否接受还是不确定的。马克思把商品能不能得到社会承认称作一个"惊险的跳跃"。可见,创新需要鼓励和扶持,应作出有利于创新的制度安排,例如,完善知识产权保护制度,确保创新者得到应有回报;营造褒奖成功、宽容失败的社会氛围,等等。这些制度安排应当尊重创新规律,促进创新要素流动、聚集和优化配置,形成良好的创新环境,使好的创新成果顺利脱颖而出。

二、消费转型和结构升级激发巨大需求潜力

我国已进入大众消费的新时代,大众需求、平民消费成为这个时代最为突出的特点。与过去消费结构相比,我国城乡居民消费结构正在由生存型消费向发展型消费升级、由物质型消费向服务型消费升级、由传统消费向新型消费升级,并且这一升级的趋势越来越明显,速度越来越快。

(一) 我国消费结构升级的典型特征和重要表现

我国新阶段消费结构升级的时代特征,既反映了经济增长中的一般规律,更反映了我国自身转型升级的突出特点。把握消费结构升级的时代特征,成为我国加快经济转型升级的基本出发点。

1. 从生存型消费向发展型消费的升级

1)生存型消费比重不断降低

虽然城乡居民用于食品、衣着的消费支出规模不断上升,但在整个消费中的比重不断下降。从城乡居民消费结构看,1990—2013 年,城镇居民消费支出中食品和衣着的人均消费规模从 864.7 元提高到 8 213.9 元,支出占比从 67.61% 下降到 45.58%;农村居民消费支出中食品和衣着的人均消费规模从 389.2 元提高到 2 933.8元,支出占比从 66.58% 下降到 44.28%。

2)发展型消费持续增长

我国城乡居民的发展型消费需求不仅在规模上持续提升,而且在消费总支出中的比重不断上升。据统计,1990—2013 年,城镇居民现金消费支出中发展型消费需求的支出比重从 32.39% 提高到 54.42%;农村居民现金消费支出中发展型消费需求的支出比重从 33.43% 提高到 55.72%。

以医疗保健、交通通信和文教娱乐三项支出的变化为例。不考虑价格因素，1985—2013 年，我国城乡居民人均消费支出年均增长分别为 12.46％和 11.46％，其中城乡居民在医疗保健、交通通信和文教娱乐这三项支出的年均增速分别达到 16.47％和 16.62％，超出人均消费性支出增速 4～5 个百分点。

2. 从物质型消费向服务型消费的升级

1）物质型消费基本得到满足

在经过了"井喷式"的消费扩张后，城镇居民家庭的"大件"基本普及，农村居民家庭"大件"普及度也明显提高。例如，2012 年城镇居民每百户家庭拥有 126.8 台空调、87 台电脑，农村居民每百户拥有的摩托车达到 62.2 辆。对大多数家庭而言，耐用消费品支出已不再构成主要的支出压力，以前流行的家庭"三大件"基本上淡出了消费领域。

2）服务型消费需求快速增长

统计分析表明，2005—2010 年我国城镇居民人均服务型消费支出从 3 116 元提高到 5 260 元，年均增长 11.04％，这些年服务型消费支出比重均保持在 40％左右的高位。

3. 从传统消费向新型消费的升级

1）传统消费热点持续降温

随着城乡居民消费结构的升级，传统零售业增速放缓，汽车等传统支柱型消费进入低迷期。据统计，2013 年全国重点大型零售企业实现零售额同比增长 9.1％，增幅较上年放缓 1.1 个百分点，创 1999 年以来最低增速；2014 年，我国乘用车销量同比增长 9.9％，增速大幅低于 2013 年同期的 16％。

2）消费个性化、多样化时代的到来

多元化指数是衡量城乡居民消费结构的一个重要指标。我国城乡居民消费多元化指数分别在 1998 年和 2006 年超过 1.7，表明消费结构多元化进入一个新的阶段。2012 年，城乡居民消费多元化指数进一步提高到 1.85 和 1.77，逐步趋近 2.08 的最优值，城乡居民消费的多元化趋势正在加快。

3）新消费群体不断扩大

新型消费热点层出不穷，主要源于新消费群体的持续扩大。随着 80 后、90 后成为社会的中坚力量和最重要的消费主体，这一群体更加注重消费的体验、消费的个性化和消费者主权的维护。新消费群体追求时尚、品牌与品质，更新换代很快，并不局限于商品使用价值的耗尽。

（二）激发消费潜力，扩大消费规模

消费结构的快速升级，蕴含着巨大的消费潜力。初步估计到 2020 年我国消费市场规模将达到 40 万亿～50 万亿元，国内市场规模位居世界前列。13 亿人消费大市场的初步形成，不仅成为保持我国 6％～7％增长的突出优势，而且成为我国经济转型升级的重要推动力。

1. 消费结构升级蕴含着巨大消费潜力

1）城镇居民的消费潜力巨大

城镇居民消费结构不断升级的重要特征是消费级别的跃升,消费水平从10多年前的百元级、千元级升至近几年的万元级、十万元级甚至百万元级,消费档次愈来愈高,并且消费周期愈来愈短。城镇居民消费级别的跃升带来消费规模的急剧攀升。2000年,城镇居民的消费总规模为3.14万亿元,2005年以后基本上以每年跨越一个万亿级的速度在递增,2013年达到16.73万亿元,增长了5.3倍。预计"十三五"期间,随着城镇居民消费结构向服务消费升级,城镇居民消费潜力仍将呈现快速释放的趋势。

2）农村居民的消费潜力巨大

进入21世纪以来,尽管我国城镇化速度在加快,农村人口不断减少,但在消费结构升级的大趋势下,农村市场仍然保持了较快增长的态势。2000年,农村消费总规模为1.5万亿元,到2013年提升到4.66万亿元,13年间增长了3.1倍。"十三五"期间,随着城乡一体化进程的加快,农村潜在的巨大消费需求有望得到快速释放。

3）"十三五"消费规模具有实现倍增的空间

2001—2013年,我国城乡居民消费水平年均实际增长分别为7.01%和8.73%。如果2014—2020年按照2001—2013年的平均速度增长,到2020年城乡居民人均消费水平将分别达到41 105.67元和11 905.02元。考虑到2020年人口规模将达到14亿人,城镇化率将达到60%。初步估算,2020年,我国居民消费规模将达到45.23万亿元,在2013年消费总规模21.4万亿元的基础上实现倍增。

2. 消费结构升级成为经济转型升级的主要动力

1）消费取代投资成为拉动经济增长的主要引擎

我国增长模式带有投资主导的突出特征,但2011年以来,增长模式出现了历史拐点,消费贡献率开始超过投资贡献率,消费取代投资成为拉动经济增长的第一引擎。

2）消费结构升级推动经济结构的重大变化

一是推动我国经济结构的服务化进程。2001—2008年,我国服务业占GDP的比重一直徘徊在40%左右。但从2012年开始,服务业比重明显提高,当年比重提高超过1.3个百分点。到2014年年末,服务业增加值增速已经连续8个季度超过GDP和第二产业的增速。

二是推动新兴产业的快速发展。例如,2013年,我国文化产业增加值增长超过15%。2014年,我国信息消费规模达到2.8万亿元,同比增长25%;电子商务交易额超过12万亿元,同比增长20%。

3. "十三五":消费驱动的增长前景

1）消费增速保持两位数

根据1991—2013年社会消费品零售总额的增长趋势,初步估算,2015—2020年,社会消费品零售总额年均实际增长将达到8%;不考虑物价因素,社会消费品零售总额增速将达到两位数。

2) 消费率逐年上升

随着消费结构升级带来消费需求的释放,"十三五"期间,消费率和居民消费率有望加快反弹。到 2020 年,最终消费率有望提高到 55%~60%,居民消费率提高到 45%~50%,消费贡献率稳定在 40%以上。

3) 消费结构不断优化

一是恩格尔系数进一步下降。根据 2013 年城市和农村居民的恩格尔系数和近年来的消费结构提升情况,并按照 2020 年我国城乡居民收入实现倍增的预期,城市居民恩格尔系数有望下降到 25%左右,农村居民恩格尔系数有望下降到 30%以下,从而进入大众消费时代。

二是服务型消费比重进一步提高。随着服务消费需求的不断释放,城镇居民服务型消费比重有望年均提高 0.5~0.6 个百分点,到 2020 年达到 45%~50%,成为城镇居民的消费支出大头。

4) 消费将成为经济增长的第一支撑力

初步测算,到 2020 年,我国居民消费需求规模将达到 50 万亿元左右,居民消费率将达到 50%左右,最终消费率将达到 65%左右,成为经济增长的第一支撑力。"十三五"期间,在消费成为拉动经济增长内生动力的条件下,经济增长速度有望保持在 7%左右。

(三) 以提升最终消费驱动的经济转型

2015—2020 年这 6 年加快经济转型升级,要牢牢把握住消费结构升级的时代潮流,牢牢抓住消费需求释放的历史机遇。这就要求我们在消费驱动的经济转型上尽快取得实质性突破,以消费引领创新、以创新引领供给,以内需引领增长。由此不仅在短期内从根本上扭转投资消费失衡的格局,有效消化短期经济风险;而且使消费真正成为经济结构转型升级的内生动力,为中长期经济增长打下坚实基础。从我国当前消费释放面临的突出矛盾看,实现消费驱动经济转型的重大突破,当务之急是创新消费供给,加快投资转型,改善消费环境。

1. 创新消费供给

1) 消费供给的严重短缺成为消费释放的突出矛盾

从现实情况看,"有需求而缺供给"成为我国消费需求释放面临的主要问题。以养老服务为例,我国健康服务业发展严重滞后,占 GDP 的比重不足 5%,与美国健康服务业占 17.6%、其他经济合作与发展组织(OECD)国家占 10%左右的比重相去甚远。目前,每年为老年人提供的产品与服务不足 1 000 亿元。在一些特大城市,要进公立养老院,如果从 50 岁开始排队,要排上 30 年,甚至 40 年,养老服务供给严重不足。

2) 创新消费供给,加大消费供给力度

一是加大服务消费供给力度。创新消费供给的关键在于扩大服务消费供给的规模,满足社会不断增长的服务消费需求。为此,在合理调整重化工业投资的同时,鼓励各类资本投资重点投资服务业。

二是加大个性化、多样化的新型消费供给力度。一般来说,工业化大生产可以有效适应模仿型、排浪式、总量化的消费,但难以适应个性化、多样化的新型消费需求。后者对"定制化供给"提出了新要求。例如,3D打印之所以成为各方关注焦点,重要原因在于3D打印可以有效满足个性化的需求,并实现定制化生产。因此,满足新型消费供给需求,需要加大新型消费供给力度。

三是改善消费供给的质量。消费结构升级的一个表现就是消费者对产品或服务的标准与要求不断提高,如果不能有效提升消费供给的质量,许多潜在的消费需求就很难释放出来。适应消费者消费标准和消费要求不断提高的趋势,需要加快推进教育、文化、医疗等服务领域的改革,提高供给主体的竞争程度,改善和提高服务质量,使这些需求能够留在国内。

3)创新消费供给方式,提高消费供给效率

当前一个重要的实施操作是鼓励消费者参与研发。通过鼓励消费者参与产品或服务研发,可以有效地将消费者的需求反映内部化,让消费者在研发过程中就表达自己的消费需求,从而避免研发脱离实际需求的困局。

4)适应消费升级,加快发展消费金融

在加强监管的前提下,建议在全国放开消费金融公司发展,鼓励社会资本进入,大力发展各种类型的消费金融。着力降低消费信贷的成本。"十三五"可以考虑将银行存款准备金率与信贷消费额度挂钩,增加银行承担消费信贷的能力;鼓励消费流通企业联合银行共同开展低利率分期付款活动,银行和企业分担交易成本,解除消费者的后顾之忧。

2. 以消费结构升级为导向推动投资转型

一是投资率与消费率回归到合理区间内。如果消费率当前从现在的不足50%提升到60%左右、投资率从当前接近50%的高位回调到40%以内、居民储蓄率降低10个百分点左右,不但不会影响经济增长速度保持在7%左右,反而会使经济增长更加可持续。"十三五"走向投资消费动态平衡,需要明确将2020年消费率达到60%左右作为经济转型的重要目标。

二是把扩大投资建立在消费需求的基础上。消费主导并非不要投资,恰恰相反,随着消费需求的不断释放,我国还需要更多的投资以创造供给。从多方面的情况看,"十三五"以消费结构升级为导向,不仅可以形成扩大投资的巨大空间,而且可以有效消化短期内的过剩产能,提高经济增长质量。

三是在市场决定中形成投资与消费的动态平衡。衡量投资的重要标准之一就是市场回报。在资源要素价格市场化的条件下,资本等要素的流动受到真实的成本约束和收益激励,资本会自动从低回报率的行业流向高回报率的行业。因此,在市场决定的机制下,投资与消费有其内在的动态平衡机制。这就对我国未来几年的市场化改革提出了迫切要求。相反,投资消费动态平衡将缺乏坚实的市场基础。

3.改善消费环境

近年来,重大消费安全事件频发,严重挫伤了国内居民对本国产品的消费热情。以奶粉消费为例,2008 年"三聚氰胺"事件后,消费者对国产奶粉存在"信心赤字"。我国人均奶消费量不断提高,但进入 2015 年以后一些地方却出现大面积的奶农倒奶、奶农卖牛等情况。这虽有价格的因素,但更深层次的原因在于国内奶企尚未消除社会的"信心赤字"。

1)改革消费市场监管体系,打造安全的消费环境

一是形成强有力的消费监管体系。未来几年需要进一步形成强有力的消费监管体系,形成法制化的市场监管环境。对于造成消费安全重大事件的企业,实施"即查即关"等最严厉的处罚。

二是完善消费市场监管的法律。法制化的市场监管,需要有相应的法律保障。需要尽快制定并出台《消费者安全法》,将消费品标准和监管上升到法律法规层面。同时,加快修改《中华人民共和国消费者权益保护法》,加大对消费者人身财产安全保护的力度。例如,经营者不仅要保证其提供的商品、服务符合保障人身财产安全的要求,而且要对于经营场所服务设施采取相应的安全保障措施。

三是形成有效的消费者权益保护体系。例如,在司法方面建立健全有利于消费者维权的立案程序、举证分配责任、赔偿制度,使消费者权益损害案件可诉讼、可维权、可追究。

2)形成高标准产品与服务质量体系

一是提高质量标准。其关键在于尽快制定符合国际标准的产品与服务标准,使国内消费品质检标准提高到与欧美国家相近的水平上,以此约束国内外厂商,也以此作为消费品市场监管的重要依据。

二是建立消费品的溯源体系。一旦发现产品出现质量问题,可立即倒查产品生产的各个环节,并且追究相关责任人的责任。

3)大力发展电子商务

从我国信息消费需求释放大趋势出发,适应电子商务大发展的客观需求,加快宽带网络升级改造,统筹提高城乡宽带网络普及率。尤其是重点建设农村电子商务基础设施。同时,加快全国性物流系统建设,降低电子商务的物流成本,争取到 2020 年物流成本占 GDP 比重下降到 15%,到 2030 年进一步下降到 10%以内。

三、产出扩张和产业创新为经济发展提供了坚实基础

当前我国工业发展面临的矛盾和困难,是发展方式粗放、创新能力不足、体制机制不完善等中长期问题的集中反映,概括起来有四个"难",即:过剩产能难、生产经营难、债务风险防范难、创新能力提高难。但面对国际产业分工的新机遇,我国产业的发展水平和技术水平也在快速提升,积极推进制造业和服务业的融合,不断提升工业

化和信息化联动,为宏观经济发展提供了坚实基础。

(一)参与国际产业分工,完善产业链布局

全球化极大地拓展了生产要素的流动配置空间,推动了产业分工的细化。以往盛行于国与国之间的整体产业分工或转移关系,被产业价值链在国与国之间的分段设置和有效组合所取代。在这种分工和组织模式下,每一企业只能根据自身拥有的核心能力和关键资源,从事价值链上的某一个或某几个环节,原本由一家企业完成的活动,现在由全球不同国家的企业组成的制造网络共同协作完成。在这个过程中,我国企业积极参加国际产业分工,提升分工地位,拓展分工格局,不断提升产业链布局,组建我国的跨国公司体系,并提升创新能力和技术、品牌优势,优化在全球价值链上设计、研发、专利、服务、品牌等高端环节,从更高的水平参与国际分工,形成我国良好的产业链布局体系。

1. 重视创新,推动国际产业分工体系深入发展

信息技术的创新突破,特别是互联网的普及应用,加速了制造业的全球化趋势,参与全球分工体系成为企业的首要战略。我国企业积极在节能环保、新能源、信息、生物技术、新能源汽车、新材料、航空航天、海洋等领域都取得了良好的成绩,推进新技术迅速发展,逐渐成为全球竞争的制高点,并借助全球产业转移和产业链重新布局的机遇,加快本国产业结构调整和产业升级,以更充分发挥比较优势,形成新的竞争优势,在新一轮国际竞争中占据有利地位。国际金融危机后,国际贸易环境发生变化,许多国家不同程度地采取了贸易保护主义,碳关税成了世界热议的焦点话题。从长期看,贸易保护措施不会长久,世界各国经济的互补性和全球产业分工细化的趋势不可撼动。一旦发达国家着力推进的技术创新获得突破并应用于生产,不仅需要国内市场的支撑,更需要全球市场特别是广阔新兴市场的带动。而我国处于快速工业化和城镇化过程中,随着资源和市场的约束增强,也使我国越来越依赖外部资源和市场,同样会成为经济全球化的积极推动者。

2. 积极应对"再工业化"挑战,形成全球制造业的新亮点

从2011年开始,发达经济体纷纷实施"再工业化"战略,把推动制造业回归本土作为调整经济发展的重要措施,鼓励高端制造业留在国内,甚至从国外向国内回流。比如,美国福特汽车公司宣布,准备在美国本土制造某些汽车零部件,而此前中国是他们建新工厂的首选;美国银行柜员机(ATM)供应巨头NCR,已经把部分ATM的生产从中国移回美国;工程机械巨头卡特彼勒也回美建厂,以此为本土创造就业岗位。全球新一轮产业转移呈现出新的特征,那些劳动成本占总成本较小的和尺寸大小适中且易于公路运输的产品,如汽车配件、建筑设备和电器,将首先列入跨国公司重新评估产业布局之列,优先布局在距北美终端消费市场较近的地区。对于那些劳动密集程度较高的行业,仍可能会留在中国。上述趋势并不表明,我国制造业将会衰落,亦或者跨国公司会关闭它们在我国的工厂。虽然我国的劳动力、土地等成本的上升,使跨国公司正在根据行业的不同特性选择新的目标国,但短期内很难找到与我国

相匹配,并具有一流的基础设施、熟练人才的储备、发达的供应网络以及工人的高效生产能力的其他国家。或许,提升在我国产业分工布局的地位,加大研发设计和高端制造的比重,将部分能够实现大规模批量生产、劳动密集型的产品,如服装和鞋,从我国转移至越南、印度等其他成本更低的发展中国家,正是跨国公司全球布局新的考量,正如改革开放初期它们向中国转移产能一样。与此同时,鉴于我国企业的快速成长性,许多企业也开始将组装环节向东南亚国家转移。因此,在这种产业转移的趋势下,各国之间的产业分工更加细化,不再是单一某个行业的整体迁移,更重要的是产业链中某些环节更加精细化的转移,这样可以最低成本获取最大价值。

3. 技术密集型和知识密集型产业成为我国承接产业转移的重心

我国正在成为越来越重要的研发中心。近些年来,越来越多的世界 500 强企业把研发中心、地区总部、咨询和培训等机构入驻我国,并加快了本地化进程。例如,微软在北京设立的中国研究院是其境外最大的科研机构,贝尔实验室在北京设立的基础科学研究院,是其第一次在本土之外建立的研究院。西门子、三星、飞利浦等越来越多的跨国公司在中国工业园区设立研发中心,根据中国市场的需求来开发设计符合中国消费市场的新产品,越来越多的研发、信息、物流等知识型服务业和生产性服务业转移到中国。预计未来一个时期,航空航天、能源、医药、生物工程等高端制造业领域的全球配置和金融、信息、全球供应链管理等知识型服务业将成为新一轮国际产业转移的重点。随着我国逐步丧失低成本竞争优势,推动产业结构升级,避免落入"技术依赖"的发展陷阱,成为经济发展的重中之重。面对当前全球产业结构调整和国际技术转移高端化的历史契机,我国应集中资源,着力突破工业发展长期存在的技术瓶颈制约,尤其是面向战略性新兴产业的技术需求,加强超前战略部署,引导国际产业有序向我国转移,继续吸引科技含量和产品附加值高的先进制造业和生产的高端环节在我国进行产业布局,采取有效措施扩大跨国公司在华投资的技术溢出效应,加快培育完整的产业价值链,推动产业结构升级。

(二) 促进制造业和服务业融合,提升生产性服务业

在工业化后期,由于制造业和生产性服务业的关系越来越紧密,制造业的发展能够带动生产性服务业的发展,而生产性服务业的发展反过来促进制造业的升级,产业融合和共同演化的趋势十分明显。比如,网络—软件—通信、生物技术—医药、新材料与多个领域、高技术制造业与服务业等,产业知识逐步从分裂化走向互相契合。我国正处于这一发展进程之中,制造业和服务业的界限在工业化后期越来越模糊,加快了制造业和生产性服务业的融合。

1. 服务化转型成为我国企业战略调整的重要方向

制造业和服务业的融合在企业层面上表现得更加清晰。企业出于追逐利润的需要,纷纷调整战略,将竞争重点从产品制造转向客户服务,以提高制造业的获利能力。许多大型企业实行由制造型企业转变为服务型企业的战略调整后,不断转移或外包原有制造业业务,以制造业为基石,将业务范围扩张到金融、医疗、企业和家庭解决方

案等众多生产性服务业领域。以金融业扩张为例,通用电气从大萧条期间就已经开始涉足金融业,1932年成立了通用信用公司(通用电气CC),采用分期付款的赊销办法增加耐用消费品的销售额,20世纪60年代后期开始提供机械设备租赁服务,20世纪80年代通用金融业务开展了杠杆租赁、杠杆收购等业务,其金融业务的利润已经占到集团总利润的40%。美国IBM公司最初以电脑服务器、磁盘驱动器、网络设备及数据库软件等生产开发为主营业务,后来在此基础上整体转向信息技术服务业,现今已成为世界上最大的技术服务商,其服务收入占销售额的9%,利润额的17%,雇员中有一半从事服务工作。跨国公司这种战略结构调整,涉足的通常不是全新的、独立的金融服务领域,而是原有产业的衍生领域。通用资本与通用其他制造业务的关系非常密切,通用资本提供制造业财务的咨询/融资租赁服务,为通用电气旗下其他子公司的客户(如航空公司、电力公司和自动化设备公司)提供大量贷款。IBM的服务化转型也是基于原有计算机、服务器、系统软件等业务的雄厚的技术基础。

2. 生产型制造向服务型制造转变成为我国产业价值链跃升的重要途径

产业经济学中有一个著名的"微笑曲线"理论,在全球产业链分工体系中,研发(包括采购与设计)、生产(包括组装与加工)、营销(包括品牌与金融)诸环节的附加值曲线呈现两端高、中间低的形态,即研发和营销环节附加值高、生产加工环节附加值低,大体呈"U"形的弧线。"微笑曲线"理论表明,要想提高产业附加值和竞争力,不能囿于制造加工环节,必须向研发与营销环节延伸。当前,制造业的竞争力已不仅取决于生产制造环节,还包括产品研发设计和售后服务,以及为客户提供全方位服务的能力。例如,苹果公司每销售1部售价600美元的iPhone,可以从中获得360美元的利润,占整个产品利润的90%,而富士康等中国组装企业所获利润则仅占整个产品利润的2%左右。过去的10年,苹果公司获得了1 300项专利,相当于微软的一半、戴尔的1.5倍。越来越多的制造企业正在转变为某种意义上的服务企业,制造业的某些经济活动和服务业的界线越来越模糊,服务化成为制造业的重要发展方向。我国制造业正在积极转型,向这一新的产业定位和产业组织方式进行深入的改革和拓展,由于后发优势和产业链体系的完整、高效,我国制造业、服务业融合的效应将更加显著,表现也更为明显。

3. 以生产性服务业作为关键抓手实现加速发展

随着服务成为产品增值的重要渠道,现代制造业由过去单纯提供产品向集实物、信息和服务为一体转变,制造业与服务业呈现出既分工又融合的特征。例如,机床制造企业从单纯销售设备转向供应集机床、电子控制、信息系统和工程软件包于一身的集成系统,开始销售所谓"解决方案"和开发工艺。在此过程中,制造业和服务业的融合发展,更突出地表现为制造企业越来越多地进行"服务外包"或"服务剥离"。服务外包是效率型经济的集中体现,主要模式是业务流程外包。许多制造企业将内部在产前、产中或产后的服务功能独立出来,原来的服务活动转而由其他企业完成。这一转变也促使提供生产服务的专门企业迅速发展,形成了从技术产品研发、软硬件开发,到人员选聘与培训、管理咨询、金融支持、物流服务、市场营销和售后服务等全过程的服务链,从而使生产性服务业成为工业化中后期经济增长的强劲动力。目前,发达国家生产性服务的增加值总量已经占到全部服务业增加值的一半以上。

(三)以"互联网十"为载体,推进信息化与工业化融合

随着信息技术的快速发展和普及应用,信息化与工业化融合(以下简称"两化融合")不断引领人类生产方式的新变革,正成为一种全面、动态、优化的资源配置方式,重塑全球化时代国家产业竞争的新优势,成为经济社会发展的大趋势。关于"两化融合"的内涵,有不同的认识。有观点将"两化融合"理解为信息化与狭义的工业化的结合,即工业生产活动本身的信息化;更为普遍的观点是以宏观的视角出发,指出"两化融合"的内涵是指在工业化时期,实现国民经济各个部门和社会生活各个领域的信息化。从我国的情况来看,"互联网十"主导下的两化融合是宏观和广义的,工业化是经济发展方式、产业结构、社会形态、生产生活方式全面转变的过程,信息化与工业化融合也相应地发生在经济、社会、政治、文化、生活和军事等各个领域。但是,也要看到,解决我国发展中面临的突出矛盾和一系列重大长远问题,关键在工业,而"两化融合"是实现新型工业化道路的必由之路。

1. 积极谋划信息时代经济发展的新蓝图

国际金融危机后,世界主要国家纷纷把信息化作为破解发展难题、引领经济复苏、抢占竞争制高点的重要举措。美国政府自 2009 年以来,先后出台了一系列的法案、规划,把发展先进信息技术生态系统作为战略性基础设施,加大投资力度。英国2010 年出台了新制造业战略,提出要充分利用本国在信息技术上的先发优势,强化对传统工业的升级改造,确立其在全球高新技术产业中的领先地位。日本 2009 年公布的"信息通信技术立国"方针,提出要把信息通信技术全面应用到国民生活和经济活动中,实现从"混凝土之路"到"光纤之路"的转换。韩国 2008 年就提出,要实现信息技术与汽车、造船、机器人、医疗等产业的高度融合,为本国经济发展创造新的动力。我国也积极出台《中国制造 2025》,实施国家创新驱动战略,推进供给侧结构性改革,积极参与全国新兴技术创新,抢占在物联网、新能源、生物医药、电子商务等新兴产业竞争的制高点,加快宽带、智能电网、智能交通等智能化基础设施建设。

2. 加快传统产业形态的新变革

产业技术革命带给制造业最重要的影响是不断催生和建立新的生产和组织方式。全球产业竞争已不仅是技术的竞争、产品的竞争、人才的竞争、管理的竞争,更是生产方式的竞争。信息技术以其通用性和广泛的渗透性,改变了传统产业的存在方式和生产经营方式,极大地提高了劳动生产率和经济效益,使传统产业实现了脱胎换骨的组织形态改造。从我国的情况来看,信息技术成为引发重大经济社会变革的核心技术,信息产业成为经济发展中增长速度最快的先导产业,带动了传统产业的发展。有数据表明,新世纪以来劳动生产率的提高,有 60%～80%是靠信息技术进步取得的。伴随着信息技术的创新突破和普及应用,柔性制造、网络制造、绿色制造、智能制造、服务型制造等日益成为生产方式变革的重要方向,推动个性化制造和规模化

协同创新的有机结合,正在加速构建新型工业生产体系。杰里米·里夫金在《第三次工业革命》一书中为我们描绘出了一个宏伟蓝图,信息通信技术与新的能源系统相结合产生的能源互联网,将可能引发新的产业革命。3D打印制造技术,体现了信息网络时代的个性化制造趋势,使未来的制造企业将具备更好的可重用性、可重构性和规模可变性,以便迅速集成企业的内外部资源,并对快速多变的全球市场作出迅速响应,可能在未来形成一个全新的产业生态。

3. 不断培育壮大新兴产业

重大技术创新是新兴产业的驱动力,而新兴产业的发展离不开新科技革命的引领作用,重大技术突破成为新兴产业应运而生与成长壮大的关键。信息技术与能源、材料、生物和空间技术交叉融合,不断产生新的技术突破和创新应用,形成新的经济增长点。当前,我国将进入一个创新密集和新兴产业快速发展的时代,新一代信息技术正孕育着激动人心的重大突破,大数据、云计算、物联网等新技术、新应用不断拓展着产业发展空间,融合发展正在催生一大批以绿色、智能和可持续发展为主要标志的新工业部门,智能制造、智能服务系统、生物制造和低碳制造等新兴领域对原有工业实现了全面高端升级,引领未来产业发展的方向。

(四)逐步实现资源环境约束下的集约式增长

绿色化是资源环境约束不断趋紧对工业发展的必然要求。研究显示,如果不采取必要措施减少大气中的二氧化碳和其他温室气体的含量,世界将可能面临全球平均地表温度上升的显著问题。到2050年,空气中二氧化碳的浓度可能是前工业化时期的两倍,二氧化碳的高浓度含量将会导致气温升高2℃~4.5℃。随着全球气温变暖,将会引发一系列负面的后果,包括人口死亡率的上升、全世界大多数地区农作物的减产、海平面上升淹没沿海低洼地区等。为了实现人类的可持续发展,联合国环境规划署于2008年10月发起了向绿色经济模式转变的"绿色经济倡议",呼吁各国把投资转向能够创造更多工作机会的环境项目,促进绿色经济增长和就业,实行"绿色新政",促进经济增长方式向绿色经济转型。我国大力推进绿色经济的发展,深化绿色金融、绿色产业、绿色能源、绿色生产和绿色生活的概念,绿色经济相对传统经济具有明显优势,不仅能有效降低能源消耗,改善国际收支状况,还能创造出更多的工作岗位,减小国内贫富差距,提高国际竞争力。

尽管国际上关于气候问题的争论和博弈仍在持续,但必将最终达成国际减排协议和实施方案。随着全球减排责任体系和制度安排的逐步形成,以及相关领域技术进步的迅猛发展,低碳经济有可能成为今后一个时期重要的发展趋势或发展模式。国际金融危机后,绿色工业已经成为世界各国抢占未来制高点的主要领域。美国于2009年先后推出了《美国复苏和再投资法案》和《美国清洁能源安全法》,将新能源列为重点发展产业,标志着美国工业体系新的能源转化驱动力,清洁能源产业被奥巴马政府认为是能够引领21世纪全球经济发展的重要产业。欧盟制定了一项发展"环保型经济"的中期规划,将筹措总金额为1 050亿欧元的款项,在2009年至2013年的5

年时间中,全力打造具有国际水平和全球竞争力的"绿色产业",初步形成"绿色能源""绿色电器""绿色建筑""绿色交通"和"绿色城市"等产业的系统化和集约化。日本政府则于2009年颁布了《新国家能源战略》,提出2050年之前实现消减温室气体排放量60%~80%;在2020年左右将太阳能发电规模在2005年的基础上扩大20倍,59%的新车为环保汽车,在世界上率先实现环保车的普及。我国政府也公开承诺,到2020年单位国内生产总值二氧化碳排放要比2005年下降40%~45%,节能提高能效的贡献率要达到85%以上。此外,在特朗普政府宣布退出《巴黎协定》之后,我国毅然坚持绿色发展的基本道义和国际义务,并决定全面履行节能减排的各项构成责任,在国际绿色发展体系中担负部分引导使命。

四、城镇化为居民财富增长和总需求扩张提供了重要保障

当前,我国已经进入城镇化的战略转型期。加快推进新型城镇化,全面提高城镇化质量,实现更高质量的健康城镇化目标,是推进城镇化的重要任务。对此,必须以人的城镇化为核心,立足我国国情,从实际出发,积极探索具有中国特色的新型城镇化模式,坚定不移走中国特色新型城镇化道路,为建设具有中国特色的社会主义奠定坚实的基础。

(一)我国城镇化发展历史的主要特征

1. 城镇化与工业化发展差距缩小

城镇化是工业化发展到一定阶段的必然结果,工业化通过拉动就业、增加收入、改变土地形态等方式影响城镇化,两者具有极强的关联性。很长一段时间,我国的城镇化远远滞后于工业化。近些年,各大中城市加大工业园区建设,注重产业发展,工业化率与城镇化率差距在逐渐缩小,数据显示,2011年全国城镇化率为51.27%,工业化率为46.8%,两者之差在5%以内,小于1990年10.3个百分点的差距。

2. 城镇体系日益完善,布局日趋合理

改革开放以来,我国城镇体系日益完善,初步形成了"城市+建制镇"的框架体系以及辽中南、京津冀、长三角、珠三角四个成熟的城镇群的格局。从宏观空间看,我国城镇空间合理布局的"大分散、小集中"格局正在形成,表现为与我国地理环境资源基本相协调的东密、中散、西稀的总体态势。从微观角度看,我国城市内部空间,中心城区、近郊区以及远郊县的城镇空间结构层次日益显现。

3. 人口流动的促进作用增强

伴随着户籍制度的改革和农村剩余劳动力的大量产生,我国人口迁移呈现出量大面广的特点,对当前正以较快速度向前推进的城镇化进程起到了促进作用。从全国情况来看,东部地区特别是东南沿海地区是国内人口流入最多的地区,由于经济发展较快,吸引了大量外来务工人口,在一定程度上促进了这些地区的城镇化,使之成

为当前人口城镇化水平最高和近年来城镇化进程推进最快的地区。

4. 城镇建设成效明显

当前，我国城市建成区面积逐步扩大，住房条件、城市交通、供水、热电、绿化、环境卫生、电信等基础设施体系不断完善，扩大了城镇人口容量，提高了城镇现代化水平。2010 年，我国城市建成区面积达 4.1 万平方千米，比 1981 年增加了 3.4 万平方千米；城市人均住房建筑面积达 27.1 平方米，比 1978 年增加了 20.4 平方米；城市用水普及率达 93.8％，城市燃气普及率达 87.4％，相比 1981 年分别增加了 40.1 个百分点和 75.8 个百分点。

（二）当前我国城镇化发展面临的突出问题

1. 片面注重城市规模的扩张

目前，我国很多地区对城镇化的本质和内涵认识不到位、不全面，重视城市自身而忽视区域协调，关注城市建设而忽略产业拉动，重工业发展而轻第三产业，重外延拓展而轻内涵提高，注重扩大规模而轻视有效管理和资源保护，重视改善形象而忽视完善功能等问题较普遍。一些地方热衷于大规模的城市建设，大拆大建，把城镇的公共设施的建设资源用于行政办公中心等形象工程，重视政绩效应和视觉效果，忽视城镇居民特别是外来务工人员的基本就业及社会保障需求，导致城镇化发展中最为重要的人口城镇化的目标被忽视。

2. 大城市与中小城市"两极分化"严重

目前，我国城市化存在严重的"两极化"倾向，大城市的数量和比重不断增加，人口和空间规模急剧膨胀，有的甚至出现了城市病；中小城市比重甚至数量在减少，一些小城市和小城镇出现相对衰落，城镇人口规模分布有向"倒金字塔形"转变的危险。从 2006 年到 2011 年，城市新增城区人口的 84％是依靠 50 万以上人口的大城市吸纳的，其中 400 万以上人口的巨型城市占到 61.1％，而小城市则在萎缩。造成这种"两极化"的原因有多方面，包括资源配置的行政中心偏向、市场作用的极化效应、进城农民的迁移意愿，以及政府调控手段的缺乏等。

3. 城市环境污染日益突出、生态服务功能日趋弱化

城镇基础设施供应与资源、环境等的消耗无法适应和匹配。目前，我国大部分城市缺水，大部分饮用水源受到污染。垃圾围城现象突出，无害化处理率很低。虽然各级政府在给排水、环保等城市基础设施方面的投资逐年增加，但资源和环境供应保障的缺口并没有相应地缩小。生态脆弱区域对都市区和产业人口密集区域发展所造成的影响越来越突出。产业和城市集聚区域的发展需要依靠更大范围内的生态服务功能的支撑。因此，城镇化的发展规模受到生态和环境承载力的制约。

4. 城乡二元结构阻碍了城镇化发展进程

首先，长期以来，我国人为地将全体公民划分为农村户口和城市户口，形成了我国特有的城乡分割的二元体制，严重阻碍了城镇化的发展。其次，我国在城市和农村实行不同的土地政策。农村实行家庭联产承包责任制，土地归集体所有，具有本地户

籍的农民才有使用权,且农户不能将土地自由转让,农民的土地权益无法得到实现。再次,如今的社会保障政策不能完全覆盖农村,农村居民的养老、医疗、失业等保障体系尚未完全建立起来。

5. 城镇化与农业转移人口市民化不同步

农业转移人口规模大,市民化程度低、成本高,面临的障碍多,这是我国城市化的最大特色。2012 年,统计在城镇常住人口中的农业转移人口总量大约为 2.34 亿人,约占全国城镇总人口的 1/3。而目前我国农业转移人口市民化程度仅有 40% 左右,预计至 2030 年前,全国大约有 3.9 亿农业转移人口需要实现市民化,其中存量部分约 1.9 亿人,增量部分约 2 亿人。

(三) 我国城镇化坚持更高质量的发展目标

我国人多地少,耕地资源有限,人均资源占有量少,城乡区域差异大,农民市民化程度低、成本高,面临的障碍多,这是我国的基本国情特点。因此,推进新型城镇化建设,必须立足国情,以科学发展观为指引,推动城镇化由追求数量向追求质量转变、由粗放型向集约型转变、由城乡分割型向融合共享型转变、由不可持续向可持续发展转变,实现更高质量的健康城镇化目标。

1. 走渐进式城镇化之路

我们应当根据资源环境承载能力、城镇公共设施容量、人口吸纳能力和政府财力等,科学确定城镇化的规模,合理把握城镇化的速度和节奏,在确保质量的前提下采取渐进式方式积极稳妥地推进。城镇化的规模和速度必须保持适度,必须与经济发展水平相适应,与工业化阶段和产业支撑能力相适应,与城镇人口和就业吸纳能力相适应,与城镇公共服务设施容量相适应,与区域资源环境承载能力相适应。

2. 走集约型城镇化之路

我们应当大力推广城市节能、节材、节水和节地技术,提倡节能节地型建筑,培育节约型生产、生活方式和消费模式,建立高效、集约、节约利用资源的长效机制,减少城镇化过程中的资源消耗,提高城镇资源配置效率。要科学确定各类城镇建设密度,研究制定各项集约指标和建设标准,充分挖掘城镇土地潜力,集约、节约利用土地,促使城镇从粗放发展向集约发展转变,防止城市过度蔓延和无序发展。

3. 走多样化城镇化之路

我们应当坚持大、中、小城市和小城镇协调发展,综合考虑城镇承载能力和人口吸纳能力,合理引导农业人口有序转移,推动形成合理分工、协调发展、等级有序的城镇化规模格局。促进大城市产业转型和功能提升,调整优化空间结构,提高其综合承载能力;加强中、小城市和小城镇基础设施建设,提高公共服务能力和水平,积极培育特色优势产业,不断扩大就业机会,使之成为就近、就地城镇化的重要载体。

4. 走可持续城镇化之路

我们应当坚持生态环境保护优先,充分利用自然山体、河流、湖泊、森林、农田等,构建开放的城镇生态廊道和生态网络,积极推广节能环保、绿色低碳技术,加快构筑绿色生产和消费体系。科学确定开发强度,划定生态红线,合理布局生产空间、生活空间和生态空间,建设可持续宜居的美丽城镇,创造一个生产发展、生活富裕、生态优美的良好人居环境。

5. 走智慧型城镇化之路

我们应当坚持城市建设与智慧系统建设相结合的基本理念,积极推动城镇化与信息化深度融合,加快智慧城市、智慧社区、智慧园区建设,完善智慧型产业体系和交通体系,强化城市智慧管理,依靠智能技术和智慧管理破解"城市病"。要加强顶层设计,制定统一规范和标准,充分发挥社会和民间资本作用,防止各地盲目跟风、贪大求全,大搞形象工程。

6. 走和谐型城镇化之路

我们应当积极推进各项民生工程建设,加强城市危旧房、城中村、棚户区和边缘区改造,进一步完善城镇安全和社会保障体系,高度关注城市各类弱势群体,制定统一的城市贫困标准和反贫困政策,积极推进和谐拆迁,妥善解决好失地农民就业安置和社会保障问题,有效破解农村留守儿童、留守妇女和留守老人难题,逐步消除城乡和城市内部双重二元结构,构建一个以平等、公正、共享为特征,不同群体和睦共处、相互包容的新型城镇化格局。

五、现代农业实现"一二三"产业的融合发展

农业现代化也称为现代农业,是在不断寻找廉价生产要素作为经济增长源泉的过程中,逐步走向商业化、市场化的农业。从我国当前的情况来看,现代农业表现为设施农业、体验农业、都市农业和科技农业等特征,并实现了与第二、第三产业的有效结合,形成了农产品精深加工产业和农业全生命周期服务业,在有效提高农业生产收益的同时,形成了推动国民经济增长的新空间和新动力。

(一) 现代农业的主要支柱

现代农业通过生产要素的整合,加大投资(对土地投入和对农民开展教育)提高农业资本收益率,从另一个角度说也就是降低了生产要素的价格、获得了廉价的经济增长动力。与在简单再生产基础上建立起来的传统小农经济不同,现代农业是以市场为导向,以资本高投入为基础,以工业化生产手段和先进科学技术为支撑,有社会化服务体系为配套,用科学经营理念来管理的农业形态。

1. 现代农业强调农业的商品化和农产品市场发展

现代农业与传统农业不同的是它们的制度基础传统。农业是在自给自足的自然经济条件下产生和发展的,农业生产的主要目的是为了满足农业生产者的自我需要,只有在产品剩余的情况下才会进行交换,市场化行为是偶然的结果。现代农业则建立在市场经济条件下,农业生产者的生产过程都以市场为导向、以利润最大化为目标

提供商品,不仅生产什么、生产多少取决于市场,就连生产过程中采用什么样的技术也会遵循市场原则,因此现代农业的生产方式更容易对市场价格作出反应,在价格指导下对农业资源进行有效配置。

2. 现代农业推动合作化经营创新

由于传统农业生产的目的是为了满足自我需要,所以分散的、小规模的、封闭的一家一户的经营方式对于传统农业生产者而言是一种理性的选择。面对市场的现代农业则有本质不同,市场范围的扩大,使交易的不确定性增强,交易风险提升,信息不对称的情况也越来越成为市场交换的障碍,只有依靠合作化经营才能获得足够信息以抵抗市场不确定性带来的风险,同时合作化经营也成为农业生产者降低交易成本、提高资本利用率的有效途径。

3. 现代农业坚持高科技支撑

传统农业在生产要素和技术水平不倾向变化的情况下实现了一种均衡,这种均衡建立在传统生产经验的精耕细作基础上,技术的使用也基本局限于化肥的施用及畜力与小型农机具对人力的替代上。低下的资本效率使得对于农业进行投资成为一种非理性的选择,传统农业发展就在这样的技术面前停滞不前。现代农业依靠资本的高投入,使农业技术发生质的转变,基于"转基因、无土栽培、航天育种"等高技术基础之上发展起来的农业科技,使农业发展甚至摆脱了自然条件对于农业生产的限制,大大拓展了农业发展的空间,同时也使现代农业技术与生物技术、材料技术、转基因技术越来越紧密地融合在一起。

4. 现代农业推动新型农民职业化

现代农业技术的复杂性与交叉性要求有文化、懂技术、高素质的新型农民取代传统农民成为经营主体。伴随传统农业向现代农业的过渡,技能偏态型的农业生产方式将会逐步取代非技能偏态型的农业生产方式,农业产出的增长越来越多依赖于技术的进步而非传统经验的累积,那些具有高文化、掌握了更多技术的高素质人才会逐渐取代老一代的农业生产者,成为现代农业的主人,从事农业规模化、集约化、商品化的生产经营。

(二) 现代农业构建了以节约、高效为核心的新发展模式

截至 2014 年,我国现代农业已经形成了劳动节约型、土地与劳动力节约并重型、土地节约型、水土资源高效利用型、水资源节约型和全要素集约型等六类现代农业发展模式齐头并进的全新局面。

六类发展模式是在分析梳理各省土地、水和劳动力三种资源利用特点的基础上,依照区域代表性强、特点突出、推动有力、政策配套、成效显著的原则遴选出来的,意在突出区域代表、工作抓手、典型路径和理论提炼,有效指导现代农业发展工作,为中国特色新型农业现代化道路提供支撑。

着眼区域的农业资源禀赋,将制约因素变成核心竞争力,是六大模式的共同特征。其中,黑龙江省代表的劳动节约型农业发展模式,以建设现代化大农业为抓手,

以规模化、机械化为主要特征,以提高劳动生产率为核心,在东北和西北地区具有代表性;浙江省代表的土地节约型,以建设"粮食生产功能区+现代农业园区"为抓手,以生态高效和特色精品为主要特征,以提高土地产出率为核心,在寸土寸金的东部地区有一定的代表性;甘肃省代表的水资源节约型,以建设"旱作农业示范区+高效农田节水示范区"为抓手,以保水、节水为主要特征,多措施提高水资源利用效率,在西北地区具有代表性。

凸显区域的农业生产特色,将地域特色变成产业品牌,是六大模式的另一个共同特征。河南省是我国重要的粮食生产基地,该省以建设"高标准粮田+产业化集群"为抓手,将稳粮增效紧密结合,着力构建"全链条、全循环、高质量、高效益"的现代农业产业体系,在中部地区具有一定代表性;四川省是我国重要的粮经作物生产基地,该省把建设规模化、标准化现代农业产业基地作为推进农业现代化的抓手,着力推广"千斤粮万元钱""吨粮五千元"粮经复合种植新模式,在西南地区具有一定的代表性;天津市是现代都市农业发展的"领头羊",该市依托综合科技优势和资本、人才集聚的有利条件,积极拓展农业功能,发展高科技农业、设施农业、会展农业、休闲农业,在大城市郊区具有一定的代表性。

(三) 现代农业确定了未来的发展方向和支持政策

中共十八届五中全会明确提出,"大力推进农业现代化,走产出高效、产品安全、资源节约、环境友好的农业现代化道路";《国民经济和社会发展第十三个五年规划纲要》也对推进农业现代化提出了明确要求。为大力推进农业现代化发展,2016 年 10 月 8 日国务院第 149 次常务会审议通过了《全国农业现代化规划(2016—2020 年)》(以下简称《规划》)。现代农业的发展方向、路径、重点和支持政策的内容得以明确。

1. 现代农业的发展方向和主要路径

在战略要求上,我国提出了"农业的根本出路在于现代化,农业现代化是国家现代化的基础和支撑""没有农业现代化,国家现代化是不完整、不全面、不牢固的"的战略定位,"推进农业供给侧结构性改革"的发展主线,"确保谷物基本自给、口粮绝对安全""建设现代农业产业体系、生产体系、经营体系"的战略重点。

在指导思想上,提出要以提高质量效益和竞争力为中心,以推进农业供给侧结构性改革为主线,以多种形式适度规模经营为引领,加快转变农业发展方式,构建现代农业产业体系、生产体系、经营体系,保障农产品有效供给、农民持续增收和农业可持续发展,走产出高效、产品安全、资源节约、环境友好的农业现代化发展道路。

在基本原则上,提出了坚持农民主体地位、生产生活生态协同推进、改革创新双轮驱动、国内国际统筹布局、市场政府两手发力等重要战略部署。

在发展目标上,提出了"全国农业现代化取得明显进展,国家粮食安全得到有效保障,农产品供给体系质量和效率显著提高,农业国际竞争力进一步增强,农民生活达到全面小康水平,美丽宜居乡村建设迈上新台阶。东部沿海发达地区、大城市郊区、国有垦区和国家现代农业示范区基本实现农业现代化。以高标准农田为基础、以粮食生产功能区和重要农产品生产保护区为支撑的产能保障格局基本建立；粮经饲统筹、农林牧渔结合、种养加一体、一二三产业融合的现代农业产业体系基本构建；农业灌溉用水总量基本稳定，化肥、农药使用量零增长，畜禽粪便、农作物秸秆、农膜资源化利用目标基本实现"的总体目标，以及粮食供给保障、农业结构、质量效益、可持续发展、技术装备、规模经营、支持保护等方面的具体发展指标。

2. 现代农业的重点发展任务

一是创新强农，着力推进农业转型升级。着眼推进体制机制创新、科技创新、供给创新，稳定完善农村基本经营制度，引导农户依法、自愿、有序流转土地经营权，发展多种形式的适度规模经营；强化技术装备支撑，提高机械化、信息化水平；调整优化种植业、畜牧业、渔业生产结构，壮大特色农林产品生产；增强粮食等重要农产品安全保障能力，建立粮食生产功能区和重要农产品生产保护区，大规模推进高标准农田建设。

二是协调惠农，着力促进农业均衡发展。着眼推进产业融合、区域统筹、主体协同，推动农村第一、第二、第三产业融合发展，发展农产品深加工和电子商务、休闲农业等新业态，完善农产品市场流通体系，促进农民增收；优化区域结构，建立与资源环境承载力相匹配的农业生产力布局；加快构建新型职业农民队伍，提升新型经营主体带动农户能力，促进农村人才创业、就业，推动经营主体协调发展。

三是绿色兴农，着力提升农业可持续发展水平。着眼于资源节约、环境友好、质量安全，实施绿色兴农重大工程，推进资源保护和生态修复，促进耕地、水、草原、森林等农业资源可持续利用；严格化肥、农药、饲料添加剂等使用管理，推动农业废弃物资源化利用、无害化处理，综合防治农业面源污染；提升质量安全源头控制、标准化生产、品牌带动、风险防控、监管五个能力，提高质量安全水平。

四是开放助农，着力扩大农业对外合作。着眼于统筹用好国内、国际两个市场、两种资源，优化农业对外合作布局，统筹考虑全球农业资源禀赋和投资政策环境等因素，合理确定开放布局；提升农业对外合作水平，推进农业科技对外合作，完善农业对外合作服务体系；促进农产品贸易健康发展，促进优势农产品出口，加强农产品进口调控。

五是共享富农，着力增进民生福祉。着眼于让农民分享现代化成果，推进产业精准脱贫，助力农村贫困地区脱贫攻坚；促进农业现代化与新型城镇化相辅相成，推进农业转移人口市民化，为发展多种形式适度规模经营、实现农业现代化创造条件。同时，《规划》围绕每个任务的关键领域和薄弱环节提出了若干重大工程。

3. 支持现代农业发展的重大政策

重大政策主要包括财政投入、金融保险、农业用地、市场调控等四个方面。强调要加大强农、惠农、富农力度，健全财政投入稳定增长机制，拓宽社会资本市场化投入渠道，优化农业补贴政策，创新信贷、保险等支农措施。为了确保目标任务落实，要加强组织领导、逐级衔接落实、完善考核机制、强化法治保障等四个方面保障措施。

六、区域经济发展均衡度改善,城市群支撑能力不断提升

我国区域政策效应和规划引导作用不断显现。针对区域发展不同的特征和任务,国家先后出台了一系列区域政策推动经济发展。2015 年,我国以区域发展总体战略为基础,着力推动"一带一路"建设、京津冀协同发展、长江经济带建设三大战略,这些政策正在逐步改变我国大的发展格局,推动我国经济的健康持续发展。在大的区域发展战略指导下制定的系列区域规划已经在逐步实施,对于区域空间发展、资源开发、环境整治等重大战略问题,具有重要指导作用,积极推动了相关地区产业结构的调整、跨省区重大基础设施的建设、跨省区统一市场的形成以及跨省区横向经济的联合与协作。

(一) 区域经济增长格局呈现西快东慢、增长分化态势

中西部地区经济增速快于东部地区,但由于经济总量的差距,并未与东部地区在经济总量上缩小差距。全国四大板块区域经济在加速分化,在同一区域经济板块内,不同省(市、自治区)经济增速也呈现较大差异性。2015 年,西部板块,西藏、重庆经济增速为 11%,内蒙古为 7.7%;中部板块,湖北经济增速为 9.1%,山西为 3.1%;东北板块,2015 年,吉林经济增速为 6.5%,辽宁省为 3%;东部板块,天津经济增速为 9.3%,河北为 6.8%。东部地区保持经济中高速增长(2014 年东部地区经济增长率 8.42%),逐步迈向经济发展的中高端水平;中西部部分省份受益于丝绸之路经济带及长江经济带的建设,经济发展总量与速度保持"双高"模式(2014 年西部地区经济增长率 8.78%,总量达 138 099.79 亿元),不少省份开始面临转型问题;东北地区进入深度调整期,亟须通过国企改革,推动传统产业结构升级,积极培育新兴产业,实现新一轮东北振兴发展。

(二) 三大战略对我国重点区域发展产生重要影响

2015 年,三大战略加快推进,区域发展新格局已初步形成,对区域经济带动作用不断凸显。京津冀协同发展稳步推进,在交通建设、生态环境联防联控、产业对接等重点领域取得重大进展,北京非首都功能存量疏解取得显著进展。长江经济带建设有序开展,东、中、西部地区互动合作格局初步形成。在"一带一路"战略框架下,东部地区已初步形成与东南亚国家经贸合作的新局面,西部边境地区经贸合作交流不断深化。

以城市群为核心的城镇空间发展格局进一步优化。中国城市群进入加速发展阶段,正逐渐从"数量—规模增长"过渡到"质量—内涵增长"的新阶段,从"铺摊子、扩圈子"的粗放型城市化进入"调结构布局、深度城市化"的加速发展期。据相关统计,我国城市群总面积占全国的 25%,却集中了全国 62% 的总人口、80% 的经济总量、70% 的固定资产投资、76% 的社会消费品零售总额、85% 的高等学校在校学生和 92% 的移动电话用户、98% 的外资和 48% 的粮食。据相关统计,2014 年京津冀、长三角和珠

三角三大重点城市群的 GDP 分别达到 6.6 万亿元、10.6 万亿元和 7.8 万亿元,分别占全国的 10％、15％和 12％,总共占 37％。从基本格局上看,三大城市群在全国的领头羊地位在短期内难以改变,京津冀、长三角和珠三角的综合发展水平处于绝对优势,也代表了中国城市群发展的主方向。随着西部大开发和中部崛起战略的深入推进和东部沿海地区产业转移的加快,中西部地区推进城镇化的空间巨大。成渝、中原、长江中游等城市群加快发展,成为引领区域经济发展的重要增长极。

(三) 国家自主创新示范区发挥区域创新引领作用

我国区域创新能力的总体分布格局比较稳定,呈现出东高西低的空间特征。东部地区一直以绝对优势处于第一位,排名稳定而且领先优势逐渐扩大;中西部地区整体偏弱;东北地区的创新能力总体下降,亟须激活创新活力。我国建设的各类产业园区是区域创新的重要支撑。目前,国家级高新技术产业开发区在全国的布局已经基本成型,除西藏之外,全国 31 个省、直辖市、自治区都有国家级高新技术产业开发区。2014 年,国家高新区内企业营业总收入达到 22.2 万亿元,生产总值占全国 GDP 的 10.4％。高新区内高新技术企业呈现出明显优势和较强竞争力,工业增加值率和净利润率分别高于高新区总体水平的 0.6％和 0.9％,净利润率比全国高新技术企业平均水平高 0.8％。在科技创新方面,截至 2013 年年底,全国 114 家国家高新区内企业 R&D(research and development)经费内部支出占全国企业 R&D 经费支出的 38.2％,当年专利授权量 16.6 万件,其中发明专利授权 5.1 万件,发明专利授权量占全国发明专利授权量的 24.5％;国家高新区企业共拥有有效专利 54.4 万件,其中拥有发明专利为 18.8 万件。高新区成为区域创新的重要策源地。国家自主创新示范区是创新驱动发展模式的试验地,在技术创新、产业创新和体制机制创新等方面发挥了引领作用,成为提升区域创新能力的重要支点。

(四) 区域改革开放呈现新局面

在区域经济方面,出台了全面创新改革总体方案,相关的改革举措也不断出台并落地实施,保持着较好的改革势头。京津冀协同发展取得积极进展,改革明确三个重点:推动要素市场一体化改革,构建协同发展的体制机制,加快公共服务一体化改革。长江经济带覆盖的 11 省市把生态环境保护摆上优先地位,以改革激发活力、以创新增强动力、以开放提升竞争力,依托长江黄金水道,大力推进长江经济带建设这一重大国家战略。对外开放稳步推进。大力推进一带一路战略,加大了自贸区建设力度,加快沿边开放步伐。

七、国际区域合作和发展为我国经济发展提供新机遇

随着国际金融危机的影响逐步衰退,国际经济总体呈现出复苏的态势,部分发达

国家和发展中国家还表现出一定程度的繁荣期特征。这种稳定向好的国际经济形势，以及不断深化的国际区域合作，都为我国的经济发展提供了新的机遇。

（一）国际经济环境逐步平稳，但部分因素波动风险仍存

从目前形势和发展态势看，世界经济运行将呈现以下特征和趋势。

1. 世界经济贸易仍将维持低速增长态势

国际金融危机爆发后，世界经济虽然在各国大规模刺激政策作用下一度快速回升，但随着刺激政策的退出和作用衰减，世界经济贸易自 2012 年以来重新回落至 4% 以下的低增长，复苏动力明显不足。据国际货币基金组织 2016 年 10 月发表的《世界经济展望》报告，2015 年全球经济和贸易量分别增长 3.1% 和 3.2%，预计 2016 年将分别增长 3.6% 和 4.1%。但从 2016 年第四季度以来各主要经济体的主要经济指标情况看，2017 年全球经济贸易增速可以形成一定程度的回暖，多数研究机构和大型国际投行预计仍有仅 1 至 2 个百分点左右的小幅回升。总体来看，世界经济仍处在危机后的深度调整期，各国都在大力推进结构性改革，为未来的经济增长积蓄动能，世界经济在短期内仍难以摆脱低速增长状态。据国际货币基金组织的中期展望，2020 年之前，世界经济贸易的年均增速难以超过 4%～5%，明显低于金融危机前 5 年 5%～8% 的年均增速。

2. 主要经济体走势将进一步分化

自 2016 年以来，发达经济体总体回升向好，而新兴经济体增速继续回落。从发达经济体内部情况看，美国经济增长较快，消费、投资、出口和房地产形势明显好转，失业率已降至 5% 以下；欧元区和日本经济虽然有所好转，但增速缓慢，通货紧缩压力较大，经济持续复苏仍面临不少制约。虽然金融危机后三大经济体都采用大规模的财政货币刺激政策支持经济复苏，但欧元区和日本的结构性改革进展滞缓，而美国同时还实施重振制造业战略和出口倍增计划，加大对页岩气等新能源、新技术和新产业的扶持力度，通过结构调整进一步巩固了经济复苏势头。从新兴经济体内部看，受石油等大宗商品价格大幅回落和地缘政治动荡等因素影响，俄罗斯和巴西经济出现衰退，同时还面临资本外流、货币大幅贬值、通货膨胀上升压力，其他对资源出口依赖程度较高的新兴经济体也普遍面临不同程度的困难；亚洲新兴经济体虽然总体情况相对较好，但由于结构调整进展缓慢导致内生增长动力不足，而外需疲弱又使得传统的出口拉动型经济增长模式难以为继，经济增速普遍持续放缓，唯有印度继续保持 7% 以上的较快增长。

3. 国际金融市场调整波动可能加大

由于全球经济走势分化、周期不同步，主要经济体的货币政策也出现分化甚至背离。美联储已经启动加息进程，预计 2017 年仍有两到三次加息行动，而欧洲中央银行和日本中央银行仍在实行量宽政策支持经济复苏，由此导致的美元资产收益率上升和美元汇率走强将引发国际债市、汇市、股市和大宗商品市场的持续调整和波动，特别是国际资本加速回流美国和美元资产，将使得受到大宗商品价格大幅回落重创

的资源出口经济体更加雪上加霜,资本外流和货币贬值有可能在债务过高的经济体诱发偿债危机,进而加大国际金融市场的动荡。金融市场稳定是经济稳定增长的重要前提,在全球经济复苏势头依然脆弱的情况下,国际金融市场调整波动加大会进一步制约世界经济复苏。

4. 石油等大宗商品价格仍有可能进一步回落

在经历了10多年的超级大牛市后,国际大宗商品市场陷入供大于求、价格大幅回落的窘境。目前,国际油价已跌落至每桶40美元的低位,与金融危机前高点时的每桶145美元相比下跌幅度高达72%,铁矿砂、铜、铝、锌等的价格跌幅也都高达40%以上。由于以往大宗商品价格持续大幅攀升刺激能源资源类产品产能规模大幅扩张,而金融危机后全球经济增速持续低位徘徊,大宗商品供大于求的格局短期难以改观,能源资源出口大国为增加收入维持财政收支平衡又不愿减产,供大于求的市场格局将继续施压大宗商品价格,加之美元走强会进一步抑制主要以美元计价的大宗商品价格上涨,因此石油等大宗商品价格仍有一定的下跌空间。国际投行纷纷预测,2017年,石油价格很可能保持在每桶30～40美元区间,其他大宗商品价格也有5%左右的波动。虽然地缘政治动荡和市场投机有可能在短期推高石油等大宗商品价格,但难以改变价格疲软下跌的基本走势。石油等大宗商品价格低位运行将加剧资源出口国的经济困难,对资源进口国虽有利于降低进口成本,但也会加大通货紧缩压力,对全球经济的影响可以说是利弊兼有。

5. 全球产业重组和产业链布局调整步伐加快

随着新技术发展和产业化进程加快,移动互联网、可再生能源、物联网、3D打印、智能制造等新兴产业加速发展,而移动互联网、云计算、大数据等信息技术在金融、商贸、制造、教育、医疗等更多领域普及应用和融合发展将不断催生新业态、新模式和新产业,传统产业将全面转型升级。在全球产业加快重组的同时,依托信息化、智能化、小型化、分散化、个性化的新型生产组织方式将逐渐取代分工明确、规范严格的标准化大工厂生产组织方式而成为主流,国际分工方式也面临变革。另一方面,美国主导推进跨太平洋伙伴协定(TPP)和跨大西洋贸易投资伙伴协定(TTIP),以准入前国民待遇和负面清单管理为基础全面扩大市场准入,将劳工标准、环保标准、知识产权、政府采购、竞争中立等新议题纳入谈判范围,不仅为国际经贸规则标准设立了新标杆,抬高了发展中国家参与经济全球化门槛,而且会逐步改变全球产业链布局,对其他经济体产生贸易投资和产业转移的负面效应。

6. 地缘政治等非经济因素影响上升

国际金融危机后,全球政治经济格局深刻调整,国际力量对比显著改变,世界多极化更趋明朗,全球治理体系和结构继续发生改变。面对新兴大国的加速崛起,美国等发达国家竭力维护其全球主导地位和既有利益,各国都在调整发展战略和对外关系,各种矛盾凸显,竞争摩擦加剧。由此引发的地缘政治冲突更加频繁,非经济因素对世界经济增长的影响也在上升。从目前情况看,中东局势、美俄关系、极端势力的恐怖袭击、欧洲难民问题、朝核问题、伊朗导弹问题等,都有可能出现难以预见的新变化,世界经济复苏也因此会面临更多的不确定性。

总体来看,我国的外部发展环境依然复杂多变。虽然和平与发展的时代主题没有变,外部发展环境有望保持和平稳定,有利于我国继续发展,但是由于国际金融危机深层次影响在相当长时期依然存在,世界经济仍处在危机后的深度调整期和变革期,地缘政治关系复杂变化带来不稳定、不确定因素增多,全球经济贸易增长乏力的状况短期难以改观,外部环境变化对我国的挑战也在增多。

(二)有序应对国际经济影响,形成中国经济新动能

从目前情况看,外部环境变化对我国经济发展的影响主要集中在以下几个方面。

1. 外需拉动减弱的同时,提供深化结构性改革的契机

世界经济贸易增长低迷既导致外需拉动作用减弱,也为我国深化结构性改革、加快培育新的增长动力带来新契机。国际金融危机后,我国外贸出口增速持续回落,2015年甚至出现负增长,已连续4年未完成预期目标。在全球经济贸易增长乏力的情况下,2016年外贸出口稳增长仍面临不少困难。随着国际经济环境的变化和我国经济发展进入新常态,我们不可能再像以往那样寄希望于扩大出口和投资来拉动经济增长,而是要在适度扩大总需求的同时,更加注重供给侧结构性改革,特别是要适应国际国内需求结构变化,提高供给体系质量和效益,实施创新驱动发展战略培育经济增长新动力,以产业结构调整升级促进外贸优进优出,更好发挥外贸进出口对促进经济增长和产业结构优化升级的作用。

2. 推动全球分工体系的调整,强化我国产业提升的动力

在科技产业大变革背景下,我国既面临迎头赶上的机遇,也不排除我国与发达国家差距拉大、传统产业面临被技术性淘汰的风险。国际金融危机后,发达国家纷纷加大对新技术、新产品、新产业的研发投入力度,抢占未来产业发展和国际竞争的制高点;新兴经济体也在大力推进结构调整,积极承接国际产业转移,更加重视发展制造业。我国在科技创新和新兴产业发展领域与发达国家仍存在较大差距,在制造业领域的传统成本竞争优势逐渐弱化,产业发展进步前有堵截、后有追兵。若不能有效推进科技创新和产业结构调整,就有可能进一步拉大与发达国家的差距,在新一轮国际产业竞争中处于不利地位,在传统制造业领域也会面临来自其他新兴经济体的激烈竞争。

3. 大宗商品价格回落,有利于制造业总体回暖

大宗商品供求格局变化和价格回落,既有利于我国降低进口成本和增加能源资源进口,但也会加剧上游行业和企业经营困难。一方面,我国正处在全面建成小康社会的决胜阶段,无论是加快推进工业化和城镇化,还是保持经济持续健康发展,都会增加能源、资源消耗总量。因此,石油等大宗商品供求关系宽松和价格低位运行,总体上有利于保障能源资源供应安全和降低发展成本。但另一方面,在经济换挡减速、需求扩张放缓、产能普遍过剩的情况下,国际市场供应增多和价格大幅下跌也对我国能源、资源开采和加工等上游行业带来更大的竞争压力,生产者价格的持续回落也会进一步加剧企业经营困难,去产能、降成本压力增大。

4. 全球经济治理面临重大调整,我国参与全球治理获得良好机遇

国际经贸规则主导权之争,既为我国参与全球经济治理和规则制定带来难得机遇,也对我国深化经济体制改革、扩大市场开放带来挑战。2016 年 10 月,美国主导的有 12 个亚太经济体参加的 TPP 谈判最终达成协议,不仅在市场开放和贸易投资自由化、便利化达到前所未有的高水平,而且在环境保护、劳工标准、竞争中立、电子商务、金融等服务业开放等领域设立了新标准,对未来国际经贸规则体系的演进具有引领、示范作用。我国已深度融入世界经济,为维护我国和发展中国家的发展权益,就必须主动参与推动多边经贸规则制定和国际经济治理体系改革完善,积极引导全球经济议程,提升制度性话语权,促进国际经济秩序朝着平等公正、合作共赢的方向发展。同时,也要坚定不移地深化改革开放,加快形成对外开放新体制,更好地适应经济全球化和国际经贸体系变革的新形势,以开放促改革、促发展。

5. 地缘政治日趋复杂,但提供了改善国际地位的难得机遇

地缘政治关系复杂多变和不稳定不确定因素增多,既对我国经济社会发展构成潜在威胁,也扩大了我国在大国关系动态博弈中的回旋余地。随着国际金融危机的深层次影响不断从经济、金融、科技、产业等领域向社会、政治、军事、安全和国际治理等更广泛领域传导,全球利益格局的战略博弈更加激烈,地缘政治和大国关系深刻调整,全球恐怖主义出现新回潮,热点敏感问题频发。应对外部环境变化,既要坚持原则,妥善处理大国关系,有效应对和管控风险,主动营造有利的外部环境,更要实施新一轮高水平对外开放战略,推进"一带一路"建设,打造对外开放合作新格局,赢得发展主动,切实维护国家安全和经济安全,确保如期全面建成小康社会。

八、财政形势保持稳定,对经济的支撑能力进一步增强

2016 年是财政的改革之年、减税之年和体制调整年。从 2016 年 5 月 1 日起,全面"营改增"改革正式启动,金融业、房地产业、建筑业、生活服务业四大行业全面由营业税改征增值税。而与此同时,中央与地方增值税收入划分过渡方案确定并付诸实施。中央一般公共预算收入由 70 570 亿元调整为 72 350 亿元,增加的 1 780 亿元全部用于对地方税收返还,相应中央一般公共预算支出由 85 885 亿元调整为 87 665 亿元。这些改革的实施和配套政策的落实,使得对经济的支撑能力进一步增强。

(一) 当前财政收入和支出的基本情况

我们以 2016 年的财政收入和支出情况作为分析对象,从中可以看出,尽管增速在放缓,但收入、支出的稳定性保持得较好,赤字也在完全可控的范围之内,对经济的支撑力保持在较好的水平。

1. 一般公共预算

2016 年,全国一般公共预算收入 159 552 亿元,为预算的 101.5%,比 2015 年同

口径①增长 4.5%。加上使用结转结余及调入资金 7 271 亿元,收入总量为 166 823 亿元。全国一般公共预算支出 187 841 亿元,完成预算的 103.9%,扣除地方使用结转结余及调入资金后增长 7.4%。加上补充中央预算稳定调节基金 782 亿元,支出总量为 188 623 亿元。收支总量相抵,赤字 21 800 亿元,与预算持平。

中央一般公共预算收入 72 357.31 亿元,为调整预算的 100%,比 2015 年同口径增长 1.2%。加上从中央预算稳定调节基金调入 1 000 亿元,从中央政府性基金预算、中央国有资本经营预算调入 315 亿元,收入总量为 73 672 亿元。中央一般公共预算支出 86 890 亿元(其中,中央本级支出 27 404 亿元,中央对地方税收返还和转移支付 59 486.35 亿元),完成调整预算的 99.1%,增长 4.5%。加上补充中央预算稳定调节基金 782 亿元,支出总量为 87 672 亿元。收支总量相抵,中央财政赤字14 000 亿元,与预算持平。2016 年,中央预备费预算 500 亿元,实际支出 146 亿元,剩余 354 亿元全部转入中央预算稳定调节基金。2016 年年末,中央财政国债余额 120 067 亿元,控制在年度预算限额 125 908 亿元以内;中央预算稳定调节基金余额 2 678 亿元(含通过收回中央财政结转资金补充 1 502 亿元)。

地方一般公共预算收入 146 681 亿元,其中,地方一般公共预算本级收入 87 195 亿元,比 2015 年同口径增长 7.4%;中央对地方税收返还和转移支付收入 59 486 亿元。加上地方财政使用结转结余及调入资金 5 956 亿元,收入总量为 152 637 亿元。地方一般公共预算支出 160 437 亿元,扣除使用结转结余及调入资金后增长 7.4%。收支总量相抵,地方财政赤字 7 800 亿元,与预算持平。

2. 政府性基金预算

全国政府性基金收入 46 619 亿元,增长 11.9%。加上 2015 年结转收入 250 亿元和地方政府发行专项债券筹集收入 4 000 亿元,全国政府性基金相关收入总量为 50 868 亿元。全国政府性基金相关支出 46 852 亿元,增长 11.7%。

中央政府性基金收入 4 178 亿元,为预算的 97.8%,增长 2.6%。加上 2015 年结转收入 250 亿元和地方上解收入 7.59 亿元,中央政府性基金收入总量为 4 436 亿元。中央政府性基金支出 4 000 亿元,完成预算的 88.5%,下降 6.8%。其中,中央本级支出 2 890 亿元,对地方转移支付 1 110 亿元。中央政府性基金收入大于支出 436 亿元。其中,结转下年继续使用 299 亿元;单项政府性基金结转超过当年收入 30%的部分合计 111 亿元,按规定补充预算稳定调节基金;拟由政府性基金预算转列一般公共预算的 3 个项目结余 26.31 亿元,2017 年调入一般公共预算。

地方政府性基金本级收入 42 441 亿元,增长 12.9%,其中国有土地使用权出让收入 37 457 亿元。加上中央政府性基金对地方转移支付收入 1 110 亿元和地方政府发行专项债券筹集收入 4 000 亿元,地方政府性基金相关收入为 47 551 亿元。地方政府性基金相关支出 43 962 亿元,增长 13%,其中国有土地使用权出让收入相关支出 38 406 亿元。

---

① 2016 年新将 5 项政府性基金转列一般公共预算。

3. 国有资本经营预算

全国国有资本经营预算收入 2 602 亿元,增长 2%。全国国有资本经营预算支出 2 171 亿元,增长 18.2%。

中央国有资本经营预算收入 1 430 亿元,为预算的 102.2%,下降 11.3%。加上 2015 年结转收入 394 亿元,收入总量为 1 825 亿元。中央国有资本经营预算支出 1 451 亿元,完成预算的 93.5%,增长 28.1%。其中,中央本级支出 937 亿元,对地方转移支付 514 亿元。向一般公共预算调出 246 亿元。结转下年支出 128 亿元。

地方国有资本经营预算本级收入 1 172 亿元,增长 24.9%。加上中央国有资本经营预算对地方转移支付收入 514 亿元,收入总量为 1 685 亿元。地方国有资本经营预算支出 1 234 亿元,增长 48.5%。向一般公共预算调出 247 亿元。

4. 社会保险基金预算

全国社会保险基金收入 48 273 亿元,为预算的 102.4%,增长 4.1%。其中,保险费收入 35 066 亿元,财政补贴收入 11 104 亿元。全国社会保险基金支出 43 919 亿元,完成预算的 100.9%,增长 12.3%。当年收支结余 4 354 亿元,年末滚存结余 63 295 亿元。

此外,按照国务院关于加强财政资金统筹使用的要求,部分地方政府性基金项目转列地方一般公共预算,对应的专项债务余额和限额 116.82 亿元相应转入一般债务余额和限额,不影响地方政府债务总限额。

(二) 优化资金配置,支撑经济发展

1. 促进教育发展

统一城乡义务教育学校生均公用经费基准定额。免除普通高中建档立卡等家庭经济困难学生学杂费。支持全面改善贫困地区 8 万余所义务教育薄弱学校基本办学条件。全面建立中职学校生均拨款制度。落实新的中央高校预算拨款制度。全年 8 400 多万人次享受到国家学生资助政策。

2. 支持科技创新

优化科技支出结构,重点保障公共科技活动,进一步加大基础研究支持力度。完成中央财政科技计划(专项、基金等)优化整合工作。完善稳定支持机制,促进科研院所改革发展。支持系统推进全面创新改革试验和国家自主创新示范区建设。促进科技成果转移、转化。

3. 提高社会保障水平

按 6.5% 左右的幅度提高了机关事业单位和企业退休人员基本养老金标准。推进居家和社区养老服务改革试点。继续提高全国城乡最低生活保障标准。进一步建立健全特困人员救助供养制度。保障优抚对象等人员各项抚恤待遇落实。继续做好退役士兵安置工作。在全国范围建立困难残疾人生活补贴和重度残疾人护理补贴制度。通过社会保险补贴、职业培训补贴等方式,鼓励企业吸纳就业困难人员,提高劳动者职业技能,增强就业公共服务能力。

4. 深化医药卫生体制改革

城乡居民基本医疗保险财政补助标准由每人每年380元提高到420元。城市公立医院改革试点扩大到200个城市，县级公立医院改革全面推开。支持19万名住院医师规范化培训，启动首批5 000名助理全科医生培训。基本公共卫生服务项目年人均财政补助标准由40元提高到45元，继续推动实施疾病预防控制、妇幼健康等重大公共卫生服务项目。

5. 加快现代农业建设

全面推开农业"三项补贴"改革。支持实施500万亩"粮改豆"和600万亩"粮改饲"试点，探索实行耕地轮作休耕制度试点。深入开展重金属污染耕地修复及种植结构调整试点，扩大地下水超采区综合治理试点范围。深化重要农产品收储制度改革，将玉米临时收储政策调整为市场化收购加补贴新机制，建立玉米生产者补贴制度，采取多种方式消化政策性粮棉油库存。支持培育新型农业经营体系，新增高效节水灌溉面积2 000万亩以上，农业综合开发建设高标准农田2 800万亩。扩大农村一二三产业融合发展试点范围，启动扶持村级集体经济发展试点。完成村级公益事业建设一事一议财政奖补项目约30万个。

6. 支持生态环保建设

整合设立土壤污染防治专项资金，落实土壤污染防治行动计划。加强大气污染防治，资金安排进一步向燃煤污染控制、工业污染治理等重点领域倾斜。开展水污染防治项目储备库建设，继续安排资金支持重点区域、重点流域水污染防治。启动新一轮草原生态保护补助奖励政策，涉及草原面积38.11亿亩。支持实施新一轮退耕还林、还草新增任务1 510万亩。落实天然林保护全覆盖政策。支持河北京津冀水源涵养区等4个山水林田湖生态保护和修复工程试点。推动九洲江等4个流域建立横向生态保护补偿机制。支持18个城市开展蓝色海湾整治行动。

7. 加强基本住房保障

支持棚户区改造开工606万套、农村危房改造314万户，均完成年度任务。棚改货币化安置比例达到48.5%，比上年提高18.6个百分点。

8. 推动文化改革发展

支持49 871家公益性文化设施向社会免费开放，支持1 260个公共体育场馆向社会免费或低收费开放，实施国家重点文物保护项目1 791个。鼓励文化产品创作生产，促进文化对外交流与传播。支持中央国有文化企业改革，推动文化事业和文化产业协调发展。

总的来看，当前财政运行基本平稳，财政改革发展各项工作取得新成效，促进了经济社会平稳健康发展。同时，财政运行和财政工作中还面临一些困难和问题，主要是：在经济下行压力较大的形势下，财政收入增长动力不强，地方财政收入走势分化，一些资源型和传统产业比重大的地区财政收支矛盾加剧，部分基层财政"保运转"和民生兜底出现困难。财政支出结构不尽合理，部分支出项目形成只增不减的固化格局。有的改革举措没有真正落地，有的改革措施进度偏慢。转移支付管理亟待规范，专项转移支付清理整合没有完全到位，省以下转移支付制度改革进展不平衡。有的地方预决算不透明，财政资金使用不规范、效率不高，资金沉淀多。一些地方落实政府债务管理制度不力，存在违规担保或变相举债问题，地方政府隐性债务风险增大。我们高度重视这些问题，将采取有力措施加以解决。

九、金融形势总体平稳，货币政策面临转型

2016年国内金融形势主要特点：广义货币和狭义货币同比增速下降；社会融资规模余额增长较快；人民币贷款和存款同比增速提高；银行间市场成交量上升，市场利率回升；与上年年末相比，人民币汇率中间价贬值6.39%。

（一）货币供应量

2016年，广义货币增速有所下降。12月月末，广义货币（M2）余额155.01万亿元，同比增长11.3%，增速分别比上月月末和上年年末低0.1和2个百分点。

狭义货币增速也有所下降。12月月末狭义货币（M1）余额48.66万亿元，同比增长21.4%，增速比上月月末低1.3个百分点，比上年年末高6.2个百分点。具体如图2-1所示。

流通中货币（M0）余额6.83万亿元，同比增长8.1%。全年净投放现金5 087亿元。

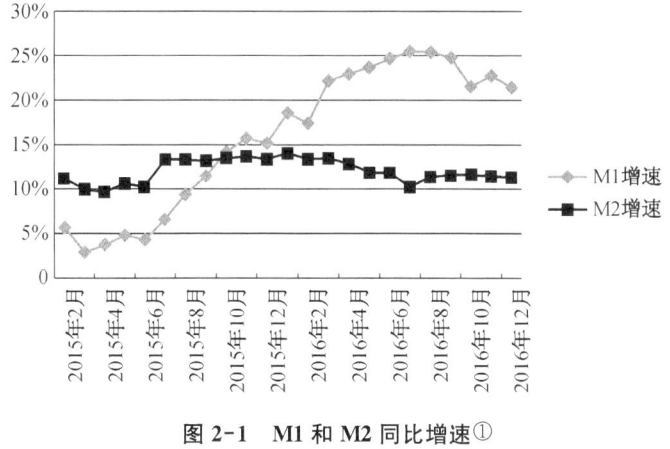

图2-1　M1和M2同比增速[①]

（二）社会融资规模

2016年，社会融资规模增量为17.8万亿元，比上年多2.4万亿元；12月当月社

---

① 资料来源：中国人民银行数据库。

会融资规模增量为1.63万亿元,分别比上月和上年同期少2 068亿元和1 855亿元。2016年,社会融资规模增量中,对实体经济发放的人民币贷款、委托贷款、信托贷款、股票融资同比多增较多;企业债券融资同比略有增长;外币贷款继续减少;未贴现银行承兑汇票净减少较多。

对实体经济发放的人民币贷款大幅多增。2016年,对实体经济发放的人民币贷款增加12.44万亿元,比上年多增1.17万亿元。全年对实体经济发放的人民币贷款占同期社会融资规模增量比重为69.9%,比上年低3.3个百分点。12月当月对实体经济发放的人民币贷款为9 943亿元,同比多增1 620亿元。

对实体经济发放的外币贷款继续减少。2016年,对实体经济发放的外币贷款折合人民币减少5 640亿元,比上年少减788亿元,占同期社会融资规模增量比重为－3.2%,比上年高1个百分点。12月当月对实体经济发放的外币贷款折合人民币减少389亿元,同比少减919亿元。

企业债券融资略有增长,股票融资同比大幅多增。2016年,企业债券净融资3万亿元,比上年多605亿元,占同期社会融资规模增量比重为16.8%,比上年低2.2个百分点。12月当月企业债券净融资为－2 048亿元,同比少5 583亿元。2016年非金融企业境内股票融资1.24万亿元,比上年多4 826亿元,占同期社会融资规模增量比重为7%,比上年高2个百分点。12月当月非金融企业境内股票融资828亿元,同比少689亿元。

委托贷款和信托贷款明显增加,占比上升较多。2016年,委托贷款增加2.19万亿元,比上年多增5 943亿元,占同期社会融资规模增量比重为12.3%,比上年高1.9个百分点。12月当月委托贷款增加4 011亿元,同比多增481亿元。2016年信托贷款增加8 593亿元,比上年多增8 159亿元,占同期社会融资规模增量比重为4.8%,比上年高4.5个百分点。12月当月信托贷款增加1 643亿元,同比多增1 274亿元。

未贴现的银行承兑汇票同比大幅减少。2016年未贴现银行承兑汇票减少1.95万亿元,比上年多减8 964亿元,占同期社会融资规模增量比重为－11%,比上年低4.1个百分点。12月当月未贴现银行承兑汇票增加1 589亿元,同比多增43亿元。

(三)人民币存贷款

2016年12月月末,本外币贷款余额112.06万亿元,同比增长12.8%。月末人民币贷款余额106.6万亿元,同比增长13.5%,增速比上月月末高0.4个百分点,比上年同期低0.8个百分点。全年人民币贷款增加12.65万亿元,同比多增9 257亿元;12月份人民币贷款增加1.04万亿元,同比多增4 466亿元。12月月末,外币贷款余额7 858亿美元,同比下降5.4%。全年外币贷款减少445亿美元,同比少减57亿美元;12月份外币贷款减少166亿美元,同比多减63亿美元。

12月月末,本外币存款余额155.52万亿元,同比增长11.3%。月末人民币存款余额150.59万亿元,同比增长11%,增速比上月月末高0.2个百分点,比上年同期低1.4个百分点。全年人民币存款增加14.88万亿元,同比少增924亿元;12月份人民币存款增加 1 635 亿元,同比多增 2 005 亿元。12 月月末,外币存款余额 7 119 亿美元,同比增长 13.5%。全年外币存款增加 845 亿美元,同比多增 678 亿美元;12 月份外币存款增加 93 亿美元,同比多增 125 亿美元。

(四)银行间市场

成交量较上年有所增长。2016 年,全年银行间人民币市场以拆借、现券和回购方式合计成交 824.31 万亿元,日均成交 3.28 万亿元,日均成交比上年同期增长 34.4%。其中,同业拆借、现券和质押式回购日均成交分别同比增长 48.2%、45.4% 和 30.4%。

市场利率有所上升。当月同业拆借加权平均利率为 2.44%,分别比上月和上年同期高 0.11 和 0.47 个百分点;质押式回购加权平均利率为 2.56%,分别比上月和上年同期高 0.18 和 0.61 个百分点。

(五)人民币汇率

人民币汇率战略性贬值。2016 年 12 月月末,人民币对美元汇率中间价为 6.937 元/美元,比上年年末贬值 6.39%,人民币对美元交易即期价为 6.949 5 元/美元,分别比上月月末和上年年末贬值 0.9% 和 6.56%。2016 年银行间即期外汇市场 244 个交易日中,人民币对美元汇率中间价有 114 个交易日升值,130 个交易日贬值;日均波幅约为 120 个基点,比上年扩大 70 个基点。

与上年年末相比,12 月月末海外市场对人民币汇率的贬值预期有所减弱。12 月月末,香港无本金交割远期外汇(NDF)美元对人民币一年期合约(买入价)升水点数为 3 820 个基点,分别比上月月末和上年年末扩大 1 802 和 906 个基点。

(六)优化金融结构、发挥金融服务实体经济功能

引领经济发展新常态,推动经济发展,要更加注重提高发展质量和效益;稳定经济增长,要更加注重供给侧结构性改革。金融业横跨供给、需求两侧,既可以为当前市场需求引入资金流,又可以为未来供给提供土壤,是政府进行市场结构调整时的重要工具。因此,抓住金融结构改革,就相当于同时抓住了供给和需求两端。为了适度扩大需求,同时加强供给侧结构性改革,2015 年,中央经济工作会议提出了实施相互配合的五大政策支柱,即稳定的宏观政策、精准的产业政策、灵活的微观政策、实际的改革政策和托底的社会政策,同时强调了 2016 年经济去产能、去库存、去杠杆、降成本、补短板五大任务。我们认为,应从以下几个方面加强金融层面的改革:

一是构建稳健的货币政策框架,合理引导公众预期。中国实行多目标管理的货币政策,在经济形势复杂多变的情况下,很容易引发政策冲突和政策过度的问题,因此在尽量保证稳健性的同时,应更多考虑货币政策引发的理性预期作用,通过加强政策的时间一致性为经济营造稳定的金融环境。

二是深化汇率制度改革,适度增加人民币汇率弹性,保持币值的基本稳定。为实

现特别提款权(SDR)机制的顺利运行,央行应减少对汇率的常态式干预,注重对异常波动的监测和调节,加强市场化的人民币汇率中间价形成机制,消除人民币离岸和在岸的汇率差,减少因跨境套利而带来的短期巨额资本流动。

三是加强市场的资本配置作用,降低融资成本。通过利率市场化、降低民营银行准入、注册制等方面改革推进金融服务业转型,引导资本流向、支持创业创新、培育消费等新型需求。同时,发展资本市场还有利于降低企业融资成本、优化融资环境、提高金融服务质量。中国经济目前产业去库存问题还未解决,工业领域融资需求不明显,而一旦经济回暖,在金融体系缺乏效率、资源配置不合理的情况下,融资就可能成为工业发展的瓶颈。

四是进一步推动利率市场化,建立和完善利率走廊机制。随着存款利率上限的取消,基准利率的决定更为市场化,通过建立和完善利率走廊,将资本成本锁定在一个区间内,银行可以在自有资金不足时以上限利率向央行贷款,这会降低央行直接向市场注入流动性的成本和必要性,也会降低商业银行进行同业拆借的需求和成本,并且会激励商业银行为中小型民营企业提供贷款,解决社会融资难、融资贵的问题。同时,充分发挥利率走廊机制的优势,需要提高透明度,积极完善利率走廊对货币政策的传导机制。

小结:内外部宏观经济形势复杂多变,改革难度加大

受到国内外条件变化等因素的影响,我国经济发展面临一些突出矛盾和问题,加大了我国改革的难度。

一是短期内全球经济仍将维持疲软态势。发达经济体稳步复苏,但基础不牢,政策敏感程度较高,仍将面临较大不确定性;新兴经济体增长放缓,俄罗斯、巴西等国家陷入衰退。全球金融市场波动加剧,新兴市场国家汇率普遍深度贬值,股票市场大幅振荡,一些国家的系统性金融风险上升。全球大宗商品多次持续大跌,包括农产品、能源、工业金属在内的商品价格低迷反映了供需面疲弱。随着美联储加息和美元升值进程加快,全球经济形势将面临更多考验。

二是中国经济增长新旧动能转换效率较低,面临的问题和矛盾将更加错综复杂。2016年,我国经济发展仍将处于阶段更替、结构转换、模式重建、风险释放的关键时期,劳动力不足引发的"刘易斯拐点"现象、投资需求严重不足、政府债务负担过重等问题或将使经济运行呈现低增长、低通胀、高杠杆的局势。此外,连续45个月的PPI指数持续下降,显示工业制造业领域压力较大。

三是中国资本账户将逐步实现完全开放,资本流动加剧。加入SDR货币篮子作为人民币国际化的阶段性成果,其本身也是一把"双刃剑"。"入篮"之后意味着中国央行要逐步放开对人民币汇率的管制,让其市场化波动。短期资本的逐利性决定了在中国经济不景气、美元走强的情况下,大量的国内外游资将会加速离开中国,稍有

不慎则会出现金融动荡，给央行货币政策的选择带来极大的难度。

四是中国财政收入增速趋缓，积极的财政政策空间和效果有限。中国经济经过30多年的发展，以政府投资引导民间投资拉动中国经济的方式在国内投资基数巨大的情况下，对经济促进作用减弱。加之，中国这样庞大的经济体从粗放型向集约型转变，需要付出高昂的成本，财政收入增速下降是不可避免的。优质投资项目的匮乏，财政收入增速的减缓，都限制了实施积极财政政策的空间和效果，给我国以财政政策作为扩大内需的手段带来严峻的挑战。

五是全球经济联动性增强，防范金融风险挑战加大。2015年8月24日，沪指创8年来最大跌幅，同时当日全球股票市场亦遭遇了暴跌。全球股市暴跌的主要原因是恐慌情绪，美联储加息、国际油价走低等因素综合在一起影响了全球市场信心。2015年以来，美元走强降低了世界对未来大宗商品价格的预期，新兴市场的经济发展放缓降低了大宗商品需求，在经历价格大幅下跌后，低迷的大宗商品市场态势引发了多国经济衰退。这些都说明在全球经济一体化形势下，中国经济受到的外部影响加大，政策的有效性或面临更多不确定因素。

第三章 新环境:全球经济的不对称复苏与发达国家的模式创新

2013 年是许多重要国际经济组织共同认为的世界经济"拐点"期。主要表现为世界主要的发达国家经济均摆脱负增长状态,逐步进入稳定增长阶段,而新兴工业化国家则转入中低速增长阶段,世界经济的增长引擎再次转到发达国家肩上。从发达国家的经济情况看:美国经济已进入全面复苏阶段;欧元区主要国家经济转为正增长,国债收益率明显下降;日本则实现了近 20 年来最快的经济增速,在安倍的"两支箭"取得阶段性成功的条件下,"第三支箭"尤为引人关注。

一、美国经济全面复苏

2013 年,美国经济取得了快速发展,成就令世界瞩目,具备了从复苏期转入繁荣期的典型特征。从关键性的经济指标来看:GDP 增速在 2013 年第三季度 4.1% 的基础上,第四季度虽然受到了极寒天气的影响,但仍可达到 3% 左右,全年经济增幅达到 1.9%,进入到经济正常增速范围(2%～3%)的临界值;美国失业率在 2013 年 12 月份仅为 6.7%,尽管新增就业岗位 7.4 万个较市场预期的 20 万个有较大的差距,但其失业率水平已经达到 2008 年危机以来的最低值,并直接推动美国经济进入到加速就业阶段,2014 年的失业率水平降至 5.6%,距离美联储预确定的充分就业范围(4.5%～5.5%)一步之遥;美国通货膨胀始终保持在较低的水平,2013 年全年通货膨胀水平保持在 1.5% 的低位,其中 12 月份的 CPI 为 0.3%,而 PPI 则为 0.4%,均保持良好态势;美国居民收入保持良性增长,预计全年收入增速达到 2%[①]左右。总体上,2013 年美国经济形势呈现出"两高一低"和生产与分配格局基本稳定的良好局面,并成为经济由复苏期转入繁荣期的关键之年。图 3-1 汇总了 2013 年美国主要经济指标季度调整后的数据。

美国经济的强劲复苏并非偶然。自 2008 年次贷危机演变成为美国经济危机,并席卷全球成为世界金融危机以来,美国一直致力于推进金融市场改革、促进实体经济发展、稳定房地产市场形势和完善宏观调控机制,走出了一条反危机、促增长的美国

---

① 以不变价格计算。

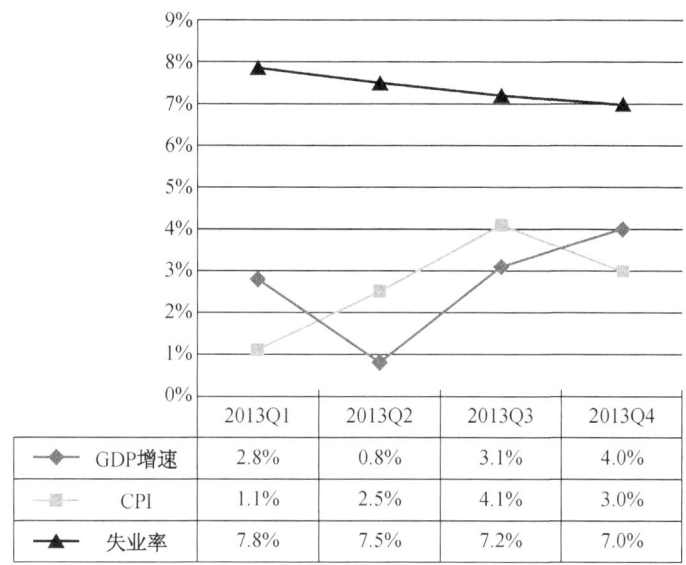

图 3-1　按季度调整后的 2013 年宏观经济数据①

道路，也形成了现代宏观经济调控政策的新标准案例。在美国经济走向全面复苏之际，我们将其经验和典型做法进行提炼、总结，并期望对中国的全面经济改革与"升级版"建设提供借鉴。

（一）金融市场改革

金融市场是美国本次危机的重灾区，也是导致美国经济出现急剧衰退的重要原因，着力稳定金融市场，并积极推进金融市场改革，是应对危机挑战、恢复经济秩序的第一步。从美国的金融市场改革来看，主要由三项措施构成：

第一，恢复金融市场的定价能力。受到房地产次级债券收益率大幅度提升、债券价格不断走低的影响，美国金融机构开始大幅度地抛售手中持有的低风险资产，引发低风险资产价格的大幅度走低，金融市场的定价机制遭到破坏，并形成金融风险不断累积的棘轮。为恢复金融市场的定价能力，由政府或是央行出面，用合理的价格持有一部分商业金融机构自身的证券（股票、债券）或是低风险资产，就成为重要的政策手段之一。美国政府通过了问题资产救助计划（TARP），在危机期间发行了 7 000 亿美元的特别国债以持有商业金融机构的证券；美联储则实行了三轮量化宽松货币政策，总规模超过 3 万亿美元，以支持金融机构的流动性和保持金融资产的合理价格。值得关注的是，根据美国财政部的最新数据，截至 2013 年 12 月 31 日，美国 TARP 共投入资金 4 621 亿美元，收回资金 4 328 亿美元，剩余 403 亿美元，赢利 110 亿美元，远小于国会批准的 7 000 亿美元的规模，美国扩张性的财政政策取得了重大成功。

---

① 原始数据来源：美国经济分析局（BEA），美国人口统计局（United States Census Bureau），美国劳工统计局（BIS）。

第二,支持金融市场去杠杆化。金融杠杆率是指金融机构总资产/净资产的比值情况。去杠杆率的关键是降低总负债的水平,或改变多层资产链条使得"资产—资产—负债"模式转为更为简单的"资产—负债"模式,两种去杠杆化方法的任何一种都需要商业金融机构减少自身的资产规模以冲抵债务。金融机构的资产价格不断走低,从而导致实体经济的资产价格下降,导致部分企业融资环境恶化、资金链条断裂。由美联储出面,为通过公共市场操作或是再贴现的方法,转持商业金融机构的部分资产,是防止资产价格下降和恶化实体经济运行环境的重要措施,量化宽松货币政策总体上具备良好的经济运行基础。

第三,推动金融市场与实体经济的融合。从世界各国去杠杆化的实践来看,其突出的问题就是大幅度降低了市场的流动性规模,降低了金融机构对实体经济的支撑能力,提高了资产收益率的水平。而在实体经济一边,受到资产价格下跌和利率水平上升的影响,无论是直接融资还是间接融资,企业的融资能力都受到明显的影响,特别是中小企业的影响更大。为化解金融市场与实体经济脱节的风险,美国实施了"三管齐下"的策略:一是在 TARP 中,内嵌了银行投资促进计划 2 500 亿美元,信贷市场促进计划 270 亿美元,占预期投入规模的 40%左右,而实际执行了 2 720 亿美元(其中银行投资计划 2 450 亿美元,信贷市场促进计划 270 亿美元),占实际执行规模的58%;二是在 TARP 之外,执行了专门针对中小企业的援助计划,美国财政部组建了40 亿美元小企业发展基金(SBLF),用以支持 281 家社区银行(约占 39 亿美元)和 51家社区贷款发展基金(CDLF)对中小企业发展提供资金支持;三是美联储执行长期、大规模、重点逐步调整的量化宽松计划,第一阶段以保持金融机构流动性和金融市场定价能力为目标,第二阶段以激励金融市场为实体经济提供信贷为目标,第三阶段以稳定市场利率水平为目标,很好地化解了去杠杆化过程中的"挤出"风险。

(二) 新能源革命

美国的新能源革命包括两个方面,一个是未来能源的研究和探索,包括风能、太阳能、潮汐能等,虽然难以作为普及性能源予以大规模建设,但可以对特定行业和产品的技术形成突破,并可以作为关键性的研究予以持续性的推进。这类新能源,着眼的是未来发展和关键性的产业,对当前经济整体的改善不大。另一个是基于传统能源的性质和用途,采用新的替代性能源来补充甚至替代传统能源供给,从而降低能源成本或是改善能源安全水平。这类新能源的当期利益很大,较低的能源成本可以提升产业竞争优势,促进产业分工细化;而安全的能源供给保障,可以促进产能投资的扩张,甚至改变地缘安全格局。

美国的页岩气和页岩油等密致能源革命就是第二类新能源革命的典型代表,对美国产业竞争力和总供给曲线的改善作用巨大。以 2013 年年末的情况来看,美国批发电价为每兆瓦时 39 美元(每度电合 3.9 美分),较 2008 年的每兆瓦时 87 美元下降55%,略低于中国的上网电价水平;美国天然气价格出现了明显的回落,自 2008 年每百万立方英尺 7~8 美元的水平下降到 3 美元左右,降幅高达 60%左右,页岩气占天然气消费的比重达到 30%;煤炭在美国能源中的地位急剧下降,许多设备已经从煤炭动力转化为天然气驱动,目前,煤炭发电只占全美发电量的 30% 左右,而 2008 年时煤炭发电量大约占到发电总量的 48%,这种结构改善导致了美国 2013 年二氧化碳排放量下降到近 20 年的最低水平。

随着美国新能源革命的推进,美国出现了制造业回流的态势,部分能耗较高、但环境压力较小和附加值较高的制造业开始重新布局。同时,美国当前的总供给也形成了良好的正向冲击态势,总供给曲线下移,形成产出扩张、通货膨胀率走低的经济增长环境。

(三) 制造业复兴

美国的制造业复兴有三层含义:第一,如前所述,能源价格走低,使美国制造业取得了成本优势,从而制造业产出扩张,并提供新的就业岗位。第二,供应链重组,随着美国部分制造业在国际竞争中重新具备优势,国际供应链也将出现部分调整,新兴发展中国家的部分制造业将被供应链甩出,在国际市场和技术创新等层面遭遇障碍。第三,技术创新就地转化和新产业的崛起,在制造业大量转出美国后,美国的部分产业只保留研发和营销的两端,尽管可以攫取大量的附加值,但受到相关协作厂商技术能力的影响,难以对技术创新形成有效的转化,导致产品更新速度减慢和研发成本的沉没部分的价值高企。在制造业复兴后,技术转化有了直接的渠道,美国制造业的产业链得以延长,为增加就业、创新产品和下一轮产业转移都积蓄了重要力量。

从美国相关产业的数据来看,美国制造业增加值增速与美国 GDP 的增速基本相当,但相对于前一时期制造业增速落后于 GDP 增速的情况已有明显的改善。2011年以来,制造业为美国提供了 50 万个新增就业岗位,也是近 20 年所不曾有过的情况。根据预计,我们将 2009 年至 2013 年美国 GDP、服务业和制造业增速情况整理如图 3-2 所示:

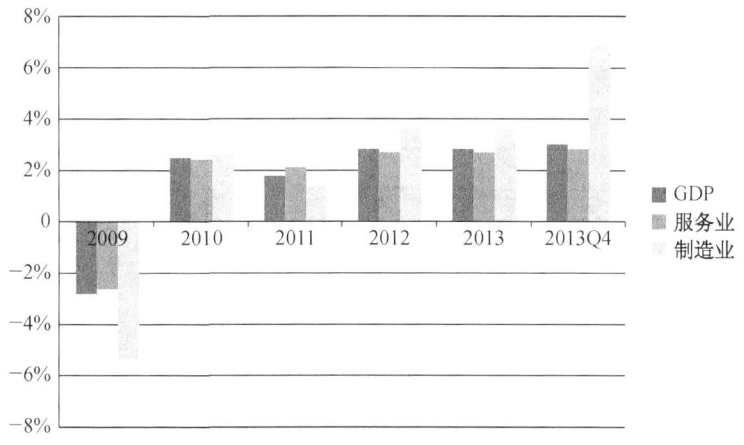

图 3-2　2009 年至 2013 年美国 GDP、服务业和制造业的增长情况[①]

———————————

① 根据美国经济分析局的数据整理,其 2013 年及其第四季度的数据为预测数据。

美国制造业复兴并不是偶然,除新能源革命带来的成本优势外,美国去杠杆化以后的金融市场对于风险分散能力有所下降,客观上需要在成熟的市场和法律环境下展开投融资活动,这为美国制造业的回流和复兴打下了金融基础。此外,美国政府加大对信息技术、新能源和基础设施的投资,也为制造业提供了良好而稳定的国内市场。在新技术的推动下,利用能源成本优势和美元贬值的契机,美国制造业形势出现整体好转,并成为推进美国新一轮经济增长的重要推动力。

(四) 修复家庭资产负债表

美国家庭是美国经济最重要的单元,2013 年,美国家庭的经济活动约占美国 GDP 总量的 75%,家庭资产负债表的修复情况对美国总需求的影响巨大。从初步统计值来看,2013 年,美国家庭负债占 GDP 的比重已经从 2009 年的 98% 下降到 81%,家庭资产负债表也已逐步回归正常状态。

图 3-3 汇总了 2011 年至 2013 年第三季度的美国人均收入、人均资本收入和储蓄率的季度数据情况。从图中可以看出,美国人均收入保持稳定增长态势,人均资本收入也基本保持平稳增长,而 2013 年的储蓄率水平则较 2011 年明显下降。这说明,美国人对经济增长的信心提升,边际消费倾向也相应从 2011 年第一季度的 93.8% 提高到 2013 年第四季度的 95.2%,市场投资乘数和国际贸易乘数由 16 倍上升到 21 倍,随着美国固定资产投资情况的复苏,投资对经济的拉动力将表现得更为明显。而事实上,2013 年美国私人部门产业投资只上升了 2.3%,低于 GDP 的增长幅度,具有较大的增长空间。私人投资增长将在较长的时期内成为美国经济持续快速发展的重要引擎。

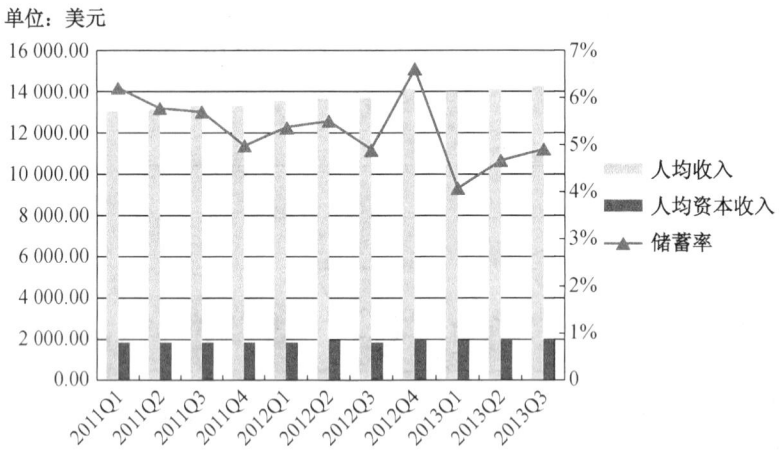

图 3-3　美国 2011 年至 2013 年第三季度的人均收入和储蓄率情况①

从影响美国家庭资产情况最大的因素房地产市场来看,2013 年私人住宅新开工规模达到 99.9 万套,高于 2012 年的 98.3 万套;而新建成住宅 76.22 万套,明显高于

---

①　数据来源:美国经济分析局(BEA)。

2012 年的 64.92 万套①。房地产市场已进入稳步复苏的阶段,随着房地产价格上升,家庭资产负债表的情况也将得以进一步的修复。

(五)有序的政策退出安排

武侠话本中一般有这样的原则,即"招式用老,反击就倒",对于政策调控,也具有同样的问题。在政策制定的时候要注重前瞻性、针对性和灵活性,而在政策退出阶段也需要强调前瞻性和有序性,不要非等到相关指标全面"爆表"才姗姗启动退出安排,这一方面已经说明了政策"用老",另一方面也表示了政策对市场机制扭曲后的畸形繁荣。美国财政和货币政策的退出安排就很好地表现了其前瞻性和有序性的特点。

从财政政策的退出来看,美国有四点值得我们关注:第一,政策空间未必用满,该退出就退出。这突出表现在 TARP 计划的执行上,7 000 亿美元的财政支出安排,最终只执行了 4 621 亿美元,执行率 66%。只有对于汽车工业、美国国际集团(AIG)的支持均以稳定市场波动和防范企业系统性风险为目标,一旦目标达到,马上将产业发展的主动力交还给市场,启动政策退出程序。第二,债务风险需要得到始终的关注与防范。美国政府为了满足其正常的支出需要和经济刺激计划的要求,启动了大规模的举债措施,自 2009 财政年度起,连续 4 年美国政府新增债务都超过了 1 万亿美元,甚至标普还在历史上第一次调低了美国国债的信用评级。但其实,美国国债始终处于风险可控的范围之内,这也是我国将美债的持有量提高到 1.3 万亿美元以上的重要原因。两次提高国债余额上限主要是为市场提供良好的无风险收益资产,同时提供"借新还旧"的重要空间,并非无还款来源或是无消除巨额债务的基础。在市场形势回暖后,美国政府持有的大量市场机构债券、票据或是其他证券已获得了较好的溢价,随着美国政府出售这些资产,也相应地获得了降低债务水平的能力,2013 年美国通过出售这些资产大约偿还了 2 000 亿美元左右的债务。第三,适时启动增税和减支计划,保持政府财政安全的同时,努力将空间还给市场。2013 年,美国联邦赤字占GDP 的比重下降了 2.7 个百分点,赤字规模仅为 6 800 亿美元,赤字率为 4.1%,是第二次世界大战以来单年度赤字下降幅度的最大的年份之一。从其原因看,一方面政府支出下降 840 亿美元,支出规模为 3.454 万亿美元;另一方面收入则达到 2.774 万亿美元,增加 3 250 亿美元。第四,坚持有增有减,有进有退。这个思路与我国的结构性减税政策有异曲同工之处。尽管美国经济形势良好,但美国政府并不急于马上纠正过大的赤字规模,按照计划,美国在 2016 年才把赤字率稳定在 2.8%。在此期间,政府仍将拥有较为充裕的财政政策空间,以应对关键环节、战略产业和市场风险。如在 2014 财政年度的政策安排中,一方面强调支出要控制在 3.77 万亿美元之内,并启动为期 10 年的 1.8 万亿美元的减支安排;另一方面则强调对信息技术、新基础设施、新能源等产业的发展支持,时任总统奥巴马甚至明确指出,"要加强在这些关键领域的投资"。

---

① 数据来源:美国人口统计局(CENSUS)。

　　扩张性货币政策的退出也同样可圈可点。美联储为应对危机先后采取了三轮量化宽松货币政策,并将联邦基金利率下调到 0～0.25% 的历史最低水平,为美国经济的复苏、企业财务压力的缓解和资产证券价格的恢复创新了十分有利的条件。在退出安排中,美联储采用先退出第三轮量化宽松货币政策,将每个月 850 亿美元的资产购入规模下调到 750 亿美元(甚至还将进一步下调),这一方面向市场传递出紧缩的信息,另一方面保持央行对利率结构的控制能力。在市场逐步消化紧缩信息后,金融机构的货币创造能力开始增加,容易导致资产泡沫或通货膨胀,美联储再启动资产退出计划,逐步出售危机期间购入的票据、债券和其他证券,从而平抑资产价格的急剧波动(主要是上涨),并相应地回笼货币,缓解通货膨胀压力。

　　总之,当前美国经济已进入全面复苏阶段,并在 2014 年开启经济繁荣阶段的大门,进入新的经济增长周期。预计本轮美国经济繁荣期将不会短于 70 个月,整个周期将长达 120 个月左右,这将给世界经济注入重要的支撑力量。与此同时,美国的宏观调控政策及其运行机制也达到了一个新的水平,有目标、有战略、有手段、有节制,坚持市场竞争和效率主导,也成为我国宏观调控部门需深入学习的典型经验。

二、日本、欧盟将先后进入复苏轨道

　　在美国经济全面复苏的同时,日本和欧盟的经济也发生了可喜的变化,相关成绩可圈可点。总体上看,日本在第四季度表现出明显的增长态势,并预计在 2014 年摆脱连续 20 多年的低速增长时期,步入中速经济增长轨道;欧盟经济则逐步摆脱主权债务危机的困扰,货币政策更为灵活的欧洲央行和财政纪律更加严明的各国政府都将审慎应对市场变化,抓住经济发展机遇,从而尽快摆脱衰退和化解风险,成为世界中速增长俱乐部的成员。

(一) 安倍"三支箭"战略与日本经济复苏

　　安倍晋三就任日本首相以来,根据日本经济的特点和美国经济全面复苏的预期,大胆启动扩张性战略,先后在货币政策、财政政策和经济增长(产业政策)方面着力,以图改善日本经济环境,增强日本增长动力,优化日本产业结构。安倍的"三支箭"战略情况如下:

　　第一支箭:数量和质量共同扩张的货币政策(QQE)。该政策的要点包括:第一,将通货膨胀目标设置为 2%;第二,促使日元贬值;第三,政策利率降为负值;第四,无限制实施量化宽松货币政策;第五,大规模的公共投资(国土强韧化);第六,日本银行通过公开市场操作购入建设性国债;第七,修改日本银行法加大政府对央行的发言权等。从性质上看,QQE 政策强调低利率、贬汇率和数量扩张,基本上把日本的货币政策权能用到了极致。

　　第二支箭:扩张性的财政政策。日本在政府债务高企的情况下,为避免 2013 年

4月消费税调高的影响,提高日本经济的内需水平和经济政策的主动性,启动了大规模的财政扩张计划。其主要内容有:2014财政年度日本政府增加500亿美元公共项目建设支出,另行增加约1 000亿美元的产业振兴支出,同时,为保障支出,日本政府举借180万亿日元(约合1.73万亿美元)的债务,债务余额控制上限也提高到780万亿日元(约合7.2万亿美元),创造日本政府史上最大的举债规模。

第三支箭:"日本再兴战略"的产业发展政策。在第一、第二支箭取得了部分预期效果的情况下,安倍政府对第三支箭也寄予厚望。"日本再兴战略"以产业振兴、刺激民间投资、放宽行政管制、扩大贸易自由化为主要支柱。根据这一战略,日本政府将于2013年第四季度提出"产业竞争力强化法案",通过减税等优惠措施刺激企业设备投资,争取今后3年民间设备投资增长10%。日本政府还计划在东京等大都市创设"国家战略特区",吸引外国投资和人才。而2014年1月,安倍首相进一步丰富和具体化了上述战略,包括开放日本电力市场、促进医疗卫生行业发展、取消对稻米生产的管制、加速贸易谈判进程、降低公司税、改革公司法、增加女性就业、在2020年前吸引外国直接投资翻番等。

可以说,"安倍经济学"部分取得了其预期成果,例如,日本2013年各季度经济实际年率增长分别为4.1%、3.8%、1.1%和1%,全年经济增速达到1.6%左右[1];CPI达到1.5%,接近日本政府预设的2%的政策目标,PPI也转为正值,日本的通货紧缩的风险基本得到缓解;到2013年年末,日元对美元贬值幅度达到30%,有效地促进了日本出口增长和国际收入改善。

但我们同时也看到,上述政策效果主要表现为短期情形,要实现日本政府预定的"10年后日本人均国民总收入(GNI)增加150万日元"的目标,还需要有持续的中长期政策支撑。因此,日本政府需抓紧时间解决以下短期政策问题:一是日本央行资产负债表持续膨胀,假如长期利率大幅攀升,日本央行可能陷入资本不足;二是日本央行大规模购入长期国债,将使日本债券市场蜕化为央行需求主导的寡头结构;三是日元贬值和长期低息,将损害日元作为国际储备货币的信誉度,从而导致日本贸易和投资活动要更多地借助美元资产的方式间接进行。而对于"日本再兴战略",在执行层面,各省厅也多有抵触,这些对放宽管制措施的消极抵抗,也将有损新增长战略的落实执行。例如,市场期待最大的减轻法人税率,因为财务省的抵触,未能明确写入新战略中;新增长战略中最吸引眼球的政策之一是扩大网络销售药品范围,但厚生劳动省以患者和消费者安全为由,建议政府谨慎行事;在设立"国家战略特区"方面,日本国土交通省也对"特区"提高公寓容积率有抵触。因此,安倍政府的"三支箭"还只能说达到了初步的政策目标,距离设计的政策愿景和战略意图差距较大。

(二) 欧元区的危机化解与经济修复

随着美国经济快速复苏,欧元区的主权债务危机形势和经济环境也得到了有效

---

① 据日本总务省的修正数据。

的改善:一是欧洲金融机构持有大量的美国次级债券和其他商业机构的有价证券都已经恢复到市场公允价格附近或摆脱了高风险状态,金融机构的资产状况得到了有效的改善;二是美国金融机构的实力增强,在欧洲的业务也得以了创新和发展,对欧盟金融市场的介入得到了大幅度拓展,也有效改善了欧元区的金融环境;三是受到美联储逐渐减持商业机构债券和其他证券的影响,欧洲央行则开始尝试购入各成员国政府发行的国债及具有关键性作用的金融机构债,以对冲美国资产价格走低的市场波动,为欧元区市场提供了新的金融支撑。

除此之外,危机期间建立的三大机制也为稳定金融环境、推动后危机时期欧元区经济发展作出了重要贡献:第一是永久性的欧洲稳定机制(ESM),ESM 用于救助欧元区主权国家,同时换得受援国承诺进行财政和结构性改革,促使已失去投资者信任的经济重返正轨;第二是政府间的财政契约,这是对《马斯特里赫特条约》的重要补充,在货币一体化的基础上,通过罚款和缴纳保证金等形式,保证各成员国政府建立起规则统一、公开透明和安全可持续的共同财政纪律,从而避免高福利社会政治化和国债市场的逆淘汰机制;第三是中心国家与周边国家的利益共同机制,以避免中心国家与周边国家的权利义务失衡,包括德国、法国和荷兰承购周边国家国债和其他的财政援助计划等。

在上述改革和有利环境的推动下,欧元区经济出现了明显改善,主要表现在以下两个方面:

一是主权债务危机的风险已经大幅度缩小,金融市场的定价机制和效率得到了有效的恢复。突破表现在危机国家的国债收益曲线上:2013 年年末,爱尔兰 10 年期国债收益率为 3.543%,而危机高峰期的情况则为 14%;葡萄牙 5 年期国债的收益率为 4.657%,而危机时期则为 12.5%;西班牙 5 年期国债的收益率为 2.411%,危机时期是 10.7%;希腊的 10 年期国债收益率则下降了 2 个百分点,尽管尚未能取得其他国家那样较好的成绩,但已经向好的方向迈出了重要的一步。

二是欧元区经济指数得到了有效的恢复,2013 年的"成绩单"进步很大。根据 2013 年前三季度的数据:第一,经济总量。欧元区的 GDP 增速达到−0.3%(但现价 GDP 增速已经达到 1%),全年 GDP 增速预计可以达到 0 增长的状态,从而逐步进入增长周期;家庭消费下降 0.4%(现价值上升 0.8%),全年也将基本保持零增长状态;固定资产投资增速下降 2%,但第四季度增速有望达到 1%,从而使全年的增速提高到−1.8%左右。第二,就业情况。欧元区失业率保持在 12.1%,青年失业率依然偏高;居民收入提高 1.1%,增速略超过现价 GDP 的增速,状态恢复正常。第三,物价走势。前三季度欧元区 CPI 数据为 0.8%,第四季度预计为 0.7%左右,从而使全年 CPI 数据保持在 0.8%左右,距离 2%政策目标还有较大的差距;PPI 则仍保持负增长状态,全年 PPI 值预期为−1.3%,其中第四季度的数值为−1.5%左右。第四,政府财政。国债利息偿还支出占 GDP 的比重为 2.8%,在本金通过借新债还旧债或展期安排的情况下,上述偿还压力基本保持在安全线以内;各成员国平均债务率为 85.6%,不仅明显低于日本的数值,而且相较于美国的债务率水平也低 12 个百分点以上；欧元债务的区内持有量达到 42.7％，且保持稳定提升的态势，区内市场的信心指数明显回升。第五，金融市场。欧洲央行投放货币增速达到 4.2％，M3 的增速达到 1.5％，明显超过 GDP 的增速，说明欧洲央行扩张性货币政策的选择未发生变化；欧元区内部贷款增速下降 1.4％，速度明显放缓，但实体经济仍未获得充裕的资金支持；欧元区政府债券投资得到了全面的恢复，全年投资规模增长 10％左右，但第四季度增速预期将高达 60％。

总体上，在美国经济强劲复苏的推动下，日本和欧盟都采取了有效政策以化解危机风险和推动经济增长。在新的全球经济失衡的背景下，发达国家的经济增速将达到或接近世界经济的平均增速，并通过其巨大的需求市场和技术创新、金融创新能力，为全球经济发展提供强大而稳定的动力，发达国家有望重新成为世界经济的引擎之一。

三、"金砖国家"的经济走势出现分化

由于发达国家的经济复苏来自于能源资源的创新、生产经营模式的创新和产业形态与生产技术的创新，从而导致继续沿循传统生产组织分工模式的发展中国家无法通过国际分工体系获得应有的利益，并随着国际产业链的调整，而导致原有的生产地位下降和收益减少。以"金砖国家"为例，中国和印度因为及时实施结构性改革，并有效参与新兴国际产业组织体系和分工体系，从而实现了经济增长和结构调整的井然有序；而其他国家则受到传统生产方式和主导产业的困难等问题的影响，导致经济结构和生产方式与国际产业链、价值链的需求相对脱节，从而导致生产体系中集聚了较大的结构性压力和风险。

（一）印度经济进入高速增长阶段

印度经济于 21 世纪初实现了前所未有的增长。这一成就可主要归功于自 1991 年起开始实施的重大经济改革及其带来的积极影响，并且这一改革直到目前还在快速推进中，比如，2016 年印度执行的大额"废钞令"改革和 2017 年印度启动的商品和服务税（GST）改革等，并形成了符合印度特点的自由化、私有化和全球化模型。相关改革措施包括财政改革、贸易改革、工业政策改革、财政部门改革、国内自由化和经济开放以及增加贸易领域的开放度。印度以出口为导向，采取进口代替政策，积极进行工业化改革。与此同时，印度也在财政领域实施了改革，这些措施包括：允许私有经营者投资银行系统、解除利率管制、资金更方便地投资私人住宅、资本跨区域自由流动等，从而提高了竞争力。经过 1991 年的结构性调整，印度经济实现了高速增长，并且在 2005 年到 2008 年达到了年均 8％的增长率。这一增长主要体现在服务业。交通、仓储、通信以及财政、保险和商业领域的增长为服务业的优异表现作出了主要贡献。

2013 年,印度经济在名义国民生产总值(汇率计算)排名中位列世界第十,在国内生产总值(购买力平价计算)排名中位列世界第三,印度已成为世界上经济增长最快的国家之一。然而,2009 年发生的全球经济危机以及该国脆弱的经济基础迫使政策制定者发起又一轮经济改革。措施包括外国投资自由化,即取消在诸如零售、保险、养老金等多个领域的投资上限。除此之外,印度还实行了重要的法律改革,通过了《土地购买法案》《采矿和矿石法案》《商品及服务税》《直接税法》等法案。

1. 21 世纪以来的印度经济的总体历程

21 世纪以来,印度是紧随中国之后最主要的高速经济增长国。印度在 1991 年实施了市场友好型的改革后,经济得到进一步提升。在 1991 年结构调整方案实行以后,GDP 增长率从不到 5% 提升至超过 6%,更是在 2005 年到 2008 年期间达到创纪录的 8% 以上。同期 GDP 人均增长率也颇为强劲。国内外资本形成的增长趋势、储蓄、得到改善的经常项目差额对印度高速经济发展做到了有益补充。1991 年,印度面临经常项目逆差的严峻问题,但以开放型经济为基础的改革产生了一系列重要效果,比如,印度在贸易比率、外国投资和援助、创造就业及其他领域实现了多重增长。另外,20 世纪 90 年代中期开始的财政领域改革在吸引外国投资方面发挥了重要作用,有助于解决收支差额的问题。外国直接投资占 GDP 的百分比从 20 世纪 90 年代早期的 0.14% 大幅增加到 2005 年到 2008 年期间的 2.14%。2009 年,印度经济在诸如增长、储蓄和资本形成等宏观经济基础领域表现孱弱,形成了一轮经济运行的低谷,但在 2013 年以来,印度经济得到了良好的修复。在外部领域,印度需要持续面临经常账目赤字的挑战。在全球经济危机发生前赤字数目有所缩小,但在 2009 年到 2012 年期间又再次扩大,随后受到中国资本、东南亚资本和欧美资本的注入,先后在资本项目和经常项目两个层面都取得了明显改善,而成为"双顺差"国家。

投资增多以及全要素生产率的增长导致印度潜在 GDP 有所增长。20 世纪 90 年代起,印度经济开始高速增长,人们认为其中最重要的驱动力在于资本积累提速和全要素生产率提高。然而,印度的欠缺在于优质教育发展缓慢,劳动力素质没有得到提高。不过,印度的结构性调整使制造业能够创造出大量劳动岗位。博斯沃思和柯林斯发现印度的全要素生产率由 1990—2000 年的 1.6% 增长至 2000—2008 年的 2.9%,部分原因在于生产职能有所不同,但主要原因还在于 2000—2008 年期间,经济繁荣导致生产率提高。根据表观数据测算,预估 2006—2007 年到 2010—2011 年期间的全要素生产率可达到 2%,这一数字总体情况非常好。而且,具有重要地位的中产阶级引领着广阔的国内市场,印度推广投资者友好型政策,外汇储备不断增长,实用技能可以利用,人口统计预期有所增长,这些因素都是印度经济发展史幕后的强劲促进因素。这一研究即强调了决定经济增长因素中的理论成因,也强调了经验成因。印度储蓄额的增长促进了投资的增加,再加上有益于市场经济的大环境,这些因素帮助印度实现了前所未有的增长。以私营人员在系统内自由经营为标志的改革开放、国内外投资互补、更为成熟的技术和知识以及为产品和潜在服务业寻求外国市场等措施形成了一个卓越的市场环境。在这方面,关键的政策决策者已注意到大幅削减关税、在多个领域取消外国投资上限、提升基于公私合营伙伴关系建设的基础设施以及引入服务业改革等措施是印度现有投资和生产力的有益补充。此外,印度财政部门也实行了系列改革,如财政自由化、放宽法定存款准备金、引入创新性财政产品、简化和优化税制,这些措施也为印度长期投资项目的完成铺平了道路。

从结构上看,印度经济已经从以农业为主导的经济转变为以服务业为主导的经济。在20世纪60年代,印度农业占比较高,接近GDP的40%;但2005年以来,服务业表现得更好,占GDP的比重迅速提高到45%左右;而工业所占的份额则在2010年以后开始发力上行,成为印度经济的重要亮点。印度农业发展表现屡弱主要原因在于印度缺少适当的灌溉设施、小手工业者居多以及供应链管理存在瓶颈等。农业的投资欠缺和产能不足,导致了印度近年来相对复杂的通货膨胀环境,并影响了印度经济社会的稳定。

2001—2008年,印度经济保持高速增长,食品通货膨胀率一直维持在低于4%的水平。2009—2013年,食品通货膨胀率暴涨至两位数并且持续上升,究其主要原因是政府的财政刺激。这一现象导致出现通货膨胀和通过财政扩张实现经济增长的困境。政府如果继续加大社会支出,有可能导致出现成本推进式通胀问题。《圣雄甘地国家农业就业保障法》等增加了农民的投入成本,继而推高农业产品的价格。为了控制食品价格上涨引发的通货膨胀问题,应减少财政刺激,有效地管理农民团体和加工商及零售商组织之间的供应链。

印度的对外贸易发展形势良好。2011年,印度为全球出口增长速度最快的主要贸易国之一,但2012年它的出口增长速度大幅减缓。世贸组织的2012年国际贸易数据显示,印度为世界第19大商品出口国和第12大进口国,2011年的份额分别占到全球贸易的1.7%和全球进口的2.5%。印度在商业服务贸易方面的排名最高,为第八大出口国(份额为世界出口的3.3%)和第七大服务进口国(份额占到全球进口的3.1%)。2012年至2013年期间,印度贸易赤字估计达到1 820.9亿美元,远远高于2011年至2012年的1 698.1亿美元。此外,印度2011年至2012年的经常账户赤字达到4.2%,远远高于印度储备银行针对经济增长放缓时期制定的可持续性比例,即2.5%。2013财政年度印度经常项目赤字为GDP的4.8%,创历史新高。印度商品出口下降了1.1%。而出口增长了0.5%。多重因素导致出现这一现象。

2. 印度的宏观经济政策面临较为复杂的运行环境

印度在财政政策和货币政策方面面临一些棘手的难题:政府因为财政赤字居高不下而无法在未来进行财政扩张,与此同时,高通货膨胀率束缚了货币当局的手脚来推行宽松的货币政策。2012—2013年,印度财政赤字占GDP的4.8%,全球金融危机期间过度支出的做法将影响印度经济的增长后劲,必须参考全球经济的经验作法,进行财政整顿,并提高财政赤字收益水平。2000—2010年,资本支出约占中央和各邦总资本和收益支出的11.15%,有鉴于此,资本和收益支出占总支出的比例值得密切关注。依据进行修改调整的预测,这一比例到了2010—2011年度增长至16.10%。在2011—2012年度,中央和各邦的资本总支出仅占实际GDP的7.2%。鉴于当前的经济环境,有必要重新调整支出优先项目,建立以结果为导向的框架,推行稳健的财政政策。

印度储备银行(央行)开始着手出台各项措施,例如,提高对黄金进口的税率,不过值得关注的主要问题不应仅仅是遏制实体商品的进口,还有提高投资收益来吸引投资商。此外,政府努力提供各种通货膨胀指数化基金,让金融工具更具吸引力,打压对黄金的需求。这一努力旨在树立外国投资者的信心,增加外商投资,特别是对金融市场的投资。增加美元供应也许能够解决汇率问题。

据印度储备银行统计,2011—2012 年期间,家庭部门储蓄额创 20 年最低,为 GDP 的 7.8%。投资商更偏向于投资黄金,而不是受到通货膨胀和银根紧缩影响的其他资产。投资商对印度一级市场的信心遭到极大地削弱。由于股票市场征收证券交易税,印度市场出现一定程度的扭曲问题。2013 财政年度至 2014 财政年度第一季度的外国直接投资净额增长至 87 亿美元,而上一年度同期仅为 54 亿美元。2013 财政年度至 2014 财政年度一季度的证券投资额为负 5.2 亿美元,这表明大批外国投资商撤出印度资本市场。这一现象可能是外国投资商因为印度经济基本面疲弱而信心不足所造成的。2014 年 6 月和 7 月,证券账户资本外流情况尤为严重,导致印度总投资流入额呈现负值,分别是负 68 亿美元和负 24 亿美元。但受到印度制造业复苏态势良好、股票市场收益率提升的影响,印度资本项目总体可保持平稳运行,不会出现失控的风险和压力。

印度的基础设施总体供给不足,与社会需求差距较大。由于缺乏明确的土地征用政策,并且存在诸多部门和官僚障碍,印度许多工业和基础设施项目近期被一拖再拖。与此同时,在印度“十二计划”当中,基础设施预计投资金额为 1 万亿美元,而实际存在的资金缺口预计超过 5 000 亿卢比。当前财政赤字不断扩大,这一环境限制了具有赢利前景的项目的融资机会。印度“十二计划”文件指出,私营部门对基础设施投资的份额将从“十一计划”规定的 37% 大幅增长至“十二计划”规定的 47%,以此帮助政府达成基础设施投资目标。此时由于土地征用、复杂的环保审批程序、糟糕的监督环境等问题,各种项目被一拖再拖,这打击了私人投资商积极投资的信心。由于监管壁垒和政府部门特有的“行政瓶颈”问题,许多项目面临严重超时和成本超支,据不完全统计,有超过 50% 的项目被拖延,卡在项目实施的各个阶段。政府注意到投资水平下降的问题,采取各种措施来解决基础设施瓶颈问题。设立内阁投资委员会是朝着这一方向迈出的重要一步,从设立以来的情况看,印度的固定资产投资的批复速度明显加快,产业落地的速度也明显改善。

3. 今后一段时期的印度经济展望

印度经济目前呈现疲软态势,但其前景呈现积极的态势。预期印度核心部门将复苏,出口增长,信贷实现扩张,这是推动印度经济近期增长的重要因素。卢比贬值被视为形势朝着积极方面发展,这是因为它将提升印度出口产品的竞争力,特别是考虑到印度有效地管控着黄金进口,可以有效地控制好卢比的币值稳定和资本外流。

更为重要的是,投资商信心相对高涨,而近期资本流入未出现激增的情况。印度金融市场监管部门近期开展行动,放宽外国机构投资商的债务分配标准,确定国外投资商可以投资政府证券,并且在总投资达到 90% 之前,没有债务收购上限,这一措施旨在推动外国资金流入印度资本市场。此外,印度在海外汇款方面处于领先地位。2013 年,尽管印度货币呈现疲软态势,但海外汇款高达 710 亿美元(高于该国的 IT 出口)。上述共轭因素可以调整美元供求关系失衡的问题,最终解决印度货币疲软的问题。与此同时,美联储发表声明称有可能重新考虑有关 2014 年退出量化宽松的决定,而作为二十国集团和国际货币基金组织成员国的印度和巴西施压称美国退出量化宽松的决定将对发展中国家产生冲击。上述这些因素有可能帮助巩固印度货币和国际实力。

印度经济如果能够巩固自身主要优势,则它的增长速度将有潜力恢复到 9% 至 10% 的水平。投资步伐和全要素生产率是维持制造业发展的重要因素。此外,印度应该为商业机制和市场运行创造一个免于纷争的环境,同时亦有必要减少对西方发达国家的依赖,与非洲及东南亚国家进一步加深经济合作。印度决心扩大生产(这将取决于改革能否成功和需求能否得到改善),它不仅希望打入新的出口市场,还希望实现进口渠道多样化,政府推行各项政策来吸引更多外国直接投资,并且近期与亚洲新兴经济体签署双边贸易协议。此外,世界经济在经历全球金融危机和主权债务危机后开始复苏,印度的服务业部门有望表现更好。

在印度农业部门,生产力将提升,农民将获得更好的价格激励,政府将有效地管理供应链,并且推行土地和劳工改革。印度的表现取决于自身优势的巩固和优化提升,重燃全球投资者的信心。

(二) 巴西经济出现了一定程度的回落

2016 年,巴西经济萎缩 3.6%,比 2015 年的萎缩幅度稍微好一点。2015 年,巴西经济萎缩 3.8%。巴西已经连续 8 个季度处于经济萎缩状态中,这是该国有史以来持续时间最长的一次衰退。2017 年 1 月,巴西失业率触及 12.6% 的高位,而 2016 年 1 月为 9.5%。这一水平已经高于美国在 2009 年经济衰退最严重时的失业率水平(峰值是 10%)。

1. 巴西经济衰退的原因

综合国际和国内形势,巴西经济衰退的原因主要有以下五个方面:

第一,大宗商品的价格下跌。自 2014 年以来,油价已经暴跌。巴西两种主要出口商品——糖和咖啡的价格较比去年同期分别下滑了 34% 和 25%。

第二,最大贸易伙伴的贸易增长有所放缓。巴西最大贸易伙伴——中国的经济增长正在减速,人民币贬值,而且中国政府正努力应对股市修正。对巴西来说,这些都不是好消息。毫无疑问,巴西需要中国这个最大的贸易伙伴尽快完成转型,恢复动能。

第三,政治丑闻。事实上,巴西人已经习惯了政治丑闻。但是,巴西国有企业 Petrobras 的腐败丑闻,真正撼动了该国的经济,让罗塞夫陷入了遭弹劾的风险中。

第四,美联储加息压力传导。从 2016 年 12 月开始,美联储加快了加息进程,将会导致投资者把资金从巴西等新兴市场撤出。美国更高的利率,意味着投资者可以在美国获得更高的回报率。这无疑会削弱投资者在国外寻求高风险但高回报投资的兴趣。

第五,高通货膨胀的风险。巴西经济一直有个典型特点——高通货膨胀。美联储确定的通货膨胀率的上线,一般是 2%,但是巴西则将通货膨胀率以 10% 作为管理指标,这个指标影响巴西资产价格和生产体系的失衡,从而导致国民经济产出明显下降。

2. 巴西经济 2017 年有望恢复微弱正增长

从运行指标上看,当前巴西经济的确呈现出回暖迹象。之前被腐败丑闻吓跑的外国投资,又回到了巴西。国际货币基金组织预测,巴西经济衰退将在 2017 年结束,不过增长幅度不足 1%。

巴西财政部长恩里克·梅雷莱斯(Henrique Meirelles)在 2017 年年初召开的经济和社会发展委员会会议上宣布,2016 年第四季度巴西部分经济数据出现向好的表现,政府采取的一系列改革措施取得了一定成效,这对经济逐步走出低谷至关重要。从超市的销量、摩托车产量以及消费者信心这些信息中都能看出巴西的经济有复苏的迹象。

巴西经济在连续 8 个季度衰退后终于在 2017 年第一季度迎来了增长。据新华社报道,巴西地理统计局公布的数字显示,2017 年前 3 个月国内生产总值(GDP)为 15 950 亿雷亚尔(约合 4 912.68 亿美元),比去年第四季度增长 1%,与经济学家的预期相符,并创下 2013 年第二季度以来最快增速。相比而言,2015 年和 2016 年巴西 GDP 分别萎缩 3.8% 和 3.6%,因此,2017 年第一季度的增长可以说是衰退的止步,巴西总统特梅尔说,这一数字标志着"巴西的经济重生"。

2017 年第一季度的增长主要得益于农业。这一时期农业的增长达到 20 多年来的最高水平,比 2016 年第四季度增长 13.4%,其中,谷物产量创 1996 年第四季度以来的最大增幅。其他行业中,工业在连续两个季度下跌后增长 0.9%,其中矿业增长 1.7%,而占整体经济比重 73.3% 的服务业与此前一个季度持平。相比 2016 年第四季度,家庭消费减少 0.1%,政府支出减少 0.6%。投资减少 1.6%。受工业增长乏力和政治不确定性的影响,占 GDP 15.6% 的投资环比下降 1.6%,是 1996 年以来的最低纪录。

尽管 2017 年第一季度经济数据表现抢眼,但大部分经济学家认为,由此断定巴西经济危机结束还为时尚早,因为并不是所有行业都出现明显的恢复迹象,在今后几个月内还可能出现负增长。有专家说,经济增长还很弱,"刚刚恢复到 2010 年年底的水平"。经济学家表示,第二季经济不太可能保持如此强劲的增幅,因第一季度的表现受到玉米和大豆大获丰收,以及整个经济领域大幅增加库存的提振。此外据路透社报道,巴西仍有 1 400 万人失业,该国也是贫富差距最大的国家之一。很多分析师预计,巴西经济增幅至少在 2018 年都将继续低于潜在增幅,该国经济目前的增幅与

2010年相当,2017年经济增幅仅为0.5%,经济增幅低于潜在增幅,应该会给决策者在未来数月继续降息提供空间。巴西央行2017年7月将指标Selic利率调降100个基点至10.25%,并称可能会进一步降息,但考虑到政治不确定性,可能会放缓宽松步伐,这也从政策层面反映了巴西当局对经济复苏进程的确定和信心。

(三)俄罗斯经济走势不确定,各种矛盾交织

在特朗普上台、俄罗斯相应地开始在外交和地缘上采取缓和政策之后,普京自第三任期开始以来靠对外用强赚取合法性的情况已出现一些明显的变化,俄罗斯开始进入以2018年总统大选为标志的新时代。2017年5月以来,尽管美国对叙利亚实施了精准轰炸和直接打击,但这并未妨碍普京谋求尽快与特朗普会面,印证了俄罗斯对局势缓和的诉求。这将为俄罗斯内部政治经济走势及可能的改革提供前提,重复赫鲁晓夫、勃列日涅夫、戈尔巴乔夫为国内改革寻求良好外部环境的先例。

某种改弦更张正在被酝酿,俄罗斯现体制内不时有人站出来重审普京时代政策。俄罗斯财政部长安东·西鲁阿诺夫不久前称:"常年有利的国际市场行情突然逆转,我们这才意识到既往政策不对头。"此话自然意指俄罗斯长期依赖油气出口的政策,其价格突然腰斩将俄罗斯置于极端困难境地,这已是普京在主政时期的严重战略误判。俄罗斯官员能够正视它,意味着变革早晚将成为主旋律。只是,俄罗斯经济眼下面临的困局不同于以往,具有积重难返特征,让人们难以对它可能的变化保持乐观。

1. 俄罗斯近期经济运行状况

从2014年第四季度开始,俄罗斯经济进入负增长通道,直到2016年第四季度才回升为正增长。这两年的衰退期开始于国际油价腰斩及西方对俄罗斯进行制裁之后,两者顺理成章地被解释为这波衰退的原因。但这种解释将问题简化了。俄罗斯石油天然气产业在GDP中占比不到10%,尽管它对财政和GDP增长贡献巨大。如果仅是外源性的短期危机,这种解释可以说通,但如果是持续性衰退,则必须从更深的层面来寻找问题。

早在2012年,俄罗斯经济就开始出现衰退迹象。该年全年GDP虽增长3.4%,4个季度增速却分别为4.8%、4.3%、3.0%、2.1%,持续降低。尤其是第四季度,降幅明显,远低于2010—2012年4.1%的平均增速。2013—2016年这4年的GDP增速分别为1.3%、0.6%、-3.7%、-0.2%。所以,正如一些学者所言,衰退的起点至少应该是2012年第四季度,而非2014年。

众所周知,最近数年俄罗斯经济走势取决于国际油价的高低。从2008年开始,俄罗斯经济便大致形成了能源产业贡献1/3 GDP增长、一半的财政收入、2/3出口额,并由其创造的石油美元通过政府财政支撑其他领域消费的格局。因此,2013年的情况才显得反常。这一年国际油价仍维持在高位,布伦特原油平均价仍在110美元每桶水平上,但GDP增速却明显下行。这意味着着眼于外部市场的油气出口产业依然向好,但俄罗斯国内经济出了问题。2013年,普京在国情咨文中恰是如此判断的:"经济放缓的主要原因不在外部,而是在内部。"时任经济发展部部长的乌柳卡耶

夫则给出了更不留情面的评价："这不是危机边缘，而是停滞，比危机更糟。"

这种停滞自会体现在俄罗斯工业增长中。像 GDP 一样，从 2012 年开始，俄罗斯工业生产就一路走低，2012—2016 年这 5 年增速分别为 2.6％、0.1％、0.6％、−3.5％、0.7％。由于油气行业产能持续放大，资源开采行业数字上升，尤其当油价腰斩，俄罗斯需要扩大油气开采以维持财政时。这便更加反衬出俄罗斯加工制造业这些年的窘境。数字层面，2012—2016 年俄罗斯加工制造业增速分别为−2.9％、−4.6％、1.6％、−7.5％、5.5％。

相应地，投资和消费也在降低。固定资产投资下降的起点同样是 2012 年第四季度，当年 12 月出现了 0.7％的降幅。2013—2016 年，固定资产投资增速分别为−0.3％、−1.5％、−8.4％、−0.9％。2014—2016 年，该数字连续 11 个季度下降，为 17 年来持续最久的一波。2013—2016 年，消费需求增速分别为 4.4％、2％、−9.8％、−5％，零售贸易增速分别为 3.9％、2.7％、−10％、−5.2％。

尽管上述数字在 2016 年均出现上扬趋势，却改变不了俄罗斯经济从 2012—2016 年构成了一条完整衰退曲线的事实。油价腰斩和西方制裁加重了衰退的程度，集中体现为 2015 年各数据的严重恶化，但就如同普京和乌柳卡耶夫的判断，单纯用两者来解释这波衰退并不合理。

2. 俄罗斯经济下滑的原因

更合理的解释是，经济衰退是俄罗斯长年累积的问题逐渐暴露出来的结果。它们体现于基础设施、人才、政策等方方面面。2016 年 5 月，俄罗斯财政部及政府背景的智囊机构"斯托雷平俱乐部"同时公布数字，称俄罗斯工业每年的投资缺口达到1.5 万亿卢布，约合 226 亿美元。财政部官员称，该部领导的工业发展基金只有2 000 亿卢布的资金，只够满足全部投资申请的 5％。

基础设施的状况也不乐观。欧洲复兴开发银行 2015 年发布报告称，俄罗斯基础设施每年的资金缺口达到 132 亿美元。根据 2014 年俄罗斯紧急情况部对国内工业企业检查的结果，俄罗斯工业领域主要基础设施磨损率超过 70％，而西方发达国家该数字一般不超过 20％。这意味着高昂的投资成本。

从国际专利申请数量来看，俄罗斯如今排在第 21 名，只占总申请数的 0.55％。而且，这一比例已经 10 年未变。在生物、信息等各专项排名中，俄罗斯也全都未进前 10名。各国对该数字的态度不同，但它仍可说明俄罗斯境内创新活动处于何种状态。

这一方面说明俄罗斯对高新技术产业及教育的投资严重不足。俄罗斯目前对各科研院所只提供最基本的财政支持，工资占到其中的 70％～80％，公共服务费用占到 20％～25％，出差、购买实验设备和原料等活动基本均无资金支持。俄罗斯科技投入在世界上只排到第 26 位，美国和中国的投入分别为俄罗斯额度的 200 多倍和40 多倍。另一方面，这也与俄罗斯目前严重的人才外流情况相符。据俄罗斯公布的官方数据，仅 2015 年便有 35 万移民离开了俄罗斯，是 2011 年的 10 倍。早在 2012年就有俄罗斯媒体惊呼，自十月革命后的第五次移民潮已经在俄罗斯形成，显然眼下这股潮流正呈加速态势。如今，在美国硅谷等国外科技中枢中，俄语正在成为通用语言,凸显出这一波移民潮为俄罗斯带来的是严重的人才损失。

如今经济上的困难则吞噬着俄罗斯人加大投入的能力。2013—2016年,俄罗斯GDP缩水3.2%,工业生产缩水3%,但各种社会数据远比它们更加困难。同期,零售贸易缩水15%,居民实际收入缩水10%,实际工资缩水9%,社会消费品零售总额缩水13%。多路调查都显示,俄罗斯人开始节衣缩食,比如,34%的俄罗斯人已开始只购买最便宜的商品,5年前该数字为24%。5年前,只有3%的俄罗斯人热衷于购买打折、促销商品,如今该比例为20%。

俄罗斯著名经济学家阿贝尔·阿甘别格扬列举了一系列数据,说明俄罗斯社会经济的真实状况。以购买力平价计算的人均GDP,俄罗斯在150个国家中排第43位;实际工资和实际收入排50～55位;联合国社会发展指数排65位;退休人员生活水平排78位;居住舒适水平排80位;居民平均预期寿命排90位;卫生保健水平119位。只有教育水平俄罗斯排名较高,排30位。但如上所言,能否留住人才,这仍是一个大难题。

诺贝尔经济学奖获得者斯蒂格利茨从同样的角度表达了对俄罗斯的失望:"俄罗斯这个曾经的世界两极之一,目前的GDP仅有德国的40%,不及法国的一半。俄罗斯的人均寿命排在全世界第153位,位居洪都拉斯和哈萨克斯坦之后。其按购买力平价计算的人均收入排在全世界第73位,大大落后于中东欧那些曾经的苏联卫星国。"这些都预示着俄罗斯人力资源未来的状况,加上愈益恶化的基础设施状况,俄经济翻身的成本将水涨船高。

政策层面,俄罗斯投资环境始终难以改善。俄罗斯每年都有几万名企业主遭到司法机关的贪腐官僚的调查,2014年出现了20万起此类案件,其中只有15%结案,但80%遭调查企业主的生意被人抢走。有如此这般的投资环境,俄罗斯每年有巨大的投资缺口就没什么奇怪的了。

靠着油价的10年飞涨,俄罗斯人均GDP从2000年的1 700多美元飙升至2012年的超过1.5万美元。虽然到了2016年,该数字随油价腰斩至8 400多美元,但这仍是一种"中等收入陷阱"式的水平。所以,俄罗斯是难以依靠廉价劳动力实现转型发展的。加上上述基础设施、人力资源、投资、政策窘境,俄经济的"底盘"极为虚弱。

3. 俄罗斯经济的前景

自苏联解体后,俄罗斯长期忽视累积生产性资源以求长远发展,但俄罗斯迟早要为此付出代价。"底盘"问题终究会逐渐暴露出来,结果便是没有其他产业可以替代油气出口支撑经济,甚至油价再次高企也无济于事。2013年油价仍高,GDP却下滑,这便已经是一次响亮的警钟。

眼下,国内外对今后几年俄罗斯经济的预估都非常谨慎。穆迪估计,未来4年俄罗斯年均增速为1.5%,标准普尔估计该数字为1.7%。俄罗斯经济发展部估计2017年俄罗斯经济增长2%,2018—2020年,年均增速为1.5%。俄罗斯前财长库德林2016年则给出了俄罗斯未来20年年均增速不超过4%的预测。

普京面对该问题时也极为现实。在2016年年底公布的文件中,他定下在2020

年前俄罗斯经济增速超过世界平均水平的目标。2017 年,全球 GDP 增速乐观估计为 3％。2017 年 4 月,俄罗斯经济发展部部长奥列什金称,要想让俄罗斯经济增长 3％,年投资量需在现有水平上增加 5 万亿卢布,约合 694 亿美元。在油价短期内难以飙升、西方仍未解除制裁、近 10 多年来始终作为俄罗斯经济稳定器的"储备基金"即将于今年耗尽、投资环境持续恶化的背景下,这一投资目标完成无望。

大体上,俄罗斯经济经历了 2012—2016 年的这一波衰退后,将走出一条"L"曲线,而非 2015 年时一些乐观者估计的"V"曲线。在今后几年持续的低速前进中,俄罗斯宏观经济将经受考验,而从这次衰退的经验看,居民收入仍将是最短的那块"短板",它不仅将关乎俄罗斯宏观经济走势,更直接决定着俄罗斯社会稳定程度。俄罗斯刚刚开启的新时代在这种经济形势中会面临更大的挑战,其走势难以预料。

第四章 新挑战："L"形底部
经济风险及治理

尽管中国经济与世界经济都表现出一定的复苏势头,但从运行态势来看,仍处于"L"形运行的底部,即经济处于一种低水平的稳态,是各项矛盾和风险得到一定程度的转换和控制条件下的稳态,而不是市场已经拥有对矛盾和风险进行吸收和转化能力的稳态。我们从"L"形底部运行的基本态势出发,结合2016年中央经济工作会的新精神,对"L"形底部运行风险进行概括和总结。

一、经济的"L"形底部运行压力与风险

2016年,中国经济总体形势进入到"L"形的底部运行阶段,并呈现探底企稳的特征:经济增速平稳保持在6.7%,新增就业实现1 314万人,全国规模以上工业企业的利润增幅为8.5%,消费者价格指数维持在2%左右,农村贫困人口减少1 240万等。但受到世界经济增长低迷,国内部分行业产能过剩、地区经济走势分化、环境污染形势严峻、经济金融风险隐患突出等问题的影响,我国还将继续承受较大的发展压力,并且需要正确面对和着力解决国民经济在底部运行所暴露出的各项问题,坚持问题导向和顶层规划,保持战略定力,有重点、重协同、成体系的实现对"瓶颈"的突破,构筑新经济、新动能的勃兴环境。因此,正确应对经济"L"形底部运行的压力和风险成为政府工作的首要目标。

从"L"形底部运行的风险与压力的情况来看,无外乎是生产和资产两个方面。生产方面表现出产出增速放缓,转型动力不足,企业面对市场裹足等压力;而资产方面则表现出资产价格大幅上涨和资产收益率明显下滑的"耗散"型风险,并叠加了汇市、债市和股市等领域的问题。从主要矛盾节点和经济总体运行来看,生产方面的压力表现为转型期的生产性固定资产折旧风险,实体经济的高杠杆风险和价值形态转换中的链条断裂风险;资产方面的问题表现为房地产风险、汇率风险和资产收益率风险等。图4-1就较为清晰地描述了这一框架。

此外,上述压力与风险与我国供给侧结构性改革的目标与要求具有良好的一致性,并成为改革的主要对象和重点领域。去产能改革与生产性固定资产折旧压力形成交叉,去库存改革与房地产市场风险形成联动,去杠杆改革的重点是降低较高的企业杠杆率,降成本改革则全面着力于生产和资产收益的再平衡,补短板改革则是支撑

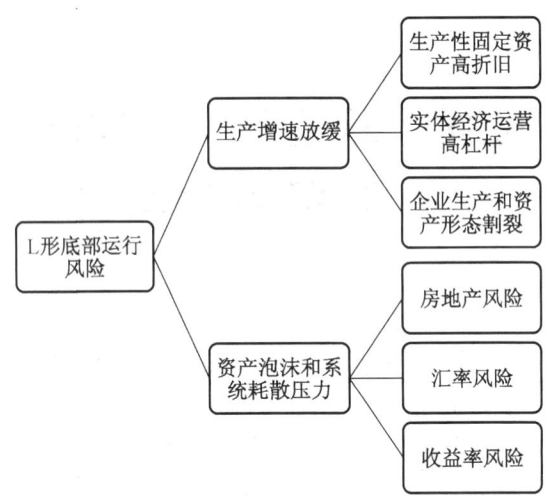

图 4-1 "L"形底部运行的风险与压力

新动能、抑制资产风险的重要手段。这样,抓住了这些风险与压力,向上可以落实目标、服务战略,向下可以凝聚政策资源、形成创新驱动。

二、以加快转型升级为核心,夯实实体经济这一发展根基

生产领域的压力与风险的核心是产出增速的放缓和生产企业收益率的下降,化解的主要思路是坚持"实体经济从来都是我国发展的根基,当务之急是加快转型升级"的理念,并深入实施创新驱动发展战略,推动实体经济优化结构,不断提高质量、效益和竞争力。

(一)正确应对生产性固定资产的折旧压力,实现创新转型与企业生产激励的有效协调

生产性固定资产折旧加速是当前实体经济发展所面对的潜在矛盾。生产性固定资产的折旧加速问题呈现出典型的"二分性":经济的转型发展,客观上要求对过剩产能的淘汰和陈旧设备的退出,将加速折旧;产出的创新驱动,客观上导致了企业采用更加先进的设备和技术,无形磨损增大,折旧速度加快;市场竞争机制的引入和跨界替代性竞争的发展,也将影响企业现有的盈利模式和经营策略,而这些恰恰就是我们改革的要求。生产性固定资产的加速折旧将导致该类资产的内在价值减损,也将导致生产性固定资产作为价值链转换节点的中断,在十分敏感的"L"形底部运行阶段,实体经济企业的融资安排和拓展速度都将受到明显的影响。如何既能有效推进经济转型和创新发展,又将企业的内在需求和承受力考虑在内,就成为政府政策的关键角度。在体系上,政府政策将思路和政策重点整合为三个方面:

第一,给予设备更新和技术创新企业以更好的发展空间,从而使其能够以自身的能力尽可能快地拓展市场,最大化地实现收益。国务院要求,要坚持权利平等、机会平等、规则平等的理念,"凡法律法规未明确禁入的行业和领域,都要允许各类市场主体平等进入;凡向外资开放的行业和领域,都要向民间资本开放;凡影响市场公平竞争的不合理行为,都要坚决制止"。

第二,使创新活动和生产性固定资产的价值得到更加充分的体现,特别是实现知识产权的价值,并促进知识产权的交易和流转。国务院指出,要"开展知识产权综合管理改革试点,完善知识产权创造、保护和运用体系",即给予知识产权以市场化的定价能力,并在严格保护的基础上,实现知识产权质押、交易和许可收益权流转等功能。

第三,也是最重要、最关键的安排,即推动企业以资产的抽象价值形态(资本),而不是以其具体价值形态(某类固定资产)去面向市场和开展经营,考虑到表达的便利,将其称为"资产资本化"。"资产资本化"的主要路径包括三个方面,即股权化、债权化和保险资产化。股权化是"资产资本化"的最优路径,因为股权可以继承资产收益属性和溢价属性,而屏蔽了其折旧压力,国务院要求,要"完善主板市场基础性制度,积极发展创业板、新三板,规范发展区域性股权市场"。在给予更加便利、有序和畅通的股权化路径的同时,在市场空间总体有限的情况下,应将股权化的广度放在首位,而股权化的深度则应有所控制。据此,证监会等部门将在 IPO 和增资配股方面作出安排,保持 IPO 的正常速度,相应地压减增资配股的规模和频率。债权化是"资产资本化"最主要的路径,这是因为我国基础债权保护严格,市场培育成熟,社会融资规模最大、最为集中。国务院明确提出了我国债权化的三个主要方法,即要"推进资产证券化",推进企业债券融资和在贷款上"实行差别化考核评价办法和支持政策,有效缓解中小微企业融资难、融资贵问题"。但与股权化不同,债权化只能继承资产的收益属性,而基本无法具有溢价属性,所以债权化后的资产将更加看重资产的收益能力而不是溢价能力,有助于实现"增强服务实体经济能力,防止脱实向虚"的金融改革目标。保险资产化是"资产资本化"最便利的路径,分散的资产持有人在提出申请、缴纳保险费用后即可随时享受该项服务,从而形成了对股权化、债权化路径的重要补充。国务院指出,要"拓宽保险资金支持实体经济渠道",即是在风险管理和资产管理之外,推进"资产资本化"的功能,为实体经济的融资和运营服务。

(二) 有序处置非金融企业的高杠杆压力,防范企业现金流、资产稳定性和宏观金融风险

国务院明确指出,"我国非金融企业杠杆率较高"。而根据人民银行易纲副行长的数据,截至 2015 年年末,我国非金融企业杠杆率(含政府融资平台公司债务)为156%,在国际上处于较高的水平。高杠杆与经济底部运行相叠加,将会导致企业现金流风险,并由此而引发因资产处置而导致的资产稳定性风险,以及因信用不足和定价能力减退而形成的宏观金融风险等。国务院指出,"要在控制总杠杆率的前提下,把降低企业杠杆率作为重中之重",即第一要务是控制杠杆率特别是非金融企业杠杆

率的增长,但可以对债务结构和分布情况进行优化调整,结合承受力和改革方向实现有升有降,以控制风险,满足融资需求。

第一,全面推进降杠杆措施,有效防范企业现金流风险。企业杠杆率即总资产对净资产的比率,与资产负债率具有正向相关性,即资产负债率越高,企业杠杆率也就越高。降低企业杠杆率水平要把握好一个平衡,即满足融资需求和进行风险管理的平衡。在确保平衡的前提下,以降低企业资产负债率水平为重点,着力做好以下四项工作:对新增融资应加大股权融资力度,对现有债务应有序开展债转股工作,对国有企业应避免信用滥用,对存量资产应大力盘活、以存量换流量。国务院指出,应"促进企业盘活存量资产,推进资产证券化,支持市场化法治化债转股,加大股权融资力度,强化企业特别是国有企业财务杠杆约束,逐步将企业负债降到合理水平",即对四项重点工作作出了直接部署。在企业杠杆率得以控制和降低的情况下,因高负债而引发的企业现金流风险可得到相应缓解,政府通过基金支持的方式为企业提供流动性扶助也是化解流动性风险的重要举措。

第二,有效释放产权价值,防范企业资产价值波动风险。受到现金流风险的影响,在我国融资结构仍以债权为主的条件下,债权人(银行)以避险为目的将开展抵押资产处置和贷款管理活动,将现金流风险过渡到资产价值风险、社会信用风险。解决的思路是:以宏观审慎原则(MPA)为基础,对商业银行的抵押资产处置和贷款管理进行必要的指标约束和"窗口指导";建立债权人委员会制度,防止债权的竞相主张,防止资产无序抛售;对企业债务抵押资产进行必要的整合和调整,努力做到既不影响企业生产,又总体强化对债权人的保障;深化产权体系改革,以现代产权体系为方向,维护好基础权利和衍生权利的稳定、清晰、有效和严格保护。国务院指出,要"实行差别化考核评价办法和支持政策",即对商业银行风险管理、贷款管理、债权主张和抵押资产处置应实施差别化的原则,对市场前景好、产品有销路,但资金链暂时有困难的实体经济企业,银行要实行不断贷、不抽贷、不压贷、不降低企业信用等级的策略,从而避免将企业经营的流动性困难上升到生产可持续风险或资产价值风险。而对于现代产权体系的建设与发展,国务院则强调,"要加快完善产权保护制度,依法保障各种所有制经济组织和公民财产权,激励人们创业创新创富,激发和保护企业家精神,使企业家安心经营、放心投资"。将产权保护提升到劳动的基础地位、创新的内在驱动和生产力的关键支撑的高度进行认识和推进。

第三,坚持管疏结合,有效抑制宏观金融风险。宏观金融风险的核心表现是市场受到系统性因子或结构性矛盾的影响,从而导致市场无法有效为风险定价或进行风险分散活动。宏观金融风险包括三个关键点:系统性因子或结构性矛盾、定价失误、风险集聚,对宏观金融风险的防范和化解也需要从这三个角度入手。从系统性因子或结构性矛盾的层面来看,宏观金融风险的影响在于虽然债权资产的质量下降,但仍以此为基础实施了信用的过度扩张,导致运行中出现大量的不良资产或债务违约现象。解决的重点是加强资产质量管理,实施以资金来源为基础的"穿透原则"监管,并对衍生债权进行动态调整。从定价失误的层面来看,由于机制中对金融业务或产品的风险评价出现了严重失真(如将银行承兑汇票的风险评价为商业信用等),或在金融服务中存在过高的中介费用及市场扭曲(如银行对小微企业融资需求简单采取抵押融资的方式进行处置)的情况下,就会产生正规金融业务之外的大量"影子银行"产品。解决的方法则需要疏堵并举,以更加高效市场机制化解产品扭曲和评价失真,并将"影子银行"产品中一部分合理因素,在坚持合法性、科学性和规范性的基础上,将其纳入正常的市场业务范围,实现有效监管。国务院指出,"当前系统性风险总体可控,但对不良资产、债券违约、影子银行、互联网金融等累积风险要高度警惕"。

(三)综合运用财政金融政策,支持实体经济投融资自循环,并实现实体经济与资产市场的深入融合

受到生产性固定资产内在价值减损的影响,实体经济企业的投融资链条出现了某种程度的风险,生产的自循环能力受到较大影响。解决实体经济投融资链条风险的关键着力点在于提升实体经济的融资能力,提高生产性投资的收益水平,并推动存量资产对生产活动的有效支持。国务院明确指出,在金融方面"要综合运用货币政策工具,维护流动性基本稳定,合理引导市场利率水平,疏通传导机制,促进金融资源更多流向实体经济";而在财政方面则要以多种方式支持技术改造,促进实体经济焕发新的蓬勃生机。

第一,从推进实体经济自循环融资来看,应着力做好无抵押融资、经营过程中融资和新型产权创造等政策安排。在无抵押融资上,要大力支持实体经济企业的无还本续贷、循环贷款等信用性流动性贷款,收益权质押贷款和收益质押债券的融资安排;在经营过程中融资上,要着力推进存货抵押和仓单质押融资的安排,并积极探索其他的过程融资条件;在新型产权融资上,则需要着力推进林权和农村土地"两权"抵押贷款,碳排放权抵押贷款、排污权抵押贷款和知识产权质押贷款等。通过这些措施的安排,使得实体经济在缺乏充足抵押资产的条件下,依然能够获得市场的资金支持,有效地实现生产转型。

第二,从提高实体经济的经营收益来看,关键是要做好降成本和补短板两个方面。国务院指出,要"多措并举降成本"。在降低企业税费成本上,要"扩大小微企业享受减半征收所得税优惠的范围,年应纳税所得额上限由30万元提高到50万元,科技型中小企业研发费用加计扣除比例由50%提高到75%";并要"全面清理规范政府性基金,取消城市公用事业附加等基金,授权地方政府自主减免部分基金";"取消或停征35项中央涉企行政事业性收费,收费项目再减少一半以上,保留的项目要尽可能降低收费标准"。在减少政府定价的涉企经营性收费方面,要"清理取消行政审批中介服务违规收费,推动降低金融、铁路货运等领域涉企经营性收费,加强对市场调节类经营服务性收费的监管"。在社保缴费的企业负担部分上,要"继续适当降低'五险一金'有关缴费比例"。此外,还要"降低企业制度性交易成本,降低用能、物流等成本"等。

在补短板方面,国务院提出,"要针对严重制约经济社会发展和民生改善的突出

问题,结合实施'十三五'规划确定的重大项目,加大补短板力度"。按照这一要求,我国的补短板工作应重点做好两个方面:一是扶贫攻坚,实现全面小康的宏伟目标;二是"软硬兼施",既补硬短板,又补软短板,从而为中国经济发展创造良好的基础和环境。国务院在扶贫工作中强调,"要深入实施精准扶贫精准脱贫,今年再减少农村贫困人口 1 000 万以上,完成易地扶贫搬迁 340 万人。中央财政专项扶贫资金增长30%以上";而在环境改善和服务提高方面,则指出要"加快提升公共服务、基础设施、创新发展、资源环境等支撑能力",形成对经济转型和企业发展的全面支持。

第三,从推动存量资产为生产经营服务来看,要推进所有权和使用权的分置,提高资产处置的便利性,全面实现生产性减税。在所有权和使用权分置上,要重点推进农村土地所有权、承包权和经营权的"三权分置"改革,增强承包权的稳定性和经营权的效能;在提高资产处置的便利性上,要加强产权保护和现代产权体系建设,使资产的租赁、抵押、出售渠道不断完善,国有资产也要坚持"以管资本为主加强国有资产管理"的方向,2017 年要基本完成国有企业公司制改革,并"推进国有资本投资、运营公司改革试点";在税收政策的调整安排上,要进一步扩大对生产性企业的减税规模,要"简化增值税税率结构,由四档税率简并至三档,营造简洁透明、更加公平的税收环境,进一步减轻企业税收负担",同时对资产领域依法加强税收管理,深入推进房地产税等财产税的立法改革,并"健全地方税体系"。

(四) 推进实体经济平稳快速发展,以创新引领实体经济转型升级

从当前国际、国内复杂的经济运行情况看,实体经济的平稳快速发展既要推进创新驱动的深入发展,又要大力培养新动力和新动能,还要支持传统产业的转型升级,并推进中国经济发展进入质量时代。国务院指出,"当务之急是加快转型升级",要深入实施创新驱动发展战略,推动实体经济优化结构,不断提高质量、效益和竞争力。

提升科技创新能力是前提和基础。体系上要做好具备创新条件、具有创新能力、形成创新转化和提升创新激励四件事。在创新条件上,既要加大投入,提升科研装备条件,又要保持定力,持之以恒地做好基础研究。国务院指出,"完善对基础研究和原创性研究的长期稳定支持机制,建设国家重大科技基础设施和技术创新中心,打造科技资源开放共享平台"。在创新能力上,要重视人才队伍的建设和高水平科研人员的引进,"深化人才发展体制改革,实施更加有效的人才引进政策"。在创新转化上,要支持"产、学、研"的有效结合,促进创新成果的转化应用,以知识产权为手段,"开展知识产权综合管理改革试点,完善知识产权创造、保护和运用体系"。在创新激励上,则要"推进全面创新改革试验",改革职务发明的认定方式和权利归属,落实股权期权和分红等激励政策,落实科研经费和项目管理制度改革,让科研人员清清爽爽地投身科研事业。

加快培育壮大新兴产业是经济发展的重要"引擎"。新兴产业既包括新技术载体的产业形态,也包括新模式载体的产业形态,同时还包括新基础设施的供给,其目标是以提升效率为核心,更好地满足需求,而不是简单地增加规模。在新技术载体的产

业形态上,主要包括新材料、人工智能、集成电路、生物制药、第五代移动通信等技术研发和转化,"要全面实施战略性新兴产业发展规划,做大做强产业集群"。在新模式载体的产业形态上,应"支持和引导分享经济发展,提高社会资源利用效率,便利人民群众生活"。在新基础设施的供给上,应将信息基础设施作为重要的构成部分纳入国家战略,国务院指出,"在互联网时代,各领域发展都需要速度更快、成本更低的信息网络",从而在促进数字经济加快成长的同时,让企业广泛受益、群众普遍受惠。

大力改造提升传统产业是另一个重要"引擎"。要采用新技术、新业态、新模式,深入实施《中国制造2025》,加快大数据、云计算、物联网应用,推动传统产业生产、管理和营销模式变革;要把发展智能制造作为主攻方向,推进国家智能制造示范区、制造业创新中心建设;要深入实施工业强基、重大装备专项工程,大力发展先进制造业,推动中国制造向中高端迈进;要完善制造强国建设政策体系,以多种方式支持技术改造,促进传统产业焕发新的蓬勃生机。

"大众创业、万众创新"是新动能的典型载体。"双创"是以创业、创新带动就业的有效方式,是推动新旧动能转换和经济结构升级的重要力量,是促进机会公平和社会纵向流动的现实渠道。国务院指出,"双创"要"不断引向深入"。深入的概念应该包括更广的层面、更深的层次,更有效的手段和更有效的参与。为推进"深入",国务院强调要"新建一批'双创'示范基地,鼓励大企业和科研院所、高校设立专业化众创空间,加强对创新型中小微企业支持,打造面向大众的'双创'全程服务体系,使各类主体各展其长、线上线下良性互动,使小企业铺天盖地、大企业顶天立地,市场活力和社会创造力竞相迸发"。

全面提升质量水平是实业立国的重中之重。2017年是供给侧结构性改革的深化之年,而重点就是要形成能够实施差异化生产以适应需求的个性化和多样化发展。"质量第一"既是供给侧改革对新供给体系和生产能力的要求,也是市场高效实现差异化供给和个性化需求相匹配出清的重要条件。国务院指出,要"广泛开展质量提升行动,加强全面质量管理,健全优胜劣汰质量竞争机制"。而质量之魂,存于匠心。国务院提出,"要大力弘扬工匠精神,厚植工匠文化,恪尽职业操守,崇尚精益求精,培育众多'中国工匠',打造更多享誉世界的'中国品牌',推动中国经济发展进入质量时代"。

推进农业结构调整,加强现代农业建设是实体经济转型发展的良好基础。国务院指出,要"引导农民根据市场需求发展生产,增加优质绿色农产品供给"。扩大优质水稻、小麦生产,适度调减玉米种植面积,鼓励多渠道消化玉米库存。并"支持主产区发展农产品精深加工,拓展产业链价值链,打造农村一二三产业融合发展新格局"。加快推进农产品标准化生产和品牌创建,打造粮食生产功能区、重要农产品生产保护区、特色农产品优势区和现代农业产业园。发展多种形式适度规模经营,在13个粮食主产省选择部分县市,对适度规模经营农户实施大灾保险,完善农业再保险体系,以持续稳健的农业保险助力现代农业发展。

三、着力防控资产泡沫，维护资产市场的平稳有序

从目前的情况看，在取得了举世瞩目成就的同时，我国经济运行也面临着突出矛盾和问题，既体现在实体经济的结构性失衡上，又集中在资产市场和金融领域的风险上。中央指出，要把防控金融风险放到更加重要的位置，下决心处置一批风险点，着力防控资产泡沫，提高和改进监管能力，确保不发生系统性金融风险。这样，对资产泡沫的防控和资产市场的管理就成为 2017 年经济工作的另一个重要主题。

（一）严格控制房地产市场的投资性需求，促进房地产市场平稳健康发展

房地产市场已经成为中国第一大资产市场。按照"国家资产负债表"进行评估，匡算的存量房地产市场的规模约是存量生产设备总净值的 4 倍左右，按 3％的收益率进行估算，每年要拿出 15％左右的 GDP 用以支付存量房地产市场的收益需求（存量房地产不创造 GDP，但却要分享增加值）。从宏观上看，房地产市场已不能再作为投资品，以谋求价格溢价和作为资产市场的重要交易对象了，否则将导致资源的严重错配、风险的快速累积和实体经济的大量挤出。目前，对待房地产市场应坚持一个原则、两个理念和多策并举。

一个原则就是"房子是用来住的，不是用来炒的"。即，房子是有用的、有益的，房地产行业仍是国民经济的重要构成行业，要随着中国经济的增长和城镇化的发展，而不断提升房子的质量和数量。但房子本身不能再作为资金炒作的对象，房子的居住性功能成为首要属性，并应围绕这一属性展开政策管理和市场引导。如在宏观上，要管住货币的投放规模和成本；在微观上，要支持合理自住购房的信贷需求，并严格限制信贷流向投资投机性购房。

两个理念就是"既抑制房地产泡沫，又防止出现大起大落"，这也是稳中求进的方法论在房地产领域的重要体现。"抑制房地产泡沫"不是挤爆泡沫，是阻止泡沫的进一步扩大，并逐步有序地做实房地产价值和理顺比价体系关系；而更进一步看，抑制的是房地产泡沫，而不是抑制房地产，要维护房地产行业发展的基本稳定，合理引导供给结构和转型模式，并保障行业发展的正常贷款和资金需求。"防止出现大起大落"的落点是房地产行业，而不是房地产价格。即防止的是房地产行业和供给与需求的大起大落，而不是要将房地产价格稳定在什么水平，甚至是只升不降。从我国目前的情况来看，我国还有 20 个百分点的城镇化空间，涉及 2.6 亿人口，同时还有 1.8 亿人口的外来务工人员需要到城市里安居和生活，房地产价格与房地产市场之间存在正常的供求关系。因此，房地产行业存在良好的发展空间和出清条件，以涨价的方式激发投资性需求并不是"去库存"的唯一办法，甚至不是一个可持续的好办法。国务院强调，"让广大人民群众在住有所居中创造新生活"，就是将两个平衡的关系融合后的一种理性愿景。

多策并举则是强调当前房地产市场问题的复杂性。既要防风险,又要保平稳,还要去杠杆,并通过资产形态转化支持实体经济,绝非一项政策或一个措施能够应对的,必须多管齐下,协同有序,进退有度才能达成目标。首先,要将防风险放在第一位,全力推进房地产市场去库存。国务院指出,"目前三四线城市房地产库存仍然较多,要支持居民自住和进城人员购房需求",也即要转变去库存的理念,真正把房地产库存的减少与市场风险的化解统一起来,坚持住房的居住属性,落实地方政府主体责任,加快建立和完善促进房地产市场平稳健康发展的长效机制。其次,要将去杠杆置于核心位置,创新房地产市场的组织模式和房地产企业的经营方式。积极推动房地产企业回归房地产开发服务商的本职,调整公司结构,将投融资环节进行独立和剥离,从高负债、高杠杆的重资产经营模式转变为重服务、重管理的轻资产经营模式,与房地产信托投资基金等外部股权、债权投资者协作开展房地产开发活动。再次,要将保平稳确定为房地产市场调控的基础要求,重点是推进房地产的分类调控。在具体安排上,要落实人地挂钩政策,根据人口流动情况分配建设用地指标;要落实地方政府主体责任,房价上涨压力大的城市要合理增加土地供应,提高住宅用地比例,盘活城市闲置和低效用地;特大城市要加快疏解部分城市功能,带动周边中小城市发展。国务院明确指出,分类调控的核心是"以市场为主满足多层次需求,以政府为主提供基本保障"。最后,要将通过资产形态转化支持实体经济发展作为化解房地产泡沫的根本途径。根据房地产市场的运行情况,大力实施资产证券化,将存量房地产转化为流量投资,并进行投资引导;大力推进融资信托化,避免房地产企业的高杠杆风险并推进房地产有形形态和价值形态的分离,使房地产投资和投资房地产变成两个概念,以收益属性重构市场投资格局;深入推行投资基金化,将收益分享水平作为基金投资的第一指标,从而将房地产市场沉淀的资金引入实体经济,支持设备更新改造、创新驱动投入和企业转型发展。

(二)坚持汇率市场化改革方向,正确认识汇率风险,保持人民币汇率在合理均衡的水平上基本稳定

人民币汇率问题在抑制资产泡沫和保持宏观经济平稳运行中越来越成为一个核心问题。从本质上看,汇率就是用另外一种货币所标示的本币价值,这与用商品来标示货币价值、用收益率来标示货币价值具有内在的一致性,即汇率是货币价值的重要表现形式,并与货币的购买力水平(购买力平价)和收益率水平(利率平价)有着直接联系。由于货币价值既是资产领域的核心问题,又是生产层面的定价基础,所以汇率问题也深入地影响到我国资产市场平稳运行和生产体系的良好运转。

我国当前面临着较为复杂的人民币汇率形势。一方面,美元新一轮加息几成定局,作为全球储备货币必然对我国作为贸易和投资大国的汇率产生影响;另一方面,人民币汇率政策也处于改革和完善之中,货币供应方式的创新和"一篮子"货币参照系的构建都将在汇率运行上导致新的矛盾和风险。当前,汇率政策应从汇率水平、波动区间和人民币的国际支付地位三个方面进行有效的调控和管理。国务院指出,"要

坚持汇率市场化改革方向,保持人民币在全球货币体系中的稳定地位"。

在汇率水平上,要保持人民币在合理均衡的水平上基本稳定。这一目标包括了三个方面的具体要求:一是要建立人民币均衡汇率水平的评价机制,为人民币汇率管理提供较为清晰的目标;二是要完善"一篮子"货币的构成币种和权重体系,为人民币汇率运行提供较稳定的"货币锚";三是确定汇率"适度"的概念和导向方向,是国际收支平衡、国内资产平稳、出口有效激励等,供市场主体自发调整和形成合力。国务院对上述要求均有回应,如强调要"推进国际贸易和投资自由化、便利化""国际收支基本平衡",就是将贸易和投资对汇率的要求纳入"均衡"的评价框架,并对"适度"确定了国际收支基本平衡的内核。

在波动区间上,要适当增加汇率弹性,坚持汇率市场化的改革方向。允许人民币汇率的波动幅度适当加大,并实现以合理均衡汇率为中心,以管理浮动改革为方向的人民币汇率区间调控和市场定价。央行表示,2017 年,随着中国经济企稳健康,国际上对中国经济有信心,汇率市场化改革将获得良好的环境和条件,"汇率自动会有稳定趋势,政策没有大变化,监管会更加精细,汇率是不断变化的,谁也不能准确预期,正常的汇率波动是常态的"。

在人民币的国际支付地位上要保持稳定。人民币国际支付地位的稳定要满足充足性、稳定性和流动性的要求。充足性即世界市场上拥有较多的人民币计价的资产头寸和货币数量;稳定性即人民币在国际金融市场上的利率水平和借贷成本应处于适度稳定区间;流动性则要求人民币在金融市场上提供较为丰富的交易手段、避险工具和衍生产品,并提供面向市场的国际清算和再投资等服务。国务院在"保持人民币在全球货币体系中的稳定地位"前加上了汇率市场化的要求,是对开放经济环境下,坚持充足、稳定和流动的要求,人民币汇率管理和国际支付能力全面提升。

四、以适度扩大总需求为目标,优化供给侧改革环境,确保经济运行在合理区间

供给侧结构性改革是 2017 年的经济工作主线,是解决经济"L"形底部运行阶段主要矛盾的关键措施,也是落实稳中求进方法论的重要改革平台和载体。供给侧结构性改革最终目的是满足需求,主攻方向是提高供给质量,根本途径是深化改革。最终目的是满足需求,就是要深入研究市场变化,理解现实需求和潜在需求,在解放和发展社会生产力中更好满足人民日益增长的物质文化需要。国务院指出,要"适度扩大总需求并提高有效性""使供给侧改革和需求侧管理相辅相成、相得益彰"。

(一)进一步释放国内需求潜力,增强内需对经济增长的持久拉动作用

我国内需潜力巨大,扩内需既有必要也有可能,关键是找准发力点。要围绕改善民生来扩大消费,着眼补短板、增后劲来增加投资,使扩内需更加有效、更可持续。在

工作着力点上要重视推动供给结构和需求结构相适应、消费升级和有效投资相促进、区域城乡发展相协调,增强内需对经济增长的持久拉动作用。

以消费作为第一支撑,促进消费稳定增长。消费是我国2016年经济增长的第一支撑力,今年要适应消费需求变化,完善政策措施,改善消费环境。从政策施力的抓手来看,应以服务消费和产品消费作为两个重点。国务院要求:一要加快发展服务消费。开展新一轮服务业综合改革试点,支持社会力量提供教育、养老、医疗等服务。推动服务业模式创新和跨界融合,发展医养结合、文化创意等新兴消费。完善旅游设施和服务,大力发展乡村、休闲、全域旅游。扩大数字家庭、在线教育等信息消费。促进电商、快递进社区进农村,推动实体店销售和网购融合发展;二要增加高品质产品消费。引导企业增品种、提品质、创品牌,扩大内外销产品"同线、同标、同质"实施范围,更好地满足消费升级需求。

以投资作为最关键因子,积极扩大有效投资。投资是流量的概念,也是导致经济波动的最活跃因素,必须进行有效引导,深入化解影响投资特别是生产性投资的体制机制,支持资金更多投向补短板、调结构、促创新、惠民生的领域。国务院指出,2017年要完成铁路建设投资8 000亿元、公路水运投资1.8万亿元,再开工15项重大水利工程,继续加强轨道交通、民用航空、电信基础设施等重大项目建设;中央预算内投资安排5 076亿元;落实和完善促进民间投资的政策措施。并在深化政府和社会资本合作中明确要求,要完善相关价格、税费等优惠政策,强调"政府要带头讲诚信,绝不能随意改变约定,绝不能'新官不理旧账'"。

以协调发展作为基本理念,优化区域发展格局。区域协调和发展联动是我国协调发展的核心要求。国务院指出,要"统筹推进三大战略和'四大板块'发展,实施好相关规划,研究制定新举措";要"推动国家级新区、开发区、产业园区等创新发展";要"支持资源枯竭、生态严重退化等地区经济转型发展"。此外,还应拓展区域发展的理念,将空域和海域资源的优化配置纳入其中,优化空域资源使用,推进海洋经济示范区建设。

提升质量标准,扩展基本内涵,扎实推进新型城镇化。国务院要求,要"深化户籍制度改革,今年实现进城落户1 300万人以上,加快居住证制度全覆盖";要"支持中小城市和特色小城镇发展,推动一批具备条件的县和特大镇有序设市,发挥城市群辐射带动作用";要"推进建筑业改革发展,提高设计水平和工程质量";要"统筹城市地上、地下建设,再开工建设城市地下综合管廊2 000千米以上,启动消除城区重点易涝区段3年行动,推进海绵城市建设,使城市既有'面子'、更有'里子'"。

(二)积极主动扩大对外开放,加快构建开放型经济新体制

面对国际环境新变化和国内发展新要求,要进一步完善对外开放战略布局,以"一带一路"、对外贸易、吸引外资和多边经贸合作为重点,推动更深层次、更高水平的对外开放。

高质量办好"一带一路"国际合作高峰论坛,扎实推进"一带一路"建设。以"五

通"的框架为基础,根据今年世情和国情的变化,国务院要求,"一带一路"要"坚持共商共建共享,加快陆上经济走廊和海上合作支点建设,构建沿线大通关合作机制""深化国际产能合作,带动我国装备、技术、标准、服务走出去,实现优势互补""加强教育、文化、旅游等领域交流合作"。

以促进贸易平衡发展和国内产业加快升级为目标,推进外贸继续回稳向好。国务院指出,对外贸易要"落实和完善进出口政策,推动优进优出""扩大出口信用保险覆盖面,对成套设备出口融资应保尽保"支持服务贸易发展和水平提升,"设立服务贸易创新发展引导基金""支持市场采购贸易、外贸综合服务企业发展""加快外贸转型升级示范基地建设""促进加工贸易向产业链中高端延伸、向中西部地区梯度转移""推广国际贸易'单一窗口',增加先进技术、设备和关键零部件进口,实现全国通关一体化"。

以"最富吸引力的外商投资目的地"为目标,大力优化外商投资环境。重点是进一步落实好国民待遇原则,并有效学习国外先进做法和经验,尝试应用"准入前国民待遇"等新理念。国务院要求,要"修订外商投资产业指导目录,进一步放宽服务业、制造业、采矿业外资准入""支持外商投资企业在国内上市、发债,允许参与国家科技计划项目""在资质许可、标准制定、政府采购、享受《中国制造 2025》政策等方面,对内外资企业一视同仁""地方政府可在法定权限范围内,制定出台招商引资优惠政策""高标准高水平建设 11 个自贸试验区,全面推广成熟经验"。并在中国开放的大门越开越大的情况下,实现引导对外投资健康规范发展,提升风险防范能力。

坚持"负责任的国家"的定位,推进国际贸易和投资自由化便利化。经济全球化符合世界各国的根本利益,中国将坚定不移推动全球经济合作,维护多边贸易体制主渠道地位,积极参与多边贸易谈判。国务院指出,"我们愿与有关国家一道,推动中国—东盟自贸区升级议定书全面生效实施,早日结束区域全面经济伙伴关系协定谈判,推进亚太自贸区建设,继续与有关国家和地区商谈投资贸易协定"。

第五章　聚合力：中国经济下行因素与上行因素"对冲"

根据第三章和第四章的分析,我国现在面临着巨大的发展机遇,也面临着较大的运行风险,需要保持战略定力,坚持底线思维,持续推进经济体制改革,以改革来形成新的动力,以新的市场主体来形成新的动能,从而"对冲"下行因素,"强化"上行因素,实现中国经济的持续健康发展。

一、中国经济的下行因素

我国经济的下行因素主要包括要素层面、制度层面、技术层面和组织层面的多个因素,具体阐述如下。

(一)劳动红利的减弱与"刘易斯拐点"的临界

中国在各种国际场合大力呼吁,要求允许生产要素在国际上有更大的自由流动的便利,这自然十分正确,也击中全球化面临的一个要害问题。只是推动所有要素在国际上自由流动,却并非一朝一夕所能实现。就拿非熟练劳动力来说,所面对的语言、文化、宗教和政治信仰等的障碍在短期内就是难以克服的。所以,主流自由贸易理论也只能退一步,提倡欠发达国家通过输出劳动密集型产品,以变相输出劳动力的形式,借助世界市场消化本国的过剩劳动力。然而,对发达国家的非熟练劳动力来说,他们原来的生产岗位必然因大量流入的廉价的劳动密集型产品而消失,除非他们能够获得新的、收入更高的工作。

美国的收入差别并不表现在城乡之间,而在地区和阶层之间,即在东、西两岸和广大内地之间,以及蓝领和白领之间。与美国不同的是,中国的收入分配问题却主要表现在城乡之间。两者的收入差距仍在恶化之中。据曹光四和张启良的研究,虽然城乡收入比近年来有所下降,但城乡收入的绝对差实际上仍在扩大,"自 2008 年突破 1 万元后,到 2013 年,这一差距扩大到 1.8 万元"。2015 年,这一数字已扩大到 1.977 3 万元,差 3 元就是 2 万元。这一切发生在政府近年来加大了支农力度之后。

除了城乡收入差持续恶化外,根据陈锡文的研究,中国农业本身还面临以下四大难题:首先,日益丧失国际竞争力,表现在农产品的价格普遍高于国际价格,进口日增;其次,农产品的生产成本普遍高于国际水平,农业生产率的提高十分缓慢;再次,农业越来越依赖于政府的财政补助才能生存;最后,生态环境恶化,农业对资源环境的压力越来越大。

现在农业在 GDP 中的比重已经下降为不到 10%,但是农村人口还占总人口的 44%。如果加上持有农村户口的 26 000 万进城打工的农民工,约占总人口的 20%,则农村户口在总人口中的比重仍占了 60% 以上。由此可见,报道中提到的高达 56% 的城市化率其实是有很大水分的。更为严峻的是,近年来农民进城打工的人数锐减。这本来是城市化的最主要人口来源,也是中国借以避免"中等收入陷阱"的主要途径。农民工进城速度的减缓乃至停顿,则农村人口占总人口的比重就难以下降,使中国陷于"中等收入陷阱"的概率大为提高。

很明显,城市化本来应该成为农村人口上升到中产阶级的最主要通道,但现在却在一定制度上成了城市自我现代化。农业是国民经济的基础。农业发达,才能支撑其他一切产业的持久发育和成长。但是,在中国制造业一跃而为世界第一、城市的日新月异的繁华美景得到世界赞叹的今天,农业、农村和农民却未实现同步发展,失去内在活力。那么原因何在呢?

在回答这个问题之前,回顾一下关于"刘易斯拐点"的争论很有意思。学界从 2003 年起,针对城市工资不断上涨,开始讨论中国是否已经抵达了"刘易斯拐点"。以蔡昉为代表的学者认为中国已经抵达"刘易斯拐点"。城市的工资确实在不断上升 (蔡昉,2010),流入城市的农民工也在急剧地减少(李铁,2016),从这些表象看,中国似乎确实抵达了刘易斯拐点。

但是,本书却认为,这种提法仍需商榷。"刘易斯第一拐点"的抵达,意味着边际产品为零的农村劳动力彻底消失。而"刘易斯第二拐点"的抵达,意味着农村劳动生产率和他们的人均收入应该和城市拉平。如果真是这样,农业应该具有国际竞争力,农村应该融入了市场经济,实现了现代化。令人遗憾的是,从包产到户在 1978 年的重新出现算起,将近 40 年过去了,由"刘易斯拐点"的抵达所预言的城乡一体化的美好愿景并没有出现。农村主要剩下的是老、弱、病、残、妇的人口,中国家庭农业的规模仍然过于细碎,农业日益失去国际竞争力,而城乡收入差仍在继续扩大之中。显然,即使说中国抵达了"刘易斯拐点",但抵达的路径十分不同于刘易斯所设想的收敛道路。中国的农业发展为何会产生与刘易斯的本意十分不同的结果呢?

从"刘易斯拐点"的原意来看,如果中国已经抵达"刘易斯第一拐点",则中国农村的剩余劳动力应该完全吸收殆尽。这意味着农村的人口不应该主要由老、弱、病、残、妇组成,而应该留下以青壮年农民为骨干的农业生产主力。没有竞争能力的农村劳动力应最先被淘汰,最先进城就业。这显然与事实不符。如果中国抵达的是"刘易斯第二拐点",则农村人口应该大量减少,农村的人均务农纯收入应该和城市的非熟练劳动的人均收入接近。这显然也与事实不符。从农场的规模和效率来说,不管抵达的是"刘易斯第一拐点"还是"第二拐点",农场的土地经营规模平均来说应该越来越大,劳动效率应该越来越高。这些农场应该逐渐成为中国农业生产的骨干,并具有国际竞争力。这显然也和事实不符。

我国所面临的劳动要素形势事实上要比一般意义上的"刘易斯拐点"压力更大,矛盾更复杂,风险也更加集中。劳动要素的集中与分布上的扭曲成为我国经济下行因素的重要表现之一。

(二)大宗原材料定价权的缺失

我国是世界最大的大宗商品贸易国,大宗商品贸易的影响日益凸显,而在复杂多样的因素中,大宗商品价格最为重要,对提高商品贸易效率具有决定性作用。因此,大宗商品定价权成为商品贸易的焦点问题。

1. 进口定价权方面——以铁矿石为例

从总量而言,我国是典型的铁矿石消费大国,但由于资源和技术等方面因素的制约,我国的铁矿石进口量多年来持续高位增长,而且进口源相当单调。"仅澳大利亚的力拓、必和必拓及巴西的淡水河谷 3 家公司,就占到我国铁矿石年进口量的 70% 以上,导致我国铁矿石进口价高于国际价格,其中 2006 年和 2008 年,就分别高出 9.84 美元/吨、11.8 美元/吨。"从我国铁矿石进口价格纵向波动看,从而可以看出,2001—2012 年,我国铁矿石进口价格总体呈上涨趋势。更值得注意的是,2012 年铁矿石的进口价格是 2001 年的 4.7 倍,即使由于诸多因素的影响,在 2009 年出现新低点,但接下来仍然出现新一轮的快速上涨。

2010 年以来,我国铁矿石进口价格的迅速增长,是与很多方面紧密关联的,当年开始执行的新的铁矿石定价机制是主要原因。因为随着铁矿石定价机制的实质瓦解,季度定价机制最终取代年度定价机制。季度定价机制表面上改变的是原有一年一度的谈判模式,但起关键作用的是引入并采用指数定价,这意味着每季度价格的确定要以上季度价格指数作为基础。该机制实施以来,更加灵活的短周期定价方式赋予了铁矿石供应商在价格谈判中更多优势,必定会引起价格上涨。因此,铁矿石季度定价机制的实施,是我国铁矿石定价权缺失的延续,同时又是加剧铁矿石定价权缺失的重要原因。

经上述分析可以得出:我国并没有因为铁矿石需求量巨大而获得必需的定价权,恰恰相反,定价权缺失对相关贸易的影响,使得我国在铁矿石需求与供给间的缺口日益扩大,再加之新定价规则引起的频繁价格波动,维持我国铁矿石企业发展稳定面临重重困难。当然,铁矿石定价权的缺失只是其中一方面,若是从更广层面看,在其他大宗商品的进口贸易中,我国定价权缺失的问题同样存在。如能源产品方面,2013 年,我国原油进口量是 2.8 亿吨,对外依存度高达 57.39%。与巨大进口和高依存度并存的是我国进口原油的惯性涨价,且其价格高于同等条件下的国际均价。农副产品方面,在诸如大豆、玉米、小麦、稻谷等的进口贸易中,我国定价权的缺失也不容忽视。

2. 出口定价权方面——以焦炭为例

仅分析大宗商品进口定价权缺失欠缺说服力,因为铁矿石等大宗商品的国外出口方拥有资源优势,因而在该方面的话语主导权较大,进而也就拥有较大的商品定价权。大宗商品出口方面,我国作为相关资源的拥有方,获得定价权乃是必然,然而事实如何呢?

出于样本典型性的考量,本书以焦炭出口为例进行分析。众所周知,我国的焦炭资源非常丰富,每年产量几乎占世界总产量的一半,是世界焦炭出口第一大国。但是,我国却未从焦炭的大量出口中获得可观的利益,造成这一困境的表层原因是出口价格波动。2006 年以前,我国焦炭出口价格持续下行,由于全球钢铁产量增长对焦炭产业的拉动,2007—2008 年,我国焦炭出口价格有所抬升,2008 年开始呈现回落或平缓增长的态势。

其实,我国焦炭出口困境仅是表征而已,根源在于未掌握焦炭的出口定价权。在现行全球生产和贸易体系下,我国仍然是资源供应者,焦炭出口方面更是如此。因此,焦炭出口价格受制于国际市场,无法拥有相应的定价权,实属不得已而被迫接受的结果。当然,我国焦炭生产无序所引起的产量"过剩",更加剧了出口定价权的缺失,实质上抵消了原本量上的优势。总而言之,定价权缺失在我国大宗商品出口领域较普遍,诸如稀土、钢铁、天然气等出口,我国也都未能掌握相应的定价权,因此,便宜不仅是贴"Made in China"标签商品的价格特征,亦是几乎所有中国出口大宗商品的价格特点。

3. 我国大宗商品定价权缺失的原因

大宗商品定价权的缺失,使"贵买"和"贱卖"成为我国相关国际贸易的常态,这无疑不利于我国经济的发展,同时也彰显出争取大宗商品定价权的紧迫性。我国大宗商品定价权缺失的原因是多样的,出于解决发展问题的目的,应侧重分析国内问题。

第一,整体规划不健全。随着社会主义市场经济的发展,我国大宗商品市场逐步健全,但相较于社会全面改革向更深层次的推进,我国大宗商品市场的改革也日显必要。整体规划力度不足、效率和可执行性偏低等是我国大宗商品定价权缺失在制度层面的原因。具体而言,我国应该拥有怎样的大宗商品定价权、怎样获得定价权乃至如何发挥定价权的效力等问题,在最初的层面便缺乏相应的制度设计和整体规划。这除了造成大宗商品贸易现实运行的无序外,还导致了相关改革动力不足、方向不明。如果这种状况不能得到足够改善,那么所谓的争取大宗商品定价权将始终是空谈。因此,要解决我国大宗商品定价权缺失的问题,首先必须从优化整体规划入手,这是解决问题的基础。

第二,期货市场不够发达。一方面,就国际市场实际运行而言,大宗商品价格一般以期货市场价格为其基准,一旦拥有对期货市场价格的控制力,那么很容易获得大宗商品的定价权。而正是在期货市场这个具有前提意义的存在物上,我国呈现出某种先天不足,即与西方发达经济体相比较,我国期货市场还有很大的完善空间,甚至不少大宗商品都还未进入期货市场。另一方面,由于国内期货市场尚不健全,对一般企业来说,大宗商品贸易利用国外期货市场,其门槛之高难以想象,甚至没有可能。不完善的国内期货市场和难以利用的国外期货市场,导致我国大宗商品的进出口需求极易被国外投资力量利用,最终只能被动地接受国际价格。

第三，大宗商品联盟缺位。随着全球经济竞争的加剧，为确保进出口贸易收益最大化和风险最小化，建立健全商品联盟显得尤为重要。就我国进出口贸易现状而言，相关联盟还处于起步阶段，亟须建立健全大宗商品联盟。如上述分析指出的，我国焦炭出口定价权的缺失，其原因之一就在于国内企业生产无序，进而导致协调不足，因此加强协调迫在眉睫。就世界范围内的经验来看，协调功能的最佳载体就是商品联盟。大宗商品联盟缺位，在我国稀土出口方面表现得更为典型，相关企业短视且无序的行为，使稀土出口价格被严重压低，即使作为主管部门的商务部出面协调，也会被视为带有政府干预色彩的垄断行为。如果有健全的商品联盟进行有效协调，出现这种困境的概率将大为降低。

第四，资源利用未能最优。随着经济社会的发展，我国在高科技领域不断取得重大突破，为社会再进步提供了有力支撑。不容否认的是，我国科技在各领域发展不平衡现象严重，落后的科技不仅影响相关领域发展，而且还会带来非良性的链式反应。以我国稀土资源为例，即便我国稀土资源储量世界领先，每年的开采规模也相当可观，但由于我国的稀土应用技术相对落后于美国、日本等国家，而且其中的差距还比较大，因此，我国的稀土主要还是应用于传统领域，其综合利用率偏低，这又反过来导致我国稀土新材料及其高端应用技术研发动力日益不足，资金投入难以保障，最终形成负价值循环。基于稀土资源利用不能实现最优，加之追逐利益的驱动，大量出口稀土显得更为现实，最终我国只能充当原材料的供应者或初级商品生产者。

综上所述，宏观层面的思路不明晰和规划不力，微观层面期货市场、大宗商品联盟等不完善和资源利用效率偏低，是导致我国大宗商品定价权缺失原因的重要方面。

（三）国内经济增长的资源瓶颈

尽管我国是世界上著名的资源大国，但受到强大的生产能力和社会消费需求的影响，国内经济增长的资源瓶颈也在不断扩展领域和加大难度。其主要表现在油气和水两个方面。

1. 油气资源瓶颈

我国从1993年开始成为石油净进口国，1996年成为原油净进口国，对外依存度迅速提高。预计"十二五"期间，我国经济仍将保持较快增长，预测2020年我国的石油需求总量将增至5.5亿～5.8亿吨，而同期国内原油产量估计只有2.2亿～2.3亿吨，因此届时我国石油的对外依存度将升至60%以上。

"十三五"期间，我国天然气消费量还将以更大的幅度增长，2020年，全国天然气消费量将有可能达到4 000亿立方米左右，其间年均增幅高达18.4%。但国内天然气产量以"十三五"期间的增长按年均增长100亿立方米计算，届时最多仅能达到2 200亿～2 400亿立方米，因此，我国天然气的对外依存度有可能达到42.5%。

由此看来，"十三五"期间我国油气资源的瓶颈制约程度将进一步加大和加重，因此在"十三五"规划制定中必须对此有充分的考虑和必要的应对之策，以确保产业的顺利平稳发展和国家能源安全。需要特别指出的是，"十三五"期间国际油价的年均价预计将保持在 40～60 美元/桶的高位波动。这对于石油对外依存度届时高达 60％以上的我国石油石化业将会带来更大的风险和挑战。同样,对届时对外依存度达到 42.5％左右的我国天然气行业也将会带来一定的考验。

2. 水资源瓶颈

我国地域比较辽阔,横跨亚欧大陆,纵跨高中低 3 个纬度,季风气候明显,各地区间的气候不同。目前,我国水资源的人均占有量较少,时空分布也非常不均匀,水资源与土地资源的不匹配情况十分严重。气候的改变对水资源的影响也是十分大。我国的北方经常出现干旱而南方经常发生洪涝灾害,形成"北旱南涝"的局面。我国大部分河流径流量主要取决于降水的季节分配情况。冬季我国大部分的地区降水量少,河水枯竭,春季随着气温的逐渐升高,降水量逐渐增多,径流量增大。随着用水量的增加,用水效率有着很大程度的提高,但是与发达国家相比,我国还是有着明显的差距。

第一,水资源管理水平相对落后。无论是工业用水还是农业灌溉用水都存在巨大的浪费现象。我国是农业大国,受到近几年来的气候影响,农业用水量也在逐年地增加。但是,我国农业用水的方法比较落后,采用的都是漫灌的形式,这就在灌溉过程中避免不了水分的大量蒸发,所以相对发达国家而言差距十分巨大。

第二,国家体制与政策方面存在的弊端。水资源的国家体制当中主要有两个弊端,就是我国的水资源分布比较广泛,所以管理也相对分散,没有形成一个完整的水资源管理调配体系;我国的水资源管理并没有建设出一个以经济效益为核心的管理体制,也没有结合实际的国家情况作出政策上的支持。所以水资源的浪费情况比较严重。

第三,没有完善的市场管理模式。水是一种自然资源,但是也具有实用的价值。经过加工处理后被利用的水更是成为一种商品。所以水的应用也应该遵守价值的定律,遵循市场管理的模式。供水的成本也是很大的,水资源的勘探、开采、加工处理、运输等都是需要大量的资金作为支撑的,由于水作为商品在市场上进行销售,所以供水企业也需要缴纳相应的管理费用和税金。就目前的情况来看,我国的水价相较于其他国家而言还是相对较低的,所以税收和投资也会受到一定程度的影响。我国政府虽然已经对水价作出了多次的调整,但是仍然没有出台完善的市场管理体系。

第四,水资源污染严重。目前,随着我国工业水平的不断提高,水资源的污染情况越来越严重,污水处理的问题越来越突出,在污水排放的数据显示中,工业废水占据的比例最大,生活污水也不容小觑,剩余的污水没有经过系统的处理就直接排放到河水或者是海水中,造成水质的污染,经过水体的循环之后,对人体健康也会造成一定程度的影响。从近几年的情况来看,水资源污染的程度越来越大,对于生态环境的破坏力也越来越大,造成了我国经济的巨大损失。

第五,地下水的开采缺乏统一的规划。近几年来,我国城市化建设步伐逐渐加快,农村人口大量向城市迁移,城市用水量骤然增多。但是由于水体污染的严重,地表水体并不能应用于人们的饮用,所以地下水的开采逐渐地开始进行,但由于大量地下水的开采没有统一地进行，导致地层出现沉陷，水利工程的防洪能力受到严重的影响，威胁到了我国人民的生命财产安全。

（四）环境评价、环境审批的标准明显提升

受到雾霾现象频发、土壤和大气污染不断加剧的影响，我国不断提高环境标准水平，加大环境审批力度，坚持环境标准对投资和产业发展的决定性作用。这些安排不可避免地将加大企业的经营成本和投资要求，本书以京津冀地区的环境情况进行环境标准的管理和测定的阐述。

1. 京津冀地区环境概况

京津冀地区位于中国环渤海心脏地带，是北方经济规模最大、最具活力的地区。2014年，京津冀地区总面积22.69万平方千米，常住人口1.11亿，生产总值6.65万亿元。京津冀地区是全国大气污染、水污染最严重，水资源最短缺，资源环境与发展矛盾最为尖锐的地区，也是当前及未来京津冀协同发展面临的最大挑战。从大气污染状况来看，近年来京津冀地区大气污染问题十分严重，已全面亮起"红灯"，尤其是PM2.5污染已成为当地人民群众的"心肺之患"。2011—2014年，京津冀地区二氧化硫（SO_2）、一氧化氮（NO）的排放得到一定的控制，烟粉尘排放量先降后升（2014年大幅上升）。SO_2排放来源主要为工业源，其次是生活源，集中式源排放比例很少。NO排放来源主要为工业源和机动车尾气，2014年，工业排放占65%左右，机动车排放占32%左右，生活源和集中式源排放较少。烟粉尘排放来源以工业排放为主。从水污染状况来看，京津冀地区水安全问题非常突出，形势越来越严峻。2014年，京津冀水资源总量约占全国0.51%，化学需氧量（COD）排放量约占全国7.2%，氨氮排放量约占全国6.1%，劣Ⅴ类断面约占全国14.2%。从水污染物不同排放源来看，2014年，京津冀地区农业和生活源的COD和氨氮排放量之和分别约占排放总量的86.8%和87.8%，工业源COD和氨氮排放量占比分别约为12.3%和11.4%，且集中式排放占比较低。显然，农业和生活排放源已成为京津冀地区水污染排放的主要来源。

2. 京津冀大气环境承载力评价分析

第一，大气环境承载力综合评价结果。根据大气环境承载力评价方法，对2014年京津冀地区的13个地市、203个区县的6种大气污染物浓度超标指数进行计算，并以此表征大气环境承载力。京津冀地区大气污染形势整体较为严峻，从北向南超载逐步加重，如张家口个别区县为临界超载，而河北南部保定、石家庄、衡水、邢台、邯郸等市的大部分区县处于重度超载状态。

评价结果表明，京津冀地区203个区县中的201个区县大气环境均为超载状态，只有两个县为临界超载。河北省大多数区县的大气环境综合超标指数都在1.00～3.00之间，处于中度或重度超载状态。大气环境综合超载最严重的区县为保定的安国市，超标指数为3.49；保定市的清苑县、容城县、徐水县、定兴县、暴县、博野县、望都县大气环境超载也很严重，其超标指数均在3.20以上，列河北省倒数前10位；其

他倒数前10位的还有邢台市的隆尧县、邯郸市的峰峰矿区。张家口市、承德市各区县大气环境在河北省相对较好，但是多数也处于轻度超载状态。张家口的康保县、崇礼县超标指数分别为0.00和−0.17，系临界超载；张家口市桥东区、桥西区、张北县、沽源县、怀安县、赤城县，承德市围场满族蒙古族自治县以及张家口市尚义县为轻度超载，列河北省大气综合承载形势较好的前10位。北京市、天津市各区县的大气环境也都属超载状态，程度介于河北省的张家口市、承德市和其他地区之间。其中，除通州区的超标指数为2.03外，其余区县的指数在1.00～2.00之间，处于中度超载状态。

第二，单项指标大气环境承载力评价结果。对于京津冀地区，导致其大部分城市大气污染物浓度超标严重的单项指标为颗粒物，其中PM2.5为首要影响因素。对于PM2.5和PM10两项指标，98％的区县超载，仅张家口市的崇礼县不超载，其分布规律与综合评价结果接近。对于NO指标，72％的区县超载，主要分布在石家庄、唐山、保定、邢台等南部城市，以及北京、天津等人口较为集中、机动车保有量较高的超大城市。O_3超载区县也较多，达到85％，主要分布于北京、天津、唐山、廊坊、保定等城市。SO_2形势相对较好，66％的区县不超载或临界超载，不超载区县主要集中在张家口、承德、北京等北部城市；超载区县多分布于石家庄、邯郸、邢台等南部城市。CO形势也相对较好，超载区县比例相对较低，为36％，主要分布在唐山、保定、邯郸等城市。

3. 京津冀水环境承载力分析

利用水环境承载力评价方法，对京津冀地区13个地级以上城市108个区县水污染物浓度综合超标进行计算，并对相应超标状态进行判断。评价结果表明，2014年，京津冀三省(市)水环境形势十分严峻，水环境综合超标指数达到2.67。其中河北省的超标程度最为严重，其超标指数达到2.75，而北京和天津两地的超标指数分别为1.94和2.59，分别处于中度和重度超载状态。从单项污染指标的超标状况来看，京津冀三省(市)的TN、DO、NH_3-N和TP等4项指标处于超载状态，成为京津冀三地的主要水污染因子。

目前，参与评价的京津冀地区108个区县均处于超标状态。其中，沧州市的泊头市和献县、石家庄市的正定县以及保定市的涿州市超标情况最为严重，其超标指数分别为24.35、22.93、16.33和10.44；其次是保定市的清苑县、石家庄市的深泽县、秦皇岛市的抚宁县、天津市的武清区、邢台市的桥东区、衡水市的冀州区、石家庄市的赵县、保定市的高碑店市，超标指数介于5～10之间；其他也处于重度超标的区县主要集中在北京市、天津市、石家庄市、廊坊市、邢台市、沧州市、保定市和邯郸市，超标指数介于2～5之间；承德市、秦皇岛市、张家口市和唐山市的大部分区县处于轻度或中度超标状态，其超标指数介于0～1.5之间，整体水环境质量状况相对较好。其中承德市的水环境质量状况最好，在其所辖的11个区县中，滦平县、围场县、丰宁县、承德县和兴隆县等5个区县超标指数处于0.6以内，其他6个区县超标指数介于0.6～1.0之间。

（五）人口老龄化因素

统计数据显示,中国的总和生育率呈现出持续下降趋势,从 20 世纪 70 年代初的 5.81 降到了 90 年代中后期的 1.8 左右,再降到 2000 年第五次人口普查的 1.22,而 2010 年第六次人口普查的数据更是下降到了惊人的 1.18,标志着中国已经进入一个严重少子化阶段。与低生育率相连的是老年人口数量与比重的迅速上升,第六次人口普查统计数据显示,中国大陆人口中 60 岁及以上人口达到 1.78 亿,占总人口的 13.26%,比第五次人口普查上升了 3.36 个百分点。而至 2014 年年底,中国 60 岁及以上人口接近 2.12 亿,占总人口的比重进一步上升到 15.5%。据联合国 2012 年预测,中国 60 岁以上老年人口的比重将从 2010 的 13.26% 上升到 2025 年的 20%,到 2050 年将进一步上升到 35%~40%。同时,工作人口的比重(16 周岁以上,65 周岁以下)预计将从 2000 年的 65% 下降到 2025 年的 62% 和 2050 年的 53%。到 2020 年,工作人口的增长率将转为负。随着生活水平的提高与医疗技术的改善,中国人的预期寿命也迅速上升,2010 年已达到 74.83 岁,这进一步加深了人口老龄化程度与养老压力。近 10 多年来,中国超低生育率的持续和日益严重的人口老龄化趋势可能对经济增长产生的负面影响引起了政府与学界的忧虑,关于计划生育政策调整的呼声也从未停止过。在这样的背景下,为了应对持续低生育与人口老龄化的挑战,中国政府加快了生育政策调整的步伐,十八届三中全会以后放开单独家庭生育二孩,由于单独二孩政策的执行效果远低于预期,这一政策执行后不到两年的时间,中国政府又在中共十八届五中全会以后开始全面放开生育二孩。

面对人口政策的重要变化,家庭面临的预算约束与经济激励必然会发生改变,进而对家庭的储蓄、子女培养与养老决策产生影响,而家庭这个微观经济单元的决策会影响人均收入增长的路径,由此衍生出以下问题:当前政府放松计划生育政策会产生什么样的经济影响? 通过生育政策的调整使生育率达到一个什么样的区间才是对经济增长有利的? 为应对日益严峻的人口老龄化的挑战,未来政策选择的方向是什么?

由于中国的人口老龄化与过去 30 多年的独生子女政策的严格执行有着很大的关系,因此,要回答前面提出的问题,预测未来日益严重的老龄化如何影响中国的储蓄、人力资本投资与经济增长并评估生育政策调整的政策效果,显然需要通过建立适合中国国情的理论框架来进行分析与探讨。

（六）粗放式发展带来的投资效用递减

2017 年以来,在国家要求拓展经济新业态、转换发展新动能的背景下,全国多个省市开始主动调结构,转变经济增长方式。截至 7 月 20 日,已经有超过 10 个省市公布了 2017 年经济半年报。除东三省外,已公布半年报的省市分布于东中西部地区。

2017 年上半年,全国固定资产占 GDP 比重为 73.55%,但除北京和上海外,其余省(区、市)皆超过了这一平均线。同时,中西部省市的这一比重,大部分超过了 80%。这或表明投资仍然是地方拉动经济的主要手段,尤其中西部地区基建和民生补短板仍是投资重点,但从投资效果来看,投资效应呈现递减状态。

1. 中西部投资强劲,但拉动效应下降

在已公布经济半年报的省份中,固定资产投资占 GDP 的比重接近或超过 100％的省份有 5 个,分别是宁夏、四川、贵州、湖北和江西,均位于中西部地区。其中,固定资产投资占比最高的是宁夏,2017 年上半年达到了 113％。

宁夏上半年全区生产总值仅有 1 397.61 亿元,第二产业和第三产业增加值分别为 722.33 亿元和 627.24 亿元。同时,由于"脱贫""交通基建"仍是宁夏"十三五"期间的主要任务,因此,从 2017 年宁夏回族自治区政府工作报告披露的情况看,2017年其固定资产投资 10％的增速将高于 GDP 增速两个百分点。

四川固定资产投资占 GDP 的比重在 2014—2016 年一直保持在 90％以下,但2017 年上半年增高至 100％以上。对于四川省固定资产投资占比增高的现状,是由于四川省内经济发展不平衡造成的,一些地方仍需要大量资金投向基础设施建设。根据四川省交通"十三五"规划,"完善基础设施网络"被列为四川省综合交通运输发展的四大重点任务之首,同时该省综合交通基础设施建设完成投资将在"十二五"期间 8 400 亿元的基础上,增长到 10 300 亿元。

湖北和江西尽管位于中部地区,但固定资产投资占 GDP 比率同样高于 100％,就江西而言,工业投资力度加大是固定资产投资占比处于高位的关键——上半年,全省工业投资增长 14.2％,增速较一季度提高 4.1 个百分点,占全部投资的 54.9％,对全部投资增长的贡献率为 60.6％。

虽然从投资规模上看表现出规模巨大、增长快速、覆盖面广的特点,但从投资效果来看,投资对 GDP 的直接拉动效果表现为持续下降的局面。宁夏固定资产投资增速和 GDP 增速的比值提高了 2.6;四川固定资产投资增速和 GDP 增速的比值提高了 2.2;贵州固定资产投资增速和 GDP 增速的比值提高了 3.1;湖北固定资产投资增速和 GDP 增速的比值提高了 2.1;江西固定资产投资增速和 GDP 增速的比值提高了 1.7。说明投资的经济拉动效果下降,直接带动效应下滑。

2. 部分发达地区的投资驱动效应下降

在已披露半年报的省份中,位于东部地区的北京和上海的固定资产投资占 GDP的比重在 30％以下,从经济增长方式而言,第三产业已经成为 GDP 主要的贡献来源。北京和上海的产业结构,或是其他省份"拓展经济新业态,转换发展新动能"的一个对标对象。

以北京市为例,其第三产业增加值达到了 10 198.2 亿元,占该市 GDP 的比重超过了 82％。同时,上半年北京市的固定资产投资额为 3 569.7 亿元,仅占 GDP 的28.77％,第三产业中,金融、科技服务、信息服务合计的增加值达到了 4 911.3 亿元,在该市 GDP 的占比达到了 40％。

而根据上海市统计局公布的数据,2017 年上半年,第三产业增加值 9 713.77 亿元,占该市生产总值的比重达到 69.9％。

在已披露经济半年报的省份中,重庆的固定资产占比在 2017 年上半年出现了一定幅度的下降。2017年上半年,重庆市完成固定资产投资6 922.79亿元,而在2016年同期,这一数据为7 089.34亿元,从GDP占比观察,2017年上半年,重庆固定资产占GDP的比重已经由2016年年末的98.74%下降到75.71%,在剔除统计口径出现变化的背景下,这或是重庆主动调结构的成果。

如从GDP和固定资产投资的增速观察,2016年,重庆GDP增速为10.7%,固定资产投资增长12.1%。2017年,重庆却将经济社会发展主要预期目标进行了调整:在全市生产总值预期增长10%左右的情况下,固定资产投资增长下调至10%。2017年的工作重点将是"以产业接续和转型升级为主攻方向,推动产业高端发展、融合发展、创新发展,加快形成新的经济增长点"。重庆固定资产投资比率的下降,说明新动能加快蓄积,成为重庆经济发展中的新特点。如上半年,重庆高技术产业增加值增长26.3%,对工业增加值增长贡献达37.4%;战略新兴产业增加值同比增长逾两成,对工业增加值增长贡献近三成。

但值得说明的是,由于上半年受春节假期以及冬季气候影响,固定资产投资中的基建领域的实际投资力度不如下半年大,因此,2017年全年的比重形势或将有所变化。如以重庆为例,尽管2016年1~6月的比重为88.61%,最终全年增长却达到98.74%。

二、中国经济的上行因素

尽管中国经济运行中存在着一定程度的下行压力,但却拥有着支撑经济增长的良好的上行动力。从构成上来看,既有要素层面的人力资本形成加快的影响,又有创新层面的效率提升的保障,同时,市场机制的地位提升和作用巩固也是重要表现,而城镇化则为经济增长提供了长期而稳定的经济支撑。

(一)城镇化为经济增长提供了长期而稳定支持

1978年改革开放以来,中国的城镇化大致经历了三个发展阶段:第一阶段为1978—1992年,该阶段的城镇化以农村改革为起点,以全面开放为主要动力,1984年,国家出台了农民工进城务工的政策,开启了政府对劳动力流动政策的改革。城镇化率从17.9%提升至27.5%;第二阶段为1992—2002年,该阶段的城镇化发展模式是以工业化带动城镇化为起点,以城镇土地市场化为主要动力,克服了城市建设资金不足和就业容纳能力低的限制,城镇化率从27.5%上升到39.1%;第三阶段为2002—2012年,该阶段的城镇化以产业升级为基础,以政府经营土地为主要动力,多元化协调的城镇化发展模式成为指导城镇化发展的重要方针,城镇化率从39.1%上升到51.3%。

1. 我国城镇化发展的特点

中国城镇化发展至今,呈现出以下三个特点:

第一，城镇化水平依然很落后。主要表现为两个经济现象：一是我国人均 GDP 对应的城镇化率远低于世界大多数国家，只处于中游水平。发达国家城镇化率接近 85％。而人均收入与我国相近的国家城镇化率也在 60％以上。二是按照霍利斯·钱纳里的理论，一国的工业化率达到 30％时，城镇化率可以达到 40％左右；工业化率达到 40％时，城镇化率一般在 75％以上。目前我国的工业化率已经接近 40％，但城镇化率才刚刚突破 51％，同等工业化水平下，我国的城镇化率比世界平均水平低 20％左右。

第二，经济越发达的地区城镇化率普遍越高。中国城镇化率较高的省份主要是由大部分东部地区构成，尤以环渤海、长江三角洲和珠江三角洲地区显得更为突出，中部较发达的省份如黑龙江、湖北等地的城镇化率也超过了全国平均水平，西部地区由于经济发展速度慢，其城镇化水平也相对较低，仅有重庆的城镇化率超过了全国平均水平。

第三，城镇化发展速度普遍较慢。2002—2011 年，中国 31 个省市的城镇化率平均增速为 1.35％，江苏增速最快，年均增速超过 2％，而北京年均增速为 0.52％，上海仅增长 0.04％；中部地区中发展最慢的黑龙江和吉林两省，其城镇化增速也超过了全国平均水平；除了西藏和新疆之外，其西部各省的年均增速超过平均水平。

2. 城镇化对消费的提升和带动作用

"城镇化是支持中国经济可持续发展的最大潜在内需和持久增长动力"已经成为当前我国经济发展的共识。如上所述，我国城镇化率刚过 50％，远低于发达国家，差距就是潜力。今后一二十年我国城镇化率将不断提高，每年将有相当数量农村富余劳动力转移到城市，由此将带来投资和消费的快速增长。

从增加投资角度看，要推进城镇化，就必然要进行地下管网、道路交通以及居民区、工业区、医院、学校等各种基础设施的建设。据统计，未来 10 年新增城镇人口将达到 4 亿左右，按较低口径，农民工市民化以人均 10 万元的固定资产投资计算，也能够增加 40 万亿元的投资需求。可以说，一个小城镇的诞生，必然伴随着各类投资的持续投入。这些投资既能不断拉动相关产业，如钢材、玻璃、电缆、有色金属、工程机械等行业的发展，也能扩大就业，增加当地老百姓收入。

城镇化需要促进稳定投资，但并不意味着单纯地利用房地产带动城镇化。从 2012 年中央政治局会议上透露的信息来看，城镇化将成为中国经济的增长点。与此同时，会议也指出要加强房地产市场调控和住房保障工作。从高层表态和未来经济增长模式来看，城镇化趋势下，楼市调控将继续从严。

"此番城镇化不会再走以前大建新城的旧模式了，结合国家房地产调控政策，我国城镇化将不会单纯地依靠房地产，下一步城镇化重点在于着力扩大国内需求，加快培育一批拉动力强的消费新增长点，促进投资稳定增长和结构优化。"国家将继续严格控制"两高"和产能过剩行业盲目扩张。

此外，从"培育拉动力强的消费新增长点"角度看，农业转移人口的市民化，必然会刺激这些新市民在住房、汽车、家电、文化娱乐、教育、医疗、商业零售、餐饮等方面的消费需求。由于这些消费需求是综合的，而且是持续的、不断升级换代的，因此，一个小城镇的形成过程，其实就是一个"拉动力强的消费新增长点"的不断培育和诞生的过程。

城镇化助推中国经济增长，首先是拉动内需刺激消费。最近的统计数据显示，城镇化拉动的消费已成为刺激我国经济增长的重要因素。有研究表明，城市化率提高1个百分点，就会有100万到120万人口从农村到城市，由于城市人口的消费是农村的2.7倍到3倍，将最终拉动消费增长约1.6个百分点，各种累积效应产生新的经济增长源已为其他国家所证明。

2011年，我国城镇化率为51.27%，但扣除近1.6亿还没有成为真正市民的农民工，真实的城镇化率为34%～35%（即人的城镇化水平）。过去的10年间，中国城镇化进程明显加快，城镇化率每年大约提高1个百分点。按西方国家的发展经验，城镇化率超过30%时就进入了加速阶段，我国正好处于加速时期。如果以75%的城镇化率计算，意味着未来仍有40%的提升空间，也意味着将有5亿多农民进城落户；即便是按照60%的城镇化率计算，也有近3亿农民进城落户。这些进城的农民，将会带动大量投资和消费，推动产业升级、消费升级。

3. 城镇化为新兴产业应用提供土壤

中共"十八大"报告提出，要以改善需求结构、优化产业结构、促进区域协调发展、推进城镇化为重点，着力解决制约经济持续健康发展的重大结构性问题。报告把"城镇化质量明显提高"作为经济持续健康发展的关键。在城镇化的发展过程中，不仅要重视"量"的扩大，更要重视"质"的提高，要由重数量的外延式扩张到重品质的内涵式发展，建设"幸福城市""智慧城市""和谐城市"。"智慧城市"是信息化、工业化与城镇化的深度融合，有利于我国内涵型城镇化建设，有利于创造新的经济增长点，有利于推动我国发展方式转型，有利于抢占未来国际竞争制高点。

走新型城镇化道路，很重要的是培育战略性新兴产业。新一代信息技术催生第三次工业革命。城镇化和信息化的结合有望培育出诸多新型的专业信息服务业，对产业结构的调整，对新兴产业、新型业态以及新型商务模式带来巨大变革，从而又引发出对体制机制制度上的创新。近两年，中小型城市正在成为物联网、智慧城市的新概念应用的实验基地。其中尤其是以城市管理为代表，不少中小型城市打造智慧城市，应用了物联网、地理信息等多个新兴产业细分技术。

"智慧城市的建设蕴含着第三次生产力变革"，运用物联网、云计算等信息通信技术，提升城市管理和公共服务水平，这也成为新兴产业发展开辟新的增长空间。此外，远程医疗会诊正在中小城镇兴起，目前有部分县级医院与一线城市综合医院利用网络等现代科技，积极开展远程会诊、教学、示范手术等。以四川省为例，到2015年年底，四川省的市与县80%实现远程医疗，县与乡镇50%实现远程医疗。

在西部地区，四川省到2015年使战略性新兴产业总产值突破1万亿元，增加值超3 000亿元，建成国家重要的信息、软件、新能源、民航、新材料和生物高技术产业基地。在中部地区，国务院批准的《中原经济区发展规划》称，国家支持中原经济区在加快新型工业化、城镇化进程中,形成城乡经济社会发展一体化新格局,并把新型城镇化放到"三化"之首,提出加快构建大、中、小城市、小城镇、新型农村社区协调发展、互促共进的五级城镇体系。

据悉,"十二五"期间,我国"智慧城市"投资总规模有望达 5 000 亿元,其中,以物联网、云计算为代表的新一代信息技术产业销售收入年均增长 25% 以上。新兴产业发展必定迎来一轮爆发增长期。作为智慧城市建设主力军的电信运营商,目前已与超过 300 个城市达成合作实际上,并已经与多个地方达成"智慧城市"战略合作协议。例如,中国电信就已先后与约 75 个城市签署了智慧城市战略合作协议,以智慧应用为主题,全面接应行业、企业及社会信息化需求。

(二)市场配置资源的路径仍有广阔的优化空间

改革开放以来,我国市场经济建设取得了巨大的成绩,但受到制度上、体制上、思想上和经济发展水平等问题的限制,使得我国市场机制的深度、广度和刚性程度都存在一定的不足,市场配置资源仍拥有着较为广阔的空间。"十八大"以来,特别是十八届三中全会以来,全面深化改革的路线图日益完善,改革重点日益明晰,简政放权、财政改革、民企准入、混合所有制、金融市场化、房地产调控长效机制等将成为未来改革的重要突破口。完善市场配置资源和全面深化改革成为经济增长的内生动力和重要的上行因素。

1. 市场体制机制不足成为效率和质量提升的关键切入点

当前中国社会主义市场经济体制的创立已初步建立,在为经济发展带了巨大的红利、取得骄人成绩的同时也要清醒地认识到,市场经济体制仍然不健全,存在着诸多问题,如市场体系不完善,市场发育不充分,市场机制的作用尚没有完全发挥出来,市场主体诚信机制不健全,道德缺失问题严重,政府对经济干预过多等。这些问题的解决为经济效率的提高和质量提升创造了关键的切入点。

具体来说,在市场机制方面主要表现为在资源性产品方面定价机制的市场化程度不高,一部分由市场定价,而另一部分由政府定价,多种定价方式并存的现象依然存在。同时,部分基础行业和服务型价格存在严重扭曲,甚至出现了行政性垄断,使产品或服务仍然采取政府定价方式。迟延的生产要素市场同时存在着要素闲置和有效需要得不到及时供应的情况。市场秩序不规范,市场主体进入市场缺乏公平,各种壁垒层出不穷,大批行政审批手段导致合法市场主体无法进入市场;一些垄断行业甚至对民营经济加以限制,导致民营企业和国有企业无法平等使用要素资源。区域经济发展失衡,严重的地区封锁和市场割裂,引起生产要素流通不顺畅,妨碍了产品参与市场竞争,阻滞了全国统一市场的建立。地方保护主义盛行,有些地方为保护当地企业利益按有利于地方经济发展的方向设置特定的立法环节,面对外地企业和产品则滥用行政权力设置重重市场壁垒违规执法。政府部门为了追求当地经济发展,甚至不惜通过降低土地出卖价格,降低环境和资源利用标准吸引投资,造成了资源的大量浪费,加剧了当地环境的恶化。市场诚信机制还不完善,市场主体道德意识淡漠,为了获利生产假冒伪劣商品，冒用他人商品名称，低价卖给消费者，损害了其他商家的所得，同时也损害了消费者的权利，干扰了市场的有序运转。政府职能部门以权谋私，信息透明度不够，市场信息化的滞后，导致其他市场主体无法及时参与市场竞争，合法权益受到侵害。政府对微观经济加以规制，形成对市场的替代，相关领域缺少充分竞争，使市场配置资源的功能受到限制，降低了资源配置效率。

在经济发展过程中，政府改革还有待深化，长期形成的"大政府，小市场"的观念还没有完全转变过来，在处理与市场关系的过程中，政府功能和市场效能的边界还不清晰，政府定位不准，职能转变不到位，政府组织结构不合理，降低了政府在市场经济过程中的运转效率。

虽然我国初步建立了社会主义市场经济体制，重视市场机制的作用，但带有计划经济色彩的"大政府，小市场"的观念依然存在。部分政府官员这种观念的存在是对市场规律的忽视，在一定程度上背离了客观规律。政府职能和市场功能缺乏有效地界定，部分政府部门权力进驻市场，干预过多微观经济，行政审批繁琐，行业垄断问题突出。此外，还存在着政府权力直接参与市场竞争的现象，造成要素资源的利用缺乏公允，破坏了市场的竞争机制，这也给市场经济的正常运转造成干扰。政府职能在市场经济发展中定位不够准确，将过多精力放在对微观经济的干预上。政府在市场监管过程中职能履行不及时，由于对自身职能的界定不够，导致政府承担过多的责任，精力过于分散，不仅弥补市场不足这方面没有做好，而且在公共服务领域的着力点也不够，公共服务的质量有待提高。并且由于政府担负太多的社会职能，致使政府压力增加，管理难度增大，并存在一定程度的缺位风险。

2. 改革为市场资源配置效率的提高提供了动力基础

简政放权步入攻坚阶段，进一步推进需要坚定的决心。2016年，中央政府下放取消的审批事项多达416项，力度之大前所未有。但这种削减地方和部门权力的改革措施无疑要触动某些人的利益，遭到某种形式的抵制是难以避免的。一些部门或一些人因为恋栈权力，对中央政策虚与委蛇，或明放暗不放，或放次要权力保留重要权力，或一边放权一边扩权，凡此种种皆是改革路上的最大障碍，必须坚决地扫清。

财税改革牵涉更复杂的利益调整。给中小企业减负松绑需要财政支持，政府社会职能的进一步发挥也需要更大的财力保障，备受诟病的土地财政如何戒除，这些都是改革过程中面临的巨大挑战。财税改革路上每推进一小步，都可能遭到各种力量的阻挠，要排除这些阻挠，最有效的办法是进一步发扬民主力量，对政府形成更有效的监督。

发展混合所有制经济，并推动国有企业完善现代企业制度，有利于营造更加公平的竞争环境，有利于国资与民资的融合。人们对这一改革在目标层面已形成共识，但在具体实现方式、在混合所有制的具体内涵上，却多有分歧。因此，要提防热热闹闹的背后改革被虚置的风险。妨碍国资改革推进的有既得利益者的不愿放弃，也有陈旧观念的抵制，改革要收到真正的成效，利益障碍亟须扫除，观念误区也亟须廓清。

金融市场化改革和自贸区的建立，是各项改革中的亮点之一。利率市场化动了一些人的"奶酪",而金融机构准入的放松也让一些人"颇不适应",因此出现了一些抵制的声音,这种现象应该引起警惕。虽然相关改革的步伐是否适当值得讨论,但市场化的方向不能因此而改变。而从上海建立首个自贸实验区后各地纷纷申请设立自贸区的现象看,很多人还没有跳出固有的思维模式,把自贸区视为地方政府从中央争取政策优惠,视为铺摊子、外延扩张的好机会,而有意疏忽了自贸区是简政放权改革重要载体这一实质。这件事情表明,传统经济发展模式和传统发展思维均具有强大的惯性,很容易让中央的改革思路在实际执行中变形走样,因此,促进全社会观念转变是改革目标最终得以实现的一个重要条件。

建立房地产调控长效机制,促进房地产市场健康发展是社会和谐的重要保障,但房地产市场牵涉众多方面的利益,有些利益还特别重大,因此,这方面的改革从方案设计到具体实行,预料都会遇到各种各样的阻碍。但没有房地产市场运行方式的转变,财政体制等改革就无法推进,政府职能转换也会成为一句空话,深化改革的总体目标也有可能因此而落空。因此,尽管阻碍既多且大,也必须逐个予以排除。

改革开放30多年来,中国的经济发展已经取得了巨大成就,但市场经济体制仍不完善,需要进一步全面深化改革。从中共"十八大"到十八届三中全会,再到面向"十三五"发展的十八届五中全会,改革的号角声越来越大,"让市场发挥决定性作用",壮士断臂地推进各项改革已成为全社会的共识,但改革要推进,前提是要将改革之路上的各种障碍一一扫除。障碍清除得好,各项改革事业就会逐步推进,最终取得根本性突破。正如李克强总理所说的,只要"吾道一以贯之",锲而不舍,必有成效。

(三)技术创新稳步推进

"十二五"以来,我国科技进步与创新事业加快发展,科技创新在党和国家全局中的地位日益重要,国家科技进步和创新能力明显增强,整体水平加速从量的增长向质的提升阶段迈进,科技支撑引领经济社会发展取得显著成效。在基础研究领域,涌现出量子调控、中微子震荡、90α热休克蛋白、CiPS干细胞等一批重大原创性成果,我国科学研究的国际影响力大幅提升。在战略高技术领域,载人航天、探月工程、深海潜器、超级计算、北斗导航等领域取得重大突破,成为维护国家战略利益的利器。在科技支撑产业发展方面,高铁、4G移动通讯、核电、电动汽车、特高压输变电、杂交水稻等重大创新成果加速应用,科技创新为经济转型升级、民生改善和国家安全提供重要支撑。在科技体制管理改革方面,国家科技计划管理改革取得重要突破,企业的技术创新主体地位进一步增强,国家自主示范区和高新区成为区域转型升级和创新发展的核心载体,"大众创业、万众创新"蓬勃发展。"十三五"时期,将加快实施创新驱动发展战略,让创新驱动成为新常态下经济发展的新引擎,为打造中国经济升级版、加快建设创新型国家作出新的贡献。

1. 技术创新的整体效果明显

在党中央、国务院的高度重视下,科技界和社会各界共同努力、攻坚克难,使我国科技创新取得重要进展,支撑引领经济社会发展取得显著成效。2014年,全社会

R&D 支出达 13 400 亿元，比 2010 年提高 84.3%，其中企业支出占 76% 以上；国际科技论文数量稳居世界第 2 位，被引次数从第 8 位上升至第 4 位；每万人发明专利拥有量达到 4.9 件，比 2010 年增加 2.8 件；全国技术合同成交额 8 577 亿元，比 2010 年增长 119.5%；高技术产业主营收入达 13 万亿元，比 2010 年增长 55.8%。经济增长的科技含量不断提升，科技进步贡献率从 2010 年的 50.9% 提升到 2014 年的 54%，创新型国家建设取得重要进展。

载人航天和探月工程取得举世瞩目成就，"神舟十号"实现太空对接和天海对话，嫦娥探月"绕""落""回"三步走战略稳步推进。基于北斗导航系统的开发应用广泛服务于测绘、城建、水利、交通、旅游和应急救灾等领域，"高分二号"推动中国民用遥感达到亚米级高分辨率，首颗自主研发的商业高分辨率遥感卫星"吉林一号"发射成功。第四代核电技术国际领先，CAP1400 压水堆关键试验验证全面完成，高温气冷堆商业化示范电站进展顺利，快中子实验堆成功并网发电。"天河二号"连续 5 次位居世界超级计算机榜首，在生物医药、工程仿真、智慧城市、新材料等领域广泛应用。刻蚀机、离子注入机等 30 多种关键制造装备总体水平达到 28 纳米，封装技术全面升级到中高端。我国主导的 TD-LTE 技术成为两大 4G 国际标准之一，完整产业链基本形成，4G 用户达到 2.7 亿；5G 关键指标参数被国际标准组织采纳。深海钻探及复杂油田采收技术国际领先，4 500 米深海遥控无人潜水器作业系统（海马号 ROV）海试成功，"海洋石油 981""海洋石油 201"等高端装备为我国海洋强国战略实施提供重要保障。

遵循基础研究的特点和规律，大力推进国家目标导向和自由探索的基础研究，学科布局均衡发展，在纳米绿色印刷制版、量子通信及组网、高温超导材料、量子反常霍尔效应、诱导多功能性干细胞等方面取得了一批具有国际影响的突出成果。基础研究服务国家战略需求的能力不断提升，水稻分子设计育种、持久性有机污染物分析、免疫调节等方面取得重要进展，为农业、环境、健康等领域提供重要科学理论基础。纳米限域催化、等离子激元光学操控、深紫外非线性光学晶体、特高压电磁环境、钢铁材料组织调控等重大科学问题突破，为培育战略性新兴产业和颠覆性技术提供科学支撑。重大科研仪器装置和平台建设持续推进，世界上最大口径的射电望远镜（FAST）初具规模；成功建设世界上最深、宇宙线通量最小的地下暗物质实验室，并得到国际最灵敏实验结果。上海光源、正负电子对撞机等一批大科学装置有力支撑科学研究，国家重点实验室达 401 个，国家工程技术研究中心达到 323 个。

2. 技术创新应用转化进程加快

我国持续加强重点领域关键环节的研发部署，加速推动科技成果转化应用，科技创新为经济结构调整、发展方式转变和民生改善提供重要支撑。重大专项取得明显成效，填补了一批重大技术和装备空白，在多个领域培育了战略性新兴产业增长点。截至 2014 年年底，民口 10 个专项带动地方、企业和社会投入 1 700 亿元，共申请专利 5.3 万项（含国际专利 4 300 余项），新产品、新材料、新工艺、新装置 1.4 万个，技术标准 8 500 多项，直接带动新增产值 1.4 万亿元。

科技创新重大突破支撑重点产业加速发展。自主研发的新一代高速动车组时速380公里,达世界领先水平,为我国高铁产业的快速发展奠定重要的技术基础。新能源汽车产业发展迅速,截至2014年年底已生产各类新能源汽车11.95万辆。特高压输变电领域达到世界领先水平,建立特高压技术研发体系,实现特高压交流1 000千伏特、直流±800千伏特系列成套装备国产化,特高压交直流设备国产化率均超过90%。白光LED芯片与国际先进水平差距逐步减小,"十城万盏"37个试点城市中,LED灯具应用超过1 400万盏,减少碳排放4 680亿吨。

农业科技创新为国家粮食安全提供有力保障。农业科技进步贡献率达到56%,农作物品种对提高单产的贡献率达43%,主要农作物耕种收综合机械化率达61%。实施粮食丰产、渤海粮仓等科技工程,研制出新品种、新产品、新材料224种(个),在13个粮食主产省,增产粮食1 317.86万吨,增加效益308.86亿元;形成中低产田改良技术模式36项,累计取得经济效益734.36亿元。

3. 技术创新创业载体建设取得了良好的成绩

我们在加强创新创业载体建设、完善服务体系、加强科技与金融融合、促进科技成果转化等方面出台了一系列政策措施,有力推动了大众创新创业热潮。今年上半年,新增企业同比增长19%,中关村平均每天诞生130家企业。国家自主创新示范区总数达到10家,国家高新区总数达到129家,园区生产总值占全国GDP的11%。全国40%的高新技术企业、45%的技术合同成交额、1/4的全国发明专利授权产生于国家高新区。国家高新区去年新增注册企业超过8万家,新吸纳大学毕业生超过50万人。

加强"众创空间""星创天地"等创业孵化载体建设,健全服务与培训机制,推动开源平台和科研仪器设施开放共享。各类科技企业孵化器超过1 600家,在孵企业8万家,吸纳就业人数超过175万人。2014年,国家技术转移示范机构达453家,技术(产权)交易机构30家,中国创新驿站83家,区域性技术转移联盟20个。今年上半年,全国技术交易额3 079亿元,增速11.7%。

4. 科技创新的深入发展

我国科技创新面临的国内外形势将发生深刻变化。以信息、生物、新材料、新能源技术为代表的新一轮科技革命加速发展,新科技革命正在以前所未有之势深刻影响并改变着社会的生产方式、生活方式以及人类交流和思维方式。与此同时,我国经济进入速度变化、结构优化、动力转换的新常态,亟须依靠创新打造经济发展新引擎,构建我国竞争新优势,开辟经济社会发展新空间。下一步,我们将以深入实施创新驱动发展战略为主线,把发展作为第一要务,把创新作为引领发展的第一动力,把科技创新摆在国家工作全局的核心位置,聚焦实体经济,聚焦产业升级,聚焦民生改善,充分激发创新潜力,全面完成《国家中长期科学和技术发展规划纲要(2006—2020年)》的任务部署,实现进入创新型国家行列的奋斗目标,为两个百年目标和中华民族伟大复兴中国梦提供强大的科技支撑。重点任务包括:聚焦国家战略,推动重点领域跨越发展;提高原始创新能力,增强创新驱动源头供给;突破重大技术瓶颈制约,强化支撑引领作用;提高企业创新能力,培育具有国际竞争力的企业群体;改革人才集聚发展机制,形成创新型人才队伍;深化科技体制改革,增强创新治理能力;完善市场竞争秩序,激发市场主体创新动力;加强区域科技创新布局,打造区域创新增长极;融入全球创新网络,统筹国内外两种创新资源;完善创新政策环境,推动大众创新创业。

(四) 人力资本的形成速度很快

近年来,我国大力加强人才培养和制度建设,人口素质不断提高,创新能力显著提升,为经济的高速增长提供了有力支撑。目前,我国新增劳动力平均受教育年限高于世界平均水平,主要健康指标处于发展中国家前列,科技人力资源总量位居世界第一。当前,在适应新常态、加快实施创新发展战略的背景下,现有的人才在结构分布、市场匹配、创新能力、创新贡献力等方面还存在较大差距,人才发展激励机制不完善、人才培养和社会需求未能有效衔接等问题还比较突出,提升人力资本的任务十分紧迫。

1. 教育发展水平显著提升,创新人才培养有待加强

实施创新驱动战略关键在人才,基础在教育、在创新人才的培养。改革开放以来,我国教育在普及和公平方面进展显著,义务教育巩固率、高中阶段毛入学率、财政教育投入比重、人口识字率等指标均明显提高。到 2011 年年底,全国 31 个省和新疆生产建设兵团全面普及了免费九年义务教育。学前教育 3 年毛入园率从 2002 年的 36.8% 提高到 2014 年的 67.5%,高中阶段毛入学率从 2002 年的 42.8% 提高到 2014 年的 86.5%。在经费投入上,2012 年,我国财政性教育经费占国内生产总值比例达到了 4%,这是我国教育发展史上具有里程碑意义的事件。目前,中国劳动年龄人口平均受教育年限达到 10 年、高于世界平均水平,新增劳动力达到 13 年、接近中等发达国家平均水平。基于国际可比指标测量,2010 年,我国教育发展综合水平在全世界、OECD 国家、中等收入国家、G20 国家、发展中人口大国中排名分别为第 59、第 34、第 22、第 13 和第 2 位。总体看,我国教育发展水平在中等收入国家中居前,在发展中人口大国中领先,仅低于高收入国家发展水平。

虽然我国教育发展总体水平得到极大提高,但是现有的教育模式仍然以获取知识为主,强调创新思维和动手能力的素质教育模式没有从根本上建立起来,教育与科技、经济发展严重脱节,导致人才创新意识不强,创业创新能力总体偏低。按照世界经济论坛《2014—2015 年度全球竞争力报告》排名,我国总体竞争力指数位于世界第 28 位,但教育指数排名靠后,其中"高等教育及培训"指数列第 65 位。"十三五"时期,相对于提高经费投入、扩大发展规模、改善办学条件等方面,推进教育内涵式发展、加快创新型人才培养的任务仍然十分艰巨。

2. 人力资源总量世界领先,人均产出效率总体偏低

近几年,我国科技人力资源的总量和研发人员规模已经稳居世界第一。根据科技部 2015 年《科技统计报告》,2013 年,我国科技人力资源总量达到 7 105 万人,其中,大学本科及以上学历的有 2 943 万人,相当于美国的科学家工程师数量;按人头数计算,我国研发人员总数为 501.8 万人;按全时当量统计,我国 R&D 人员总量为

353.3万人年。以上述两个口径计算,我国投入研发活动的人力数量规模均已达到全球最高。根据41个主要国家和地区的统计(其科技投入合计占全球的99%以上),我国研发人员全时当量数占全球总量的比重从2009年的18.4%上升到2013年的21.3%。这表明我国科技人力资源规模优势显著。

虽然我国科技人力资源总量居于世界第一,但是我国还不是科技人力资源强国,科技人力资源密度、人均产出效率还远落后于发达国家。从科技人力资源密度来看,我国每万名就业人员的研发人员数增长较慢,从2010年的15.4人年/万人上升到2013年的19.3人年/万人,在国际上仍处于落后水平,发达国家这一指标值普遍是中国的4倍以上。从人均产出效率来看,2012年,我国劳均GDP(单位劳动力创造的GDP,以购买力平价计算)为15 868美元,列世界第57位,农业、工业、服务业部门的劳均GDP分别为4 263.4美元、23 344.4美元和17 942.3美元,分列第55位、第55位和第56位。

3. 人才结构问题突出,高端研发和技能人才短缺并存

创新发展战略的实施要求劳动者具备相应的教育水平和经验技能,要求一定的人力资本存量和结构与之相适应、相匹配。创新驱动意味着产业发展朝着价值链的更高端攀升,将对劳动者的技能和创造力提出更高的要求。目前,我国人力资源结构问题较为突出,高端研发人才和技能人才短缺成为创新发展和转型升级面临的最大障碍。

从高端人才情况来看,根据麦肯锡《新兴市场人才报告》,我国工程和金融方面的毕业生只有10%左右具备全球化企业雇佣的价值,本土的MBA毕业生能够胜任管理工作的不到20%。以IT服务行业举例,由于缺乏创新型人才支撑,我国IT服务业总收入中65%来源于附加值较低的日本市场,高附加值的跨国服务收入只占总收入的10%,而印度的这一比例为75%。高端的创新型人才不足是制约创新发展战略实施的瓶颈。

从技能人才情况来看,截至2013年年底,我国技能劳动者仅占就业人员19%,高技能人才占技能劳动者的比重仅为25.1%,而发达国家这一比重通常超过35%。我国2.67亿农民工中有近80%未接受过高中以上教育,67.3%未参加过任何技能培训。根据麦肯锡报告的预测,到2020年,中国用人单位将需要1.43亿受过高等教育的高技能人才,如果劳动者的技能不能进一步得以提升,中国将面临2 300万的人才供应缺口。

人才结构问题实质上是人才培养和市场需求未能有效衔接的问题,表明教育和科技之间、科技和产业之间的对接有待加强,应确保教育体系培养的人才能够服务经济社会发展需要,使科研成果能够真正转化为现实生产力。

三、上行因素与下行因素的"对冲"

从上行因素和下行因素的情况来看,很难做到一一对应,彼此之间也并不完全独

立,因此,也就很难精准地对上行因素与下行因素的关系进行准确的比较分析,并形成相对确定的目标运行判断,必须对上行因素和下行因素进行总结,在提炼上行模型和下行模型的基础上,完成上行因素与下行因素的"对冲"。

(一)下行模型:供给侧体系的建构

从上行模型的构成因子来看,其主要包括劳动要素红利下降、大宗商品定价权缺失、资源能源瓶颈、环境保护和环境标准问题、人口老龄化、投资带动效应下滑等六个方面。从其性质来看,都属于生产性要素和资源问题,因此,其化解也必在供给侧的框架下完成。

下行模型的供给侧改革有三个基本内容:一是策略,即规划与蓝图,这个理论和政策准备已经基本完成;二是原则,即方向与要求,这个思路和政策研究基础也已基本齐备;三是基点,即体系与抓手,也就是以基点形成整个改革的收敛与发散、稳定与创新、突破口与风险点的基本着力点和运行机制。"稳中求进"既是当前工作的总基调,也是做好经济工作的方法论,也即在落实供给侧结构性改革中,在稳的前提下要在关键的领域有所进取,在把握好度的前提下奋发有为;而"质量效益"则是经济发展的中心,也是结构改革的基础与前提,也即供给侧结构性改革的主攻方向是提高供给质量,提高供给侧结构对需求结构的适应性,提高微观主体的内生动力和生产效益。这样,"稳中求进"和"质量效益"从方法论和目标性两个方面构成了供给侧结构性改革落实与行动的两个基点。

从"稳中求进"出发,供给侧结构性改革要综合考虑总需求的规模和变动,通过适度扩大总需求,为供给侧改革提供良好的环境;要有序推进技术、产品、形态和商业模式创新,使经济组织和运行机制在平稳有序的情况下,完成升级优化;要集中资源、要素和体制优势在关键的供给节点形成突破,并依靠市场机制形成新的资源要素配置格局和生产组织方式,为质量和效益提升准备条件;要注重度的管理,将稳作为主基调和大局,但又直面运行中的风险和结构上的矛盾,全力推进改革,坚持统筹兼顾,有效实现改革目标;要坚持发展的理念、原则和愿景,深入分析问题,坚持问题导向,以改革作为发展的根本途径,不因循守旧,也不好高骛远,以钉钉子的精神,实现改革与发展的有序协同。

从"质量效益"出发,供给侧结构性改革要充分认识改革最终目的、主攻方向和判断标准。改革的最终目的是满足需求,而需求则呈现出个性化、多样化为主体的特征,因此,供给体系必须着力于提高产品的需求匹配度,生产的需求响应度和市场的需求满足度,强调产品服务的差异化、生产组织的灵活性和市场配置的智能性;改革的主攻方向是提高供给质量,在强调供求平衡、市场出清的同时,通过质量第一的要求,为生产的创新发展提供明确的目标,为需求的结构升级提供良好的基础,为市场的差异化配置提供必要的条件;改革的判断标准是效率提高和效益提升,也即供给体系的完善、市场环境的改善和要素资源配置的优化都要以增加微观主体的内生动力,提高盈利能力,提高劳动生产率,提高全要素生产率,提高潜在增长率作为判断的依据和评价的标准。

基于"稳中求进"与"质量效益"的两个基点,供给侧结构性改革要在盘活存量资源、优化生产组织、降低经济风险、减少运行成本、弥补市场和体制短板等方面实现改革目标的有效贯彻和改革任务的全面落实,"去产能、去库存、去杠杆、降成本、补短板"成为供给侧结构性改革的五条主线,而当前则是五条主线全面深化并取得实质性进展的关键时期。

(二)上行模型:做好需求侧管理

从上行因子的构成情况来看,其主要包括新型城镇化、市场机制优化、技术创新、人力资本形成等四个方面的内容。从构成情况来看,主要体现为需求侧的内容,通过扩大总需求,为供给侧的改革和创新提供良好的外部环境。

从上行模型的关键来看,就是要做好需求侧管理,而当前构建上行模型的关键就是确定好"度"的原则。中央提出,宏观经济政策要坚持稳中求进工作总基调,适度扩大总需求。这意味着在坚定不移推进供给侧结构性改革的同时,决策层并未忽视在需求侧发力。所谓适度,包括两方面考量:其一,规模适度。未来扩大总需求,一方面要控制好投入的总量,另一方面要更加追求投入的精准与高效。在经济下行时,财政政策乘数效应可能会更大一些。要注意防范过度依赖于央行可能导致货币政策边际效用递减的问题。其二,范围适度。未来适度扩大总需求,应结合供给侧结构性改革五大任务中的补短板,重点投向国民经济发展的关键部门,如信息产业、高端制造业;投向用于改善民生的短板领域,如涉及民生的基础设施建设、环保、水利工程等。

在需求侧管理的支持下,形成与供给侧改革的对接和呼应层面,即如何提高供给质量,满足最终需求。如何提高供给质量?提高方法很复杂,但提高的路径很清晰,即"使供给体系适应需求结构的变化和调整"。而要按照这一路径推进并不是容易的事情,首先,要弄清楚需求结构的变化规律,特别是居民和家庭消费的"个性化和多样化消费将渐成主流"的规律;其次,如何让需求结构的变化为供给体系以最快的感知并适应,必须调整现在决策效率缓慢的生产组织方式和市场运行方式,加强"分布式"思维在生产组织中的落地,加强智能化、大数据在市场运行中的应用;再次,如何使供给体系能够高效、快速地适应变化和调整,必须在产业链、专业化、智能制造、个性化订制等领域取得全面突破,并实现政策再组织和市场自组织的有效协同;最后,供给要能够在感知需求的同时,把握规律,主动创新和引导需求,也即供给能够产生和带来需求,但应在基本态势形成后,迅速转为构建需求生态,从而使需求转入长期、持续、扩张和稳定的态势之中,匹配产业所需要的需求环境和规模支撑。

(三)对冲框架安排:以"三去一降一补"形成中国经济增长新局面

1."去产能"以化解过剩产能、处置"僵尸企业"作为行动支点

"去产能"的核心是盘活存量资源,处置"僵尸企业"是"去产能"的"牛鼻子"。当前不仅要巩固已有的改革成果,更重要的是进一步深化改革,啃"硬骨头"。"僵尸企

业"的处置核心是实现多兼并重组、少破产清算的目标，在落实与行动上解决好三个问题，即钱从何处来、人往何处去、企业怎么办。

钱从何处来，当前要做好财税引导、金融支持和企业挖潜三个方面的工作。财税引导要在确定企业主体责任的前提下，中央财政和地方各级财政应根据"去产能"改革的目标，安排相应的资金并承担必要的风险，积极落实中央对"去产能"改革的相关税收优惠政策，以奖励和补助为手段，有效推进"僵尸企业"的处置，盘活资源、提高效率。金融支持要通过支持银行等金融机构组建投资型子公司、落实企业并购性贷款、支持产权有序流转和交易、合理处置"壳资源"等方面增强"僵尸企业"处置的吸引力、能动性和潜在价值空间。企业挖潜要积极落实国家的产业政策和"去产能"改革的要求，通过对市场准入资格、政府经营许可、知识产权资产、渠道结构优势、区位优势资源等有形和无形资产进行挖掘，增强企业价值属性和市场吸引力，降低改革成本和处置风险。

人往何处去，则需要做好社会保障体系、再就业培训体系和创业支持体系的各项工作。要进一步完善社会保障体系，有序提高失业保险和生活救助的保障水平，充分发挥其社会稳定托底作用，确保没有能力再就业人员的基本生活。要大力做好转岗就业、再就业培训工作，加大各级政府对再就业培训的补贴支持力度，以结果为导向在基础培训成本分担的基础上，对再就业培训机构进行奖补；在"去产能"支持资金中安排社会和企业实现职工转岗就业的专项奖励，并对容纳转岗就业转多的企业实施一定程度的所得税优惠。要不断完善创业支持体系，扶持创业平台和园区建设，可重点考虑以"双创"平台为载体，深化现有创新创业优惠政策，支持相关平台和园区建立主动服务机制和指标化的竞争性扶持机制，使创新创业活动成为就业的重要形式和经济增长新动能的重要构成。

企业怎么办，应重点处理好兼并重组、资产剥离和破产清算的关系，既避免"僵尸企业"对资源要素的低效占用，又有效降低因生产退出而带来的职工生活影响。兼并重组是处置"僵尸企业"主线，政府应做到"三管齐下"：一是对"僵尸企业"本身要下定决心推进以兼并重组为主的改革，统一各方思想和认识，确保如期实现目标成果；二是结合"1＋N"的国有企业改革，明确国有资产定价方法和处置方式，确保国有资产安全，实施企业并购；三是对兼并后的企业根据行业情况、转移就业的员工数量、企业增加值和利润水平等安排相应的税收优惠政策、财政补贴政策、金融支持政策和减免社会保险缴费安排等。资产剥离是指将企业的经营性资产和非经营性资产进行有效剥离，根据资产情况进行分置性改革。对于具有良好收益、市场需求稳定、技术水平较高的资产和环节，可以通过股权化改造、引进战略投资者、上市或股转挂牌、混合所有制改革等方式进行改革；对于其他的经营性资产，则通过员工持股改革、混合所有制改革、推动企业兼并重组和支持企业破产清算的方式完成退出；对于企业所拥有的非经营性资产，则可以通过"三供一业"、企业办社会资产移交等方式完成退出，确保企业资产变动不影响员工的合法私人财产和生活稳定。破产清算是"僵尸企业"处置的一个重要选择，但应用时需综合权衡考量，制定科学有效的破产方案，根据社会可承受力有序推进,既释放社会资源和要素,又保持经济社会的平稳发展。各级政府对难以挽救,也无法通过兼并重组的企业要坚决实施破产清算,有效盘活要素和资源,腾出财力和空间支持新兴产业的发展和企业的壮大。

此外,"去产能"仍须继续推动钢铁、煤炭产业化解过剩产能。要防止已经化解的过剩产能死灰复燃,不受市场短期波动的干扰,保持定力,坚持改革方向不动摇。同时,严格执行环保、能耗、质量、安全等相关法律法规和标准,用市场、法治的办法做好其他产能严重过剩行业的去产能工作。

2."去库存"以提高生产能力和产出收益作为落实重点

"去库存"的核心是优化生产组织,调整市场重心。当前,"去库存"改革应以房地产市场和生产资料市场作为两个关注领域。从房地产市场来看,当前"去库存"改革要明确以"住"为方向,大力推进居住性房地产市场和租赁性房地产市场的发展,坚持"房子是用来住的,不是用来炒的"基本原则,综合运用金融、土地、财税、投资、立法等手段,加快研究建立符合国情、适应市场规律的基础性制度和长效机制,既抑制房地产泡沫,又防止出现大起大落。对于居住性房地产市场,要坚持分类调控,因城因地施策,重点解决三四线城市房地产库存过多问题,要把去库存和促进人口城镇化结合起来,提高三四线城市和特大城市间基础设施的互联互通,提高三四线城市教育、医疗等公共服务水平,增强对农业转移人口的吸引力。对于租赁性房地产市场,要加快住房租赁市场立法,加快机构化、规模化租赁企业发展,并给予财税优惠和金融支持政策。对于投资性房地产市场,则要在宏观上管住货币,严格限制信贷流向投资投机性购房,对房价上涨压力大的城市要合理增加土地供应,提高住宅用地比例,盘活城市闲置和低效用地。以控制需求来抑制房地产投资、投机活动,以调控供给实现房地产市场的良性发展和市场出清。

从生产资料的供给和企业存货来看,当前PPI指数的高企将导致企业非意愿存货投资的增长。这一投资,短期内将带来经济增长,但中长期内将增加企业运行负担,并使企业的资金占用增加、存货成本上升、管理费用也有一定程度的增长,从而削弱企业发展动力,因此应得到重视和有效化解。因此,我国客观上需要进一步加快商品期货市场的建设,拓展交易产品和品种,辅导生产企业积极利用好套期保值等技术消除价格波动风险,控制实际存货投资的增长。另外,还应大力推进存货和仓单质押融资发展,从法律上提高存货单和仓单的效能,使企业在库存增长的同时,提高资金的流动性,减少资金占用和流动性风险。

3."去杠杆"重点是着力降低企业杠杆率并控制总杠杆率水平

"去杠杆"改革的核心是降低经济风险,要在控制总杠杆率的前提下,重点做好降低企业资产负债率、规范政府举债行为、科学引导家庭经济活动等举措。当前,"去杠杆"改革任务艰巨,既要通过改革降低实体经济的流动性压力和经营负担,又要深化改革化解资产泡沫和宏观风险,并为经济转型和消费升级提供有效的支撑。

降低企业资产负债率是"去杠杆"改革的重中之重。应从控债、化债和转债三个方面着手,加强企业自身债务杠杆约束,切实降低债务风险。控债的关键是适当降低企业债务融资的比重，有效实现企业存量资产盘活，严格防范逃废债务风险发生。要大力支持股权融资的发展，推动企业抓住有利时机进入资本市场，通过公开上市、股转挂牌、产权交易、区域流转等方式，吸引社会资金以股权的方式的有效进入；支持产业投资基金、股权投资基金等投资相关行业和重点企业，以创新机制、推进转型；支持商业银行组织专业投资机构或与相关投资基金合作，发展股债结合型金融产品，在增强企业融资能力的同时，有效控制企业杠杆的上升；推进产融合作，实施资产证券化改革，对企业的存量资产进行有效作价和流转；加强金融监管，强化主体责任，严格防范企业逃废债务现象的发生。化债的重点是降低企业的债务负担，优化企业的债务结构，有序实施债转股改革。要通过资产处置、债务置换、应收账款资产证券化等有效方式降低企业的债务负担和资金占用；通过与企业生产经营、兼并重组和市场退出等战略相关的安排，将企业债务进行结构性优化，增强企业债务处置的便利性和主动性；通过市场化的债转股改革，在控制风险、保持平衡的基础上，有序推进企业债权转股权的安排，支持资产管理公司、保险资产管理机构、地方国有资产投资和运营公司等参与债转股改革。转债的重点是推进企业兼并重组，改善债务风险状况，通过专业化的政府性基金实现债务风险、成本和期限的转化。要全力落实好《关于支持钢铁煤炭行业化解过剩产能实现脱困发展的意见》，对困难企业进行债务重组，妥善处置企业集团的担保问题；组建专业化的政府性基金，通过必要的担保、贴息、过桥引导、分级债务管理等方式，提高企业债务的评级水平，降低企业债务的利息负担，实现债务结构的良好转化。

政府债务管理的关键是明确主体、限额管理、成本调节和风险控制，即确保政府债务的正当性、安全性、透明度和可持续性。当前，政府债务管理的核心是要做好规范政府举债行为，并为支持企业债务化解、提供市场交易机制等更深一步改革创造条件和作出探索。其主要包括：认真落实地方政府债务管理制度，强化地方政府债务限额管理、预算管理；加强对地方落实债务管理制度情况的监督；控制地方其他相关债务过快增长势头，严格依法厘清政府债务和融资平台公司等企业债务边界；健全统计监测体系，将融资平台公司债务、中长期政府支出责任纳入统计监测范围，实施部门联合监管；加大查处违法违规举债融资行为和问责力度；深入推进融资平台公司市场化转型。同时加强地方债务风险评估和预警。此外，还应根据债务成本调节和风险控制要求，加大发行地方政府债券置换存量债务工作力度；并建立政府债券做市制度和质押机制，促进政府债券的流转并完善市场交易机制。

引导家庭经济活动既为供给侧结构性改革创造不断拓展和扩张的需求层级和空间，又为在控制总杠杆率的前提下降低企业资产负债率提供支持。家庭经济活动主要由消费和储蓄（投资）两部分构成，其中消费是需求的基础构成，也是供给侧结构性改革的最终目的；而储蓄（投资）则是市场投资资金的主要来源，也是非债务性资本的主要提供主体，家庭储蓄（投资）对市场经济活动更为直接的介入将有效降低企业杠杆水平，并控制总杠杆率的水平。引导家庭经济活动的关键在于落实三个方面的政策：第一，加大对消费结构升级、消费质量提升的支持力度，以引导消费、优化渠道、匹配需求和支持供给为重点，推出新的消费提升计划，并采用政府性基金的运行模式进行投资、补贴、奖励和保障；第二，推进大众创业、万众创新，以家庭投资、众筹、私募股权、股债结合等方式推进"双创"模式的快速发展和壮大，并形成一大批低杠杆、高成长的新动能支撑力量；第三，推进金融体制改革，促进直接融资的发展，增强金融产品的覆盖面和替代性，减少金融环节，引入竞争机制，控制融资成本和风险转嫁空间。当然，在支持金融创新的同时，还须防控金融风险，加快建立监管协调机制，加强宏观审慎监管，强化统筹协调能力，防范和化解系统性风险。

4. "降成本"的落实重点是降低实体经济的运行成本

"降成本"的着力点是降低实体经济的运行成本，提高实际收益水平，拓展市场空间，支撑企业转型发展和创新发展。当前"降成本"改革既要全面突破，真正实现实体经济运行成本的降低，又要使经济增长、产业升级、创新驱动和风险控制形成联动，打造具有典型意义的"降成本"与"促发展"相协同的中国范本。

减税、降费是降低实体经济运行成本的重要举措。当前的工作重点是要继续落实并完善营改增试点政策；研究实施促进中小企业发展、科技创新等税收优惠政策；再取消、调整和规范一批行政事业性收费项目；公开中央和各地收费目录清单。

降低融资成本和增强金融便利是提振实体经济活力的重要手段。当前要继续加大对"双创"、科技、战略性新兴产业等重点领域以及保障性安居工程、健康养老、小微企业、就业、少数民族等领域的金融支持力度；深入推进利率市场化改革，支持金融机构、金融服务和金融产品间的有效竞争，降低金融收费和融资成本；进一步完善人民币汇率市场化形成机制，积极引导和稳定市场预期，保持人民币汇率在合理均衡水平上的基本稳定。

降低各类交易成本特别是制度性交易成本是激发市场活动的关键措施。2017年，我国应进一步落实"放、管、服"改革的要求，对准入型审批、事中事后型审批和资格资质的强制认证的取消和放权要切实落实到位；大幅度减少审批环节，降低各类中介评估费用，严厉打击"红顶中介"和"设租寻租"行为；根据改革要求，完成"权力清单"和"责任清单"的制度，并向属地范围的企业和居民公开。

降低企业用能成本，提升技术水平，支持节约成本和节约能源的同步实现。当前要进一步推进电力体制改革，完善直购电交易机制，推进电力交易市场的建设和发展，支持电力现货合约等新型交易产品的落地，支持价格体制改革，鼓励竞争；要进一步理顺新能源电力和输配电政策，优化补贴结构，转变补贴方式，可考虑以用户侧的新能源电力消费作为补贴对象；推进油气体制改革，在保持现行油气补贴的同时，支持油气生产和运输的混合所有制改革，支持用户端（门站）的市场准入和竞争。

降低物流成本，实现信息化改造，在提升效率的同时，实现企业潜在市场范围的有效扩张。当前要大力清理物流管理费用，进一步取消和调整交通运输行政审批事项，加强事中事后监管；简化道路运输经营许可证年审手续，优化道路运输从业资格考核制度；要畅通各种交通方式间的衔接，实现多式联运，探索建立新型的配送服务体系；要整合信息技术资源，构建多层次物流服务平台，引导传统流通企业加快信息化改造,开展智慧物流示范,启动智慧物流配送体系建设。

有效引导劳动要素成本增速的相对回落。当前以收入规模、社保成本和劳动生产率为重点,实现劳动要素成本增速的相对回落。要根据经济运行情况,优化政策控制指标,考虑到加速折旧因素对国内生产总值(GDP)构成的影响,将劳动报酬增速与国内生产净值(NDP)增速进行对标,形成对劳动报酬增长的指标引导;要坚持精算平衡和优化结构的原则,在综合考虑财政可承受能力和体系持续运行的前提下,对社会保障体系的企业缴费标准进行阶段性下调,以降低企业的用工负担;要通过提高劳动者生产技术、装备水平和工序协同为重点,深入推进营改增改革、投资抵税安排和科技金融手段,提升劳动生产率水平。此外,还应推进劳动要素市场改革,破除不必要的资格、资质限制,逐步消除户籍对就业的影响,打破就业市场的地域限制,有序提高劳动力市场灵活性。

5."补短板"改革的重心是弥补市场和体制短板

2017年,要从严重制约经济社会发展的重要领域和关键环节、从人民群众迫切需要解决的突出问题着手,既补硬短板也补软短板,既补发展短板也补制度短板。要更有力、更扎实推进脱贫攻坚各项工作,集中力量攻克薄弱环节,把工夫用到帮助贫困群众解决实际问题上,推动精准扶贫、精准脱贫各项政策措施落地生根。

"硬短板"是指生产能力和技术手段的不足。要全面落实"中国制造2025"和"创新驱动发展战略"的相关要求,扎实推进技术创新和基础产业,并推动"科技创新2030——重大项目"启动实施。"软短板"是指发展环境和产权保护的不足。要加强产权保护制度建设,抓紧编纂民法典,加强对各种所有制组织和自然人财产权的保护,保护企业家精神,支持企业家专心创新创业。发展短板是指产业体系和生产效率的不足。要以减少无效供给、扩大有效供给为基本要求,深入研究市场变化,理解现实需求和潜在需求,提高供给结构对需求结构的适应性;要更加重视优化产业组织,提高大企业素质,在市场准入、要素配置等方面创造条件,使中小微企业更好参与市场公平竞争。制度短板是指制度供给不足或市场在资源配置中的决定性作用发挥不足。要全面贯彻中办、国办印发的《关于创新政府配置资源方式的指导意见》,对于适宜由市场化配置的公共资源,要充分发挥市场机制作用,切实遵循价值规律,建立市场竞争优胜劣汰机制,实现资源配置效益最大化和效率最优化;对于不完全适宜由市场化配置的公共资源,要引入竞争规则,充分体现政府配置资源的引导作用,实现政府与市场作用有效结合;对于需要通过行政方式配置的公共资源,要遵循规律,注重运用市场机制,实现更有效率的公平性和均等化;应着力建设法治化的市场营商环境,加强引进外资工作,更好发挥外资企业对促进实体经济发展的重要作用。

第六章 稳中求进：新常态下宏观调控体系的新框架

经济新常态是我国经济发展进入新阶段的典型特征。为应对经济新常态下的风险与挑战，有序引导市场并提升经济增长质量，增加有效供给，应根据经济新常态的运行特点和规律，坚持"稳中求进"的总基调，对宏观调控的基本政策框架进行必要的调整与优化，以更好地契合经济新常态的要求，更有效率地统筹运用政策资源，实现在坚持市场机制发挥决定性作用的条件下，更好地发挥政府作用。

一、宏观调控体系的主要原则

作为经济新常态下的宏观调控，必须做到化解矛盾、利用资源、转型发展和形成新动力的重要支撑。因此，既要坚持经济发展、充分就业、物价稳定和国际收支平衡的基本要求，又要与时俱进，根据新常态下的经济运行特征，形成宏观调控的新思路和主要原则，具体包括以下几点。

(一) 解决矛盾，化解风险

2017年《政府工作报告》明确指出，"我国发展面临国内外诸多矛盾叠加、风险隐患交汇的严峻挑战"。因此，以宏观调控为手段，解决经济运行中的深层次矛盾，有效化解金融、财政、房地产、部分实体经济中的运行风险，成为宏观调控体系的主要原则之一。

(二) 适应新常态，突破矛盾节点

经济新常态既是一个过渡期，也是一个各项要素进行充分整合、调整的平衡期。从过渡期来看，我们要主动打破传统的平衡，通过对新要素的引进和新技术的推进，解决传统平衡中的深层次矛盾和问题，主要包括供给与需求的匹配、规模扩张与效率提升的错位、经济增速放缓与资产价格膨胀、风险应对与创新驱动的动态有序等。而从新的平衡期来看，则需要注重新要素及要素组合的有效管理，生产函数的平衡与优化，市场动态均衡的供给和需求的高效匹配，资产收益与生产产出之间的平衡等，既突破矛盾结点，又形成新的更优稳态。

（三）坚持重点应对和全面调控的齐头并进

新常态下的矛盾与风险具有深层次性、全局性、系统性和联动性的特点，牵一发而动全身。在问题的处置上，既要坚持问题导向，根据问题的运行逻辑和基本规律，集中政策资源和市场力量，打好歼灭战；又要协调各方的动态，建立沟通机制和响应安排，构筑合意区间并加强区间管理，创建指标体系和加强相机抉择与自动稳定机制等。总之，要更加注重满足人民群众需要，更加注重市场和消费心理分析，更加注重引导社会预期，更加注重加强产权和知识产权保护，更加注重发挥企业家才能，更加注重加强教育和提升人力资本素质，更加注重建设生态文明，更加注重科技进步和全面创新。

（四）形成突破口和稳定器，主动引领新常态

从新常态的逻辑体系上看，需要打破"老常态"，迎来新转变，并最终形成新常态。因此，抓住有效的时机，在关键节点上形成一系列突破口，改变现有的均势，让积极的要素先活跃起来，在新格局下形成效率和示范；而与此同时，做好稳定器的作用，支持其他的不活跃要素或是惰性组合行动起来，在奖励、补偿、激励和引导之下，拓展突破口的影响，形成改革之势和发展之势，对新常态在消费、投资、进出口、要素、环境等领域的发展变化进行深入的引领。

二、宏观调控的基本框架

根据新常态的经济运行特点和宏观调控的目标与原则，我们按照问题导向、顶层规划的要求，确定了经济新常态下宏观调控的基本框架。基本框架既包括核心问题，又包括调控落点和方向，此外，本书还对可运用的主要手段进行了总结和概括。

（一）化解资产风险，防止资产价格异动，维持金融和经济发展环境的基本稳定（＊1）

在新常态下，坚持防范风险和"稳"是大局的基本理念是宏观调控的核心内容。受到新常态下产出增速放缓的影响，实体经济的收益率相对下降，对资金的容纳能力不足，从而导致了资金大量的流向资产领域，推动了资产价格的过快上涨和资产规模的迅速膨胀。这种快速上涨的资产价格，一方面扭曲了现有的比价体系，使市场机制出现了严重的失灵或错配的情况；另一方面导致资产市场出现了"耗散"结构，资产价格的不断上涨和资产收益的持续下滑并存，资产市场的不稳定性显著增加。因此，宏观调控框架的第一个着力点是防范资产价格异动，化解资产风险，维护经济发展环境的稳定有序。

可应用的主要手段包括：建立财政的专业资产市场稳定基金，对资产保有环节进

行课税,对资产交易环节的溢价保持应有的课税力度,建立以收益率为导向的金融资源分配机制、适当提高再贴现利率等。

(二)加大投资力度,创造市场需求,保持企业正常经营,并维护就业和收入形势的基本稳定(＊2)

在经济增长中,投资是最关键也是最活跃的变量,增长速度的波动大多与投资规模的变动直接相关,而投资规模又与市场形势关系密切。因此,应采取必要的措施,激发市场的潜在需求,有序提升现实需求,形成适度扩大总需求的良好态势,为供给扩张和供给转型提供良好的条件。在相对宽松的市场环境下,实施就业优先战略,为经济的发展提供要素、需求和稳定三个方面的支撑,力争实现"一举三得"。坚持居民收入增长与经济增长基本同步,既稳定家庭资产负债表,激励开展长期投资和创业投资,又为市场提供稳定的消费,并带动企业投资的结构优化和规模扩张。

可应用的主要政策手段包括:建立新的消费促进计划,实施更加积极的就业政策,建立专业性的企业投资引导基金,建立以中小企业发展和创新为支持对象的政府投资基金,开展企业生产过程性和行为性融资,发展企业收益权抵押融资,支持知识产权质押和使用等,为创新型企业、小微企业和模式创新企业等轻资产企业的发展提供良好的融资支持。

(三)推动企业进行产能调整,避免生产的简单重复、无序和资源的大量耗费、低效率使用(＊3)

创新驱动发展战略和《中国制造2025》是我国产业发展的重要基础性政策和安排。从创新驱动战略来看,核心是要提高效率,提高劳动生产率和全要素生产率,形成技术创新、模式创新、形态创新和产品创新的良好基础,即为资源的节约使用、生产效率的提高和新产品的提供创造良好的条件。从《中国制造2025》来看,主要是应用创新,并使得创新能够与现有的产业基础进行充分的融合,从而在提高效率的同时,更好地优化产品的质量,更多地增加产品的差异化程度,更有力地改善供给对需求的匹配状况,避免生产的简单、无序和企业的重复低效生产。

可应用的主要政策手段包括:创新支持政策体系,包括基础研发和原始创新的财政投入,转型应用的政府性基金和资金,科技金融服务,装备保险,风险投资和私募投资等;创新管理体系,包括以鼓励创新、包容审慎为原则的新兴产业监管规则,以技术本身作为独立监管对象而不下延至产业的市场准入标准,开展知识产权综合管理试点等。

(四)降低经济的运行成本,推动创新创业,降低市场壁垒(＊4)

我国经济运行成本主要体现在制度性交易成本、税费负担、金融财务成本、社保缴费成本、能源成本、物流成本等方面。要大力推进"放、管、服"改革,努力降低制度性交易成本,清理"红顶中介"等不合理的市场结构;要全力推进减税降费,对企业税负、政府基金、政府收费和部分垄断行业的涉企经营性收费要全面降低;要推进金融市场改革,提供更多的直接融资渠道和手段,推进利率市场化改革,在竞争的基础上,有序降低金融财务成本;要推进"五险一金"体系的优化,既适当合并险种和保障范围,又支持企业暂时降低社保费用负担;要全面推进能源行业改革,支持竞争,打破垄断,实现能源成本的有效、有序降低;要调整税制、收费,优化市场格局,采用新型组织模式和信息基础,支持物流费用的有效降低。

可应用的主要政策措施包括:"营改增"、企业所得税、"放、管、服"改革、金融市场准入、利率市场化、金融大数据、混合所有制、社会保险制度改革等多个层面。

(五) 推动企业融资,包括股权、债权资产证券化、资产置换、应收账款融资等(∗5)

推动新常态下的创新发展和转型发展,关键在企业的活力和创造力,而支持的基础则是企业良好的融资环境和渠道。受到整体经济增速下滑的影响,一方面要在保持全社会杠杆基本稳定的情况下,有效地推进去杠杆的安排;另一方面,则要采取新的理念和手段,积极支持金融市场创新,支持多层次资本市场的建设与发展,推进资产证券化、资产置换和应收账款再融资等模式创新,以支持企业实现更多的再融资、信用性融资和收益性融资。

可应用的主要政策措施包括:股权市场建设、股权投资基金发展、产权市场完善与发展、资产证券化、新型资产质押、资产置换、应收账款销售或应收账款质押等。

(六) 完善市场机制,弥补市场短板,坚持减量化、功能性和融合性为方向(∗6)

从新常态下的市场竞争特点看,过去主要是数量扩张和价格竞争,现在正逐步转向质量型、差异化为主的竞争,要不断完善市场机制,着力弥补市场短板,统一全国市场、提高资源配置效率,坚持减量化、功能性和融资性为市场的发展方向,加快形成统一透明、有序规范的市场环境。

可应用的主要政策措施包括:构建模式创新支持基金,推动"双创"发展,鼓励新兴业态,完善金融市场的风险评价机制,建立收益与风险相平衡的金融市场资源配置方法。

我们将上述分析归结为图 6-1,形成本课题研究的基本框架。根据图例,我们称之为"锐盾结构"(三角形是锐角,而六边形似盾)。在结构中,每一项宏观调控政策体系对应一个相对复杂的新常态环境,但三个领域的宏观调控政策又相互协调,形成有机统一的整体。

根据图 6-1,宏观调控问题最终就是要解决好四个三角形的问题,即:Ⅰ是税收调控三角形,Ⅱ是财政投资调控三角形,Ⅲ是货币金融调控三角形,Ⅳ是政策搭配三角形。三角形Ⅰ、Ⅱ、Ⅲ的具体内容分别形成本书的第 7 章和第 8 章的主体内容。考虑到政策搭配兼具理论与实践的功能,我们将其与当前的宏观调控相结合,形成经济在"L"形底部运行的宏观调控政策基本搭配安排。

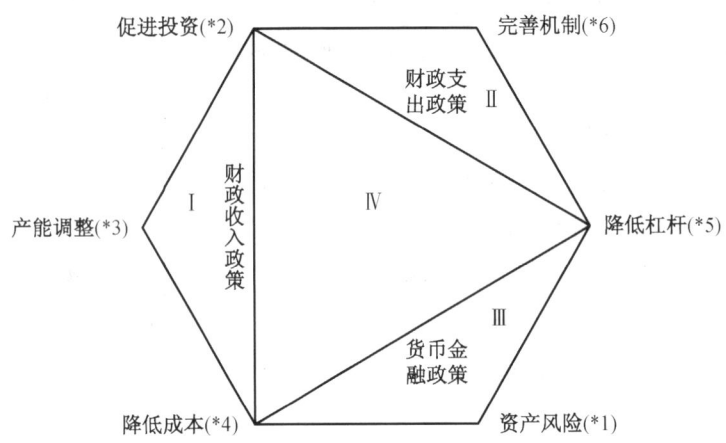

图 6-1　新常态下宏观调控的"锐盾结构"

三、稳中求进的宏观调控政策取向

根据上述原则和基本方向,我们在宏观调控政策体系的设计上,主要以税收政策、支出政策和货币金融政策为基础,构建新常态下的宏观调控政策的基本取向。

(一) 财政收入政策(税收政策):促进投资、(生产性)减税、推动结构调整

财政收入政策主要是指税收政策,并考虑相关的政府性基金和经批准的政府性收入。从税收政策的设计来看,应着力做好促进投资、生产性减税和推动结构调整的政策安排。主要的政策设计包括:加速折旧的企业所得税优惠、研发费用[①]的税前加计扣除、小型固定资产的投资抵税安排、应纳税额低于 50 万元以下的小型企业所得税减半征收、营业税改征增值税改革的"四档税率变三档税率"、以抵扣链条为导向推动产业结构调整等。

此外,还包括暂停或停征一部分政府性基金,其重点是理顺公共服务的责任人和提供人的关系,将政府职责范围内应提供的公共服务纳入政府预算安排,减少附加基金或附费的收取;根据经济社会发展,停征部分政府性收费,或从低征收相关税费等。

(二) 财政支出政策:加大投资力度,以看得见的手完善市场机制,支持企业降低杠杆

财政支出政策主要是指财政投资政策、政府购买服务政策、政府采购政策和支持重点行业发展的政府性资金或基金。财政支出政策的运用必须遵守市场与政府间的

---

① 根据国家统计局在 2016 确认使用的最新 SNA 准则,研发费用不在作为经济运行的成本,而作为投资纳入 GDP 的统计。

关系,即市场发挥资源配置中的决定性作用,更好地发挥政府作用。因此,财政投资政策应重点向基础设施领域、公共设施领域和特殊基础性产业领域;政府购买服务应将其作为推进现代服务业发展的重要手段,形成政务性服务和公共性服务产业的良好环境;要进一步优化政府采购政策的应用范围和领域,形成政府采购对自主创新、中小企业和特定领域的有效支持,并通过政府采购加强政府资金使用效率;建立以战略性新兴产业、基础产业、现代农业和专业服务业的政府发展引导基金,推进新业态、新模式、新产品的应用,推广新技术的使用。

（三）货币金融政策:维护资产价格稳定,推动融资和股债结合,降低企业融资成本

受到新常态下矛盾呈现结构性和差异性的影响,货币金融政策在发力角度和体系安排上总体处于协同地位,更重要的是优化发展环境,完善市场机制,防范和消除风险,并有力支持供给侧结构性改革和促进相关矛盾的良性转化。因此,货币金融政策需要着力于四个方面:一是满足市场融资需求,提供更广泛的市场、更多的融资渠道,更好的资金保障;二是推动股债结合,创新金融产品和金融服务;三是维护资产市场的平稳运行,以风险和收益平衡为基础,优化市场机制,提供跨市场的资金流通机制;四是推进金融市场的开放,支持建立竞争机制,以实体经济的需求为导向建立新的融资安排,有效降低融资成本。

第七章 公共财政：积极财政政策的
设计与优化

本章对于新常态下的财政收入政策、支出政策进行全面梳理分析，在此基础上，结合新积极财政政策的使命、定位和要点，展开对新积极财政政策的研讨和设计。

一、新常态下的财政收入政策（税收政策，三角形Ⅰ）

财政收入政策主要是指税收政策，本部分主要讨论税收政策的基本原则、措施要点和政策体系构成。

（一）财政收入政策（税收政策）在宏观调控中的基本原则

1. 公平与效率融合

税收作为政府参与国民收入分配的重要工具，其运用同样涉及税收公平与税收效率的关系问题。一般来说，货物和劳务税是比较容易转嫁的，很难通过货物和劳务税来实现公平收入和财富的效果。而直接税一般在分配和消费环节课征，对资源配置的影响范围和力度较小，并且税负很难转嫁，正适于实现税收的公平职能。因此，要区分不同税种的性质与功能，实现税制公平与效率的最佳组合。

2. 结构性

运用财政收入政策（税收政策）调控经济运行，要在注重总体调节的同时，发挥结构性调节的原则。例如，在促进产业结构优化升级时，既要完善加速折旧、研发费用加计扣除、技术研发准备金等政策，促进企业创新，推进产业结构升级，又要运用消费税政策，更好地发挥消费税限制高耗能高污染消费品生产、消费的作用，以调整产业结构、淘汰落后产能。

3. 系统性

在宏观调控中，运用财政收入政策，要坚持系统性原则，即：分析和解决问题时要着眼于全局性、整体性和关联性，反对以偏概全，机械照搬某些观点和做法。例如，在降低企业负担时，不仅要考虑税收方面的因素，还要考虑行政性收费、基金以及经营性舍弃收费等其他方面，综合、系统地去考虑解决问题之策。同时，既要加强财政收入政策内部的协调，也要加强收入政策和支出政策以及货币金融政策的协调，提升宏观调控的效果。

4. 可持续性

财政收入政策的可持续原则,主要体现在两个方面:一方面,从作用上来看,财政收入政策要有利于实现国民经济的持续、健康发展;另一方面,从政策本身来看,要考虑到财政支出压力、赤字和债务等诸多因素,保证财政收入政策的可持续,既不能"竭泽而渔",也不能"无米下锅"。

(二)财政收入政策(税收政策)在宏观调控中的基本框架

在"锐盾结构"中,财政收入政策(税收政策)处于三角形Ⅰ之中,要解决的宏观问题包括三个主要问题:第一,降低成本、减少生产性企业税费负担;第二,促进投资、创造市场需求;第三,促进产业升级、淘汰落后产能。具体如图7-1所示。

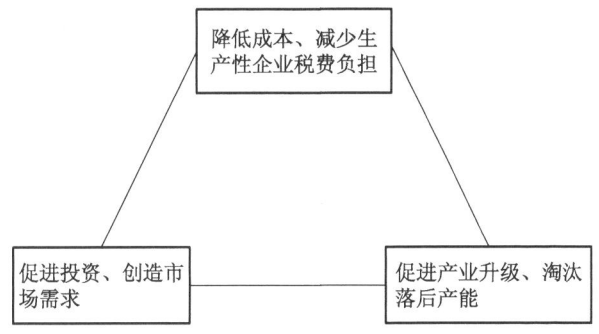

图7-1　财政收入政策(税收政策)三角形的宏观调控策略

从降低成本、减少生产性企业税费负担来看,财政收入政策则应将降低企业税费负担作为重要目标。尽管从宏观税负核算口径来看,近几年我国的宏观税负与发展中国家平均水平大致相当,低于发达国家平均水平,但企业、居民实际税负感普遍较重却是个不争的事实。目前涉企收费、基金等项目依然偏多,扭曲了税费关系。仅行政事业性收费就包含92大项,而每一大项下又有若干个"目"级小项,合计起来多达数百项;基金预算中收入种类也接近40项。目前,除了社保缴费较高之外,企业普遍对水利建设基金、残疾人就业保障金、教育费附加以及工会会费等反映也比较强烈。这些种类繁多、政出多门、设计不合理的基金、收费,特别是一些不规范、设计不合理的收费,进一步加剧了企业税费负担。同时,还存在中介、行业协会、涉企收费不规范问题,有的地方甚至较为混乱,加重了企业的负担。降低企业税费负担,可产生"一石多鸟"的效果。这一举措有助于激发经济活力,稳固增长的基础,扭转经济下行趋势。虽然经过近几年的市场出清,我国经济逐渐"见底",但仍面临较大的下行压力。通过进一步减税降费,降低企业成本,使其"轻装上阵",对于稳定市场预期、激励民间投资、推动经济根本好转,依然重要而紧迫。同时,通过降低企业税费负担,可产生价格传导和分配效应,释放国内消费需求,打造新的市场优势,抵消全球需求低迷的不利影响,增强经济持续发展的动力。

从促进投资、创造市场需求来看,财政收入政策则应有助于稳定市场预期,促进投资,激发经济活力。自 2016 年下半年以来,我国投资呈现回升态势。2017 年 1～2 月份,固定资产投资同比增长 8.9％,制造业、基础设施和房地产开发三大领域投资增速全面回升;民间固定资产投资自 2016 年 9 月以来持续回升,2017 年 1～2 月份同比名义增长 6.7％,增速比 2016 年全年提高 3.5 个百分点。虽然我国投资状况呈现好转趋势,但基础仍不牢,特别是作为经济状况的"晴雨表"的民间投资,虽然近几个月以来保持较快增长,但增速仍处于低位,表明市场预期并未完全恢复,并且增长的原因主要是 PPP 项目的拉动和第三产业的改善。因此,运用财政收入政策,加强对企业投资引导,将是今后财政政策的一个重要任务。

从促进产业升级、淘汰落后产能来看,产业升级和落后产能压力重重成为制约我国经济健康发展的重要因素。财政支出政策是政府支持产业升级、淘汰落后产能的重要工具。一般而言,在政府的财税手段中,税收优惠对企业技术创新的激励效应高于直接财政支出,其执行成本低于直接财政支出。政府可利用财政支出政策,建立激励机制,来分担创新主体的风险成本、增加企业创新的收益预期,鼓励企业自主创新。

(三) 以降低成本、减少生产性企业税费负担为目标的收入调控政策

由于造成企业和居民税负感重的因素比较复杂,再加上需要缓解因降低税费负担而带来的财政收支压力,因此,需要统筹税费关系和财力分配,推行综合系统性改革,完善有利于制造业发展和社会公平的税收制度,清理各类收费、基金,优化营商环境,降低企业和居民的税负感。

1. 进一步完善增值税制度,简化税率,适当下调税率

"营改增"之后,我国已形成了增值税多档税率(征收率)并存的格局,即增值税税率为 17％、13％、11％、6％和零税 5 档,征收率为 3％和 5％。尽管多档税率并存有其合理性和必然性,但其弊端日益显现。为此,考虑中央与地方的承受能力、纳税人税负结构、税收征管以及国外税制等多种因素,建议适当下调增值税一般纳税人税率,并合并简化税率结构。简化税率结构,有两种方案,一是取消 13％ 税率,保留 17％、11％、6％ 三挡税率结构;二是在适度降低增值税基本税率的基础上,形成 12％和 6％ 两档税率结构。

2. 继续深化资源税改革,清理与整合涉及矿产资源的收费基金

由于资源产品税费租的性质和作用各不相同,因此,我国的资源税改革不是简单的"以租代税""以税代租"或"以税代费",而是要从可持续发展、经济发展方式转变以及环境保护的角度,探讨如何建立价、税、费、租联动机制,充分发挥各自的积极作用,共同促进资源的合理开发和使用。2016 年 7 月 1 日起,我国全面推进资源税改革,通过全面实施清费立税、从价计征改革,理顺资源税费关系,资源税制度建设迈出关键一步。今后一段时间,应进一步深化资源税改革,全面清理与整合涉及矿产资源的收费基金,优化制度设计,完善资源价格形成机制和补贴机制。清理、整合各项收费和基金是深化资源税改革的重要前提。各地方政府需严格按照收费与基金设立的依据、审批权限、时间界限、征收范围和标准等规定,对依法合规的收费与基金保留,对

违规设立的收费与基金坚决取消,消除税费重叠、功能交叉的问题,并确保不增加相关企业的总体负担。对确需保留的依法合规收费基金项目,采取列举法,设定收费标准区间,整合相关费用,规范征收行为,并就原资源相关收费项目向社会公开。

3. 加快推进环境税改革,整合相关税费

2015年6月,国务院法制办公室公布《环境保护税法(征求意见稿)》,对我国环境保护税的基本制度内容进行了明确。2016年8月,第十二届全国人大常委会第二十二次会议对《中华人民共和国环境保护税法(草案)》进行了初次审议,并向社会公布和进一步征求意见。草案的审议标志着环境保护税法正式进入人大立法程序,其不仅在立法进程上前进了一步,也对环境保护税的制度内容进行了修改完善,加快推进环境税改革,适时扩大征收范围。对于二氧化碳排放,即使目前环保税法中还不能将其纳入征收范围进行征税,但可以在环保税法中设置可以对二氧化碳排放征税的相关规定,为未来适时征收碳税奠定基础;环保税法还应适时将排污费制度已经成熟的部分新污染物排放,如挥发性有机物等纳入征收范围。同时,与推进环境税改革相结合,统筹考虑税费关系,清理、整合环保领域的相关收费。

4. 清理各类行政性收费、基金和涉企收费,减轻企业负担

结合我国当前的"三去一降一补"工作和中央经济工作会议提出"降低企业税费负担"的要求,将降低企业收费作为减轻企业负担首要措施去抓。一方面,清理、降低政府性收费、基金。继续大幅降低社会保障缴费率,减轻企业负担、增加居民可支配收入。清理、规范政府性基金、收费,适时取消残疾人就业保障金、教育费附加和水利建设基金等基金、收费。另一方面,清理规范社团、中介服务项目和收费,取消或降低部分涉企经营服务性收费。

(四) 以促进投资、创造市场需求为目标的收入调控政策

以促进投资、创造市场需求为目标的收入调控政策,主要包括完善增值税抵扣链条、创新型产业的税收引导政策和环保型产业的税收引导政策等,可以加强对企业的投资引导。

1. 完善增值税抵扣链条,激发投资动力

2016年,"营改增"试点全面推开,并将不动产纳入抵扣范围,应该说已经基本上完成了从生产型增值税向消费型增值税的转变,有利于促进企业投资发展。"营改增"后,参与改革试点的多个行业内不同企业在服务链分工中所处位置不同,服务外购与服务增值的形态千差万别,看似很多成本可以抵扣增值税进项税额,但在实际执行中,增值税抵扣链条未完全打通,部分专用发票取得较难,在一些企业出现了抵扣不完全情况,造成了企业税负增加。例如,对建筑业而言,部分建筑材料供应商为小规模纳税人甚至无证经营户,难以取得增值税专用发票;施工单位进行施工的时候,消耗的水、电、气等难以取得进项税发票;利息支出的进项税额不能进行增值税抵扣。又如,交通运输业,一些项目本应该纳入进项税额抵扣范围但却没有纳入,有些项目虽已纳入进项税额抵扣范围,但不能实现充分抵扣等原因,导致一些交通运输企业税

负增加。因此,应该适时启动深化增值税改革的程序,通过实现完全抵扣机制,打通抵扣链条,激发企业投资热情。

2. 完善创新型产业的税收引导政策

完善创新型产业的税收引导政策,其着力点应放在三个方面:其一,通过税式支出减弱创新不确定性。政府可以通过税收优惠措施,分担企业创新风险,减轻创新企业的税负,使创新企业较传统企业在税收负担上明显处于优势,从而增加创新企业的利润预期,减弱技术创新的不确定性,从而激发创新企业的创新活力。其二,通过税式支出实现外部效应内部化。由于技术创新活动的私人收益率低于社会收益率,因此,可通过适当的激励创新投资企业的税收优惠,如投资抵免、纳税扣除、优惠的个人所得税等手段,对率先创新企业应得收益(或承担成本)进行补偿,以激励企业创新。其三,通过税收与其他政策组合培育创新环境。在优化产业结构、鼓励企业在技术引进基础上再创新、扶持各渠道社会资金投入风险投资等方面采取税收激励措施的同时,还要从知识产权保护、科技体制改革、科技人才队伍建设、培养全民公众创新意识等多方面着手激励技术创新,形成良好的社会环境,发挥其整体最佳效能。

同时,加大对人才的税收激励力度,支持企业创新。例如,在利用财政资金设立的科研院所和高等学校中,将职务发明成果转让收益在重要贡献人员、所属单位之间合理分配,用于奖励科研项目牵头人、骨干技术人员等重要贡献人员和团队的收益比例不低于50%;以科技成果作价出资创办企业的,不限制科技成果作价份额占注册资本的比例,由企业投资人之间协商确定,并将作价份额不低于20%的比例奖励给成果完成人以及为成果转化作出重要贡献的管理人员;对高科技人才取得的技术转让和技术服务收入的个人所得税减免;对科研人员获得一次性奖励或特殊津贴给予个人所得税减免。

3. 完善环保型产业的税收引导政策

完善环保型产业的税收引导政策,主要体现在对环保产业的税收优惠上。

一是进一步完善现行有利于环保产业发展的优惠政策。可以根据实际情况,调整和完善相关资源综合利用产品的优惠范围和目录,例如,可以适当增加一些能源资源回收利用的优惠政策,如工业余热、余压和利用太阳能等新能源项目;对水泥厂协同处理生活、医疗、危险废物垃圾,采用旋窑法工艺生产的水泥(包括水泥熟料,下同)或者外购水泥熟料采用研磨工艺生产的水泥,给予增值税即征即退的政策,而不受水泥生产原料中掺兑废渣比例大于30%的比例限制。

二是出台一些有利于环保产业发展的新的优惠政策。例如,进一步加大对太阳能等优惠力度,形成包括风能、生物质能源等在内的清洁能源增值税优惠体系;可对节能效益异常显著,但因价格等因素制约推广的重大节能设备和产品,在一定期限和相应条件下实行增值税一定比例的即征即退政策;实施"营改增"后,对节能、环境保护方面的咨询、信息和技术服务,以及节能环保型绿色建筑等方面出台一些新的增值税优惠政策。

4. 完善针对小微企业的税收引导政策

完善针对小微企业的税收引导政策,通过税收政策大力扶持小微企业,支持大众创业，有助于培育新产业和新增长点。

一是扩大小微企业增值税和营业税税收优惠范围和幅度，继续提高增值税和营业税起征点。

二是对特定行业特别是关系民生的小微企业，适当减征或免征开办初期的房产税、城镇土地使用税。

三是对小微企业签订的购销合同、加工承揽合同、财产租赁合同、财产保险合同、技术合同等各类合同免征印花税。

四是对高新技术小微企业，允许其将用于科研和实验设计的研发费用从应税所得中一次性扣除。

（五）以产业升级、淘汰落后产能为目标的收入调控政策

以产业升级、淘汰落后产能为目标的收入调控政策，主要体现在加速折旧的政策、投资抵税的政策、研发费用扣除政策以及消费税政策等。具体而言有以下几点。

1. 完善加速折旧的政策

为了鼓励企业，特别是自身研发能力弱的中小企业，更新落后的生产设备、采用新技术，许多国家和地区对企业购置先进生产设备给予加速折旧的税收激励。例如，美国《国内收入法典》规定，对高新技术产业研究开发用仪器设备实行快速折旧，折旧年限为3年，是所有设备中折旧年限最短的；日本企业一般固定资产的折旧年限已缩短至3年或5年，对企业购置各类特定的机器设备，允许其在提取正常折旧外，再按购置成本的一定比率，在设备使用第一年增提期初特别折旧，其中研究与开发用的设备按50%增提折旧，用于某些高技术企业并安装在指定的高技术开发区的工业机器按14%（建筑物按7%）增提折旧；德国规定高科技环保固定资产的折旧率，设备为50%、建筑物为30%；法国对企业用于科研的建筑物投资，允许在投资当年计提50%的折旧，用于研究开发活动的新设备、新工具可以实行加速折旧。

我国目前所规定的固定资产折旧年限是根据固定资产的使用年限制定的，比国外的规定长很多，远远跟不上由于技术进步造成的固定资产更新速度。2008年实行的新《中华人民共和国企业所得税法》第32条规定："企业的固定资产由于技术进步等原因，确需加速折旧的，可以缩短折旧年限或者采取加速折旧的方法。"为此，我们建议，参照国外的固定资产折旧年限，对于示范区创新创业型企业购置的先进生产设备，可将其折旧年限缩短至3年或5年，并在设备使用第一年按设备价值的50%增提期初特别折旧。

2. 完善研发费用加计扣除政策

一是落实好《关于完善研究开发费用税前加计扣除政策的通知》（财税〔2015〕119号）的政策，放宽享受加计扣除政策的研发活动适用范围，扩大研发费用加计扣除范围，简化对研发费用的归集和核算管理，加大政策落实力度，进一步促进企业加大研发投入，减轻企业负担，推动创新。

二是完善政策执行和工作机制。建立税务机关与科技部门的联合工作机制，做

好对企业的政策宣传、培训和咨询服务。建立政策跟踪与评估机制,及时掌握政策落实情况,对政策效果进行分析,在此基础上调整和完善相关政策。

三是研究进一步加大政策力度。在未来可再研究提高研发费用加计扣除标准。对工业企业研发的具有国际领先水平的技术或设备发生的研发费用,加计扣除比例提高到 100%。还可根据研发活动的发展特点,适时增加可加计扣除的研发费用范围。

3. 建立技术研发准备金制度

从国外经验来看,提取技术研发准备金制度是支持企业创新和产业升级的一项重要措施。例如,韩国为了确保企业的研发投入,规定公司(提供奢侈服务的企业除外)可提取技术开发准备金,用于技术与人力资源开发支出,允许公司按不超过每个纳税年度经营毛收入的 3%(技术密集型产业按 4%、生产资料产业按 5%)计提损失,从第三个经营年度起未使用完的技术开发准备金计入应税所得额中缴纳企业所得税;日本《电子计算机购置损失准备制度》中规定,计算机生产厂商可从销售额中提取 10% 作为准备金,以弥补发生的损失;印度税法规定凡符合条件的企业,其实现利润可扣减 20% 作为投资保证金;新加坡税法则规定对某些经过批准的企业,可将应纳税所得额的 20% 作为科研开发准备金。

为鼓励企业自主创新、推动产业结构升级,建议对科技型企业,允许其从销售收入中提取 3%~5% 的技术研发准备金,准予准备金在所得税前据实扣除,以弥补科研开发可能失败造成的损失。同时,规定准备金必须在规定时间内(3~5 年内)用于研究开发、技术更新、技术改造和技术培训等方面,对逾期不用或挪作他用的,应补缴税款并加罚滞纳金,以提高技术研发准备金的使用效率。

4. 完善投资抵税政策

对投资新办科技型企业,可按投资额一定比例获得税收抵免;对科技型企业用于研究开发方面再投资的资本和利润,实行再投资免税和再投资退税政策。

5. 完善消费税制度

进一步扩大消费税的征税范围,重点是将其他对环境有害的消费品逐步纳入征税范围,包括含磷洗涤剂、臭氧耗损物质、包装材料、一次性方便餐具、化肥、农药等。进一步提高部分应税产品的税率,从而加大对污染性消费品的特殊调节作用,更好发挥消费税限制高耗能、高污染消费品生产、消费的作用,这样也有利于间接起到调整产业结构、淘汰落后产能的作用。

二、新常态下的财政支出政策(投资政策,三角形Ⅱ)

新常态下的财政支出政策主要立足于促进投资增长、补充市场短板、降低企业杠杆和风险等目标为主要的政策功能取向,并将其作为整体调控框架中的一环,进行体系化的设计和结构化的运用。

(一) 财政支出政策(投资政策)在宏观调控中的基本原则

财政支出政策(投资政策)是用公共财政资金用于市场经济活动的一种政策机制,所以应有效的控制规模、提高效率、加强监督、确保公平,并提升政策手段的针对性和有效性。其具体有以下几点。

1. 公平性

财政支出(投资)的公平性包括规则公平、权利公平和机会公平。财政只确定投资的领域、方向、标准和方式,并不针对特定的企业,甚至除了法律有要求外,也不针对特定的产权,在此规则下,公平竞争获得政府的投资支持。也即,除了政府投资的自身效果外,不能再给市场带来新的扭曲。

2. 透明性

透明性是指财政支出(投资)的整个过程应按照法律的规定向市场或特定的主体公开,以便利监督,并确保资金的配置符合资金的预定目标和方向。

3. 结构性

结构性是指财政支出(投资)不是从整个面上来加大投资、拉升经济,而是针对市场机制中的结构性问题,国民经济中的结构性产业,产业中的结构性工序,产品中的结构性材料(技术)而实施的。要有重点,集中突破。

4. 效率性

效率性包括两个层次:一是财政支出(投资)要讲求效率,在实施的过程中尽可能地避免扭曲,提高资金绩效,扩大资金运用的成果;二是财政支出(投资)的领域、项目要富有效率,能够通过自身效率的提升,改变产业竞争优势,或者通过项目的建设,能够提升整体效率。

5. 有限性

有限性主要是指财政支出(投资)并不是越多越好,而是应处于一个合理的区间之内,范围也应明确在公共服务或基础设施、基础科研等领域内,也即财政支出(投资)是有限范围的有限规模投资。此外,还可以考虑财政支出(投资)的特点,相应地限制其投资模式和对企业经营参与要求。

(二) 财政支出政策(投资政策)在宏观调控中的基本框架

在"锐盾结构"中,财政支出政策(投资政策)处于三角形Ⅱ之中,要解决的宏观问题包括三个核心问题:第一,促进投资,扩大市场需求;第二,补充短板,更好地发挥政府作用;第三,降低杠杆,优化融资结构。具体如图7-2所示。

从促进投资,扩大市场需求来看,经济发展新常态的固定资产投资表现为传统产业相对饱和,但基础设施互联互通和一些新技术、新产品、新业态、新商业模式的投资机会大量涌现的特点。而无论是基础设施的互联互通还是"四新"投资,财政支出(投资)都将在其中发挥重要的作用,特别是采取PPP等创新投融资方式,推进"大众创业、万众创新"等,与市场充分融合以把握投资方向,消除市场投资障碍,使财政投资

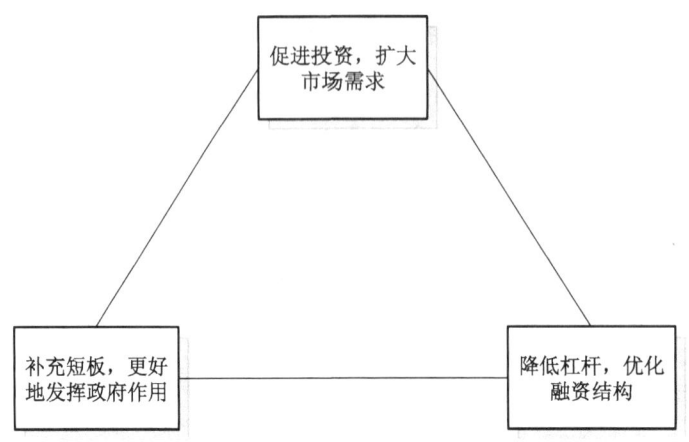

图7-2　财政支出政策(投资政策)三角形的宏观调控策略

继续对经济发展发挥关键作用。

从补充短板,更好地发挥政府作用来看,新常态下的全面刺激政策的边际效果明显递减,因此,简单地增加政府投资规模,扩大政府投资的覆盖面不是财政投资的理想选择。财政支出(投资)的重点是立足于补充市场短板,既要全面化解产能过剩,也要通过发挥市场机制作用探索未来产业发展方向,并通过对总需求的适当扩张和引导,全面把握总供求关系新变化,科学进行宏观调控。

从降低杠杆,优化融资结构来看,新常态下伴随着经济增速下调、各类隐性风险逐步显性化、以高杠杆和泡沫化为主要特征的经济风险将形成一定程度的激化或是快速积累。财政支出政策(投资政策)必须要优化投资结构,引导市场资金的流向和产业配置,在确保总杠杆不增长、政府杠杆负担可持续的情况下,积极推动企业去杠杆,实现对泡沫风险和高杠杆风险的标本兼治、对症下药。

(三) 以促进投资、创造需求为目标的财政支出(投资)政策

促进投资、创造市场需求的核心是落实"以供给侧结构性改革为主线,适度扩大总需求"方针的具体体现。投资在短期内形成的是总需求的规模和增长,在长期内则是形成供给的重要基础,而财政支出政策(投资政策)在关键领域投资支撑,市场投资引导,开展基础性、公益性投资,承担投资共性风险等领域将发挥重要作用。在新常态下,财政支出(投资)政策将根据要求,着力在以下四点取得突破。

1. 预算内基础设施投资和经济建设支出

为适当扩大总需求,保持经济增长环境总体稳定,政府应以基础设施投资和经济建设支出为重点,安排预算内投资支持关键领域和环节的发展。考虑到事权分享关系和公共产品的特性,以及相关领域建设投资的需求,中央预算内投资规模在 5 000 亿元至 5 500 亿元之间较为适宜,而地方预算内投资以 25 000 亿元至 28 000 亿元较为适度,合计"十三五"期间,每年的财政预算内投资规模以 30 000 亿元至 33 000 亿

元之间作为适宜区间较为合适。

2. 政府与社会资本合作(PPP)开展的投资

政府与社会资本合作(PPP)经过 3 年来的推广和实践,已经取得了较大的成就,而与初始的 PPP 模式相比,也有了较大的进步。从 2017 年的情况看,社会资本方可以直接担当项目的建设方,并经一次招投标确定,这样使社会资本方的基本盈利得到保证;而地方政府在土地使用时,也可以将土地一级开发招标与项目开发招标同步完成,有利于 PPP 项目下的政府出资的设计,并可支持大型园区、特定小镇和新城区的开发投入;此外,2017 年启动了 PPP 项目的资产证券化改革,以 PPP 项目的资产收益作为收益保障来源,可以较快的实现社会资本方的资金退出,减少不必要的资金占用。这些改革与接下来要论及的 PPP 投资基金一起成为推进 PPP 项目的重要助力,政府对 PPP 项目的直接出资的压力明显减少,而采取后补助而形成的财政容纳能力的限制也显著下降。

3. 政府性投资和引导基金机制

政府性投资和引导基金的组建已经获得了政策层面的良好支持。2016 年 12 月,财政部出台了《关于财政资金注资政府投资基金支持产业发展的指导意见》,为财政资金参与地方政府投资基金,并作为资本金、引导金、劣后资金的安排提供了重要的政策依据。以财政资金出资组建,原有专项资金转型组建,在现有项目的基础上上延母基金或者是下延子基金等方式越来越丰富,财政资金的撬动能力、带动范围和实施方式也在不断完善、提升,政府性投资和引导基金的作用越来越突出,并成为财政资金市场化、法治化的投入、持有、监管和退出的重要载体。目前应用财政投资和引导基金的主要包括:股权投资基金、产业引导基金、债权分级基金、风险补偿基金和 PPP 融资支持基金等主要类别。

4. 风险分担型、保障性的财政支出安排

财政通过对风险的有效分担,或者为市场投资活动做增信安排可以有效地改变市场收益率曲线,并促使市场资金更多更好地流向目标产业和重点领域。而对于财政而言,风险分担型、保障型的支出安排,仅需要财政嫁接信用或提供部分收益补偿即可,则可以有效地放大资金效果,并对市场投资起到良好的引导和指引作用。尽管该类资金的投资引导效果显著,但财政仍需较为审慎地使用,一方面避免政府信用负担过重,另一方面避免对正常的市场融资形成挤出或扭曲。此外,该类支出中还应包括财政为相关保险产品提供的贴息支持或再保险保证等,借助保险保证资产完成有效的融资和贷款。

(四) 以补充短板、更好地发挥政府作用为目标的财政支出政策

补充短板的目标是为了平衡发展和避免国民经济的财富溢出和效率损失。在财政支出(投资)方面,要根据"财政是国家治理的基础和重要支柱"的定位出发,要从严重制约经济社会发展的重要领域和关键环节、从人民群众迫切需要解决的突出问题着手,既补"硬短板"也补"软短板",既补"发展短板"也补"制度短板"。其具体包括以下五点。

1. 消除垄断影响,推动垄断行业改革

市场垄断是导致经济效率损失的重要原因。从我国在经济新常态时期的运行情况来看,市场垄断主要表现为价格垄断、渠道垄断和资源垄断三个方面。因此,消除垄断的影响,推动垄断行业改革也须从这三个方面着手。

价格垄断和价格体制改革是我们要着力推进的重要环节,凡是能由市场形成价格的都交给市场,政府不进行不当干预。财政要适当安排预算资金,支持水、石油、天然气、电力、交通、电信等领域价格改革,推动放开竞争性环节价格,完善农产品价格形成机制,注重发挥市场形成价格作用。

渠道垄断和供给模式改革是整个消除垄断的关键所在。当前,既要放开渠道竞争,让更多的主体能够参与和运营渠道,从而降低渠道费用,提高渠道效率;又要让保留的单一渠道更多地为不同主体服务,而且要保持一视同仁。财政应安排必要的预算资金,推动多渠道的建设和发展,如对天然气改革,采取门站价格竞争的安排,与城市地下综合管廊一起,推动多渠道的竞争;或者安排一定的财政支出,推动输电网络等单一渠道为更多的主体服务,包括直购电主体和分布式电源主体。

资源垄断是土地、矿权和资源的三位一体的垄断,垄断程度高、影响大。财政对资源垄断并不具有直接的干预能力,目前财政的工作重点是:主要协助主管部门采取推动探矿权、采矿权和经营权改革的方式,打破权力垄断;支持采取更具有开放性和竞争性的土地资源管理办法,确保公平公正、竞争有序;支持使用资源付费和谁污染环境、谁破坏生态谁付费原则,逐步将资源税扩展到占用各种自然生态空间。

2. 减少市场扭曲,维护要素市场效率

财政减少市场扭曲的措施主要包括:第一,取消不合理的税收优惠政策,按照统一的标准实施相关的税收安排,原则上不再出台新的税收优惠政策,而对于老政策也要逐步安排退出;第二,维护国内市场的统一有序,坚决打击地方保护主义,对地方违规收费、违规采购和限制消费(除国家专营政策),要坚决查处;第三,支持调整或取消不合理的行政限制或未得到法律授权的行政性壁垒,提升资源的配置效率,在更广阔的市场范围内优化资源配置;第四,保障市场公平,对各类市场主体做到一视同仁,在政府补贴、奖励、减税和科技支持等领域,除法律规定外,所有的市场主体应确保公平对待。

除商品和服务市场外,引致性的要素市场也需要加大重视力度。财政应采取适当的支出手段开展劳动要素的培训工作,提升劳动生产率,并为经济的转型发展提供良好的要素支持;财政还应支持取消不必要的从业资格、行业资质的强制管理的问题,推动尽可能的取消一切不必要的"两资"强制认证,为劳动要素市场的充分流动和有效调剂创造良好的条件。而对于资本市场的改革,财政则要从支持尝试和承担风险的两个角度来安排资金予以支持,如允许商业银行的风险拨备资金不计入企业所得税的应纳税额,或建立金融稳定资金等安排。

3. 完善市场体系,支持商品市场出清

财政支持市场体系完善的重点是通过财政支出或投资方式建立市场短缺的、应

由政府以公共产品形式提供的市场结构。其主要有：第一，完善知识产权市场体系，支持建立知识产权综合管理制度，并推动知识产权的保护、定价和运用；第二，推动建立国家电力交易市场，并形成新的电力销售办法和渠道，支持非电企业以电力现货合约的形式参与电力市场；第三，支持完善多层次资本市场，避免市场间的估值扭曲，以平衡为目标重构资本市场，坚持市场的平稳有序；第四，大力提升商品和服务市场，使市场具有歧视性定价能力和差异化营销能力，从而在智能化技术的支持下，更好地形成市场的有效出清，并使消费者和生产者都获得更好的福利感受。

4. 建构服务环节，支持消费和生产转型

随着差异化、个性化和多样化浪潮的兴起，在产品和服务的销售市场上，需要让人们更好地理解差异化的表现，并对个性化进行有针对性的比对和匹配，因此，应构建能够对商品和服务进行充分有效理解的服务环节和服务人员，甚至企业要优化和自建销售渠道。在产业链中，受到中间产品差异化的影响，制成品企业需要更好地理解产品差异化的功效，并将这种差异化放大、改进和传递给消费者，财政应支持市场形成"制造业＋服务业"的新模式，推动制造业向新模式的方向转变。

5. 推进新型基础设施，构建智能化市场体系

新型基础设施主要是指新一代信息基础设施，强调要安全、高速、移动、泛在地提供高品质的信息技术服务；要构建数据资源体系和数据基础设施，设立数据库和数据交换系统，建立云计算服务机制；要支持建立国家大数据体系，开展大数据主动服务，并形成大数据层面的关联性信息和行动测度，同时支持有针对性的技术对已形成的大数据规律进行反思，主动刺泡冗余的个人"偏好气泡"；建立一体化的网络体系，打通互联网、物联网和生产性互联网的边界，让信息充分涌流，自由交换，从而将智能化市场体系的制度、机制和规律不断提升和完善。

（五）以减低杠杆、优化融资结构为目标的财政支出政策

经济新常态阶段，受到转型压力和创新驱动的共同影响，我国非金融企业杠杆率较高，且与储蓄率高、以信贷为主的融资结构直接相关。财政支出（投资）政策要在控制总杠杆率的前提下，把降低企业杠杆率作为重中之重。具体政策措施包括以下四个方面。

1. 支持股权式融资的发展

对于企业的新增融资尽可能支持其股权融资的方向。主要手段有：一是支持证券市场改革，加速 IPO 的进度，稳定和优化市场的估值系统，提升新三板的容纳能力和活力，坚持做以市商交易为基础、更好地匹配收益率的估值系统；二是支持股权投资基金的发展和组建，支持以备案制为基础的股权投资基金的组建工作，并鼓励投资基金以作为长期投资者和收益分享者的方式获得投资回报；三是支持大型企业集团和上市公司组建企业级的投资基金，并对中小企业开放股权投资，提升中小企业的融资能力和经营活力；四是支持风险投资、产业投资基金的发展，并继续对风险投资活动进行必要的支出引导和风险分担。

2. 支持债转股改革的推进

对于企业的存量融资的主要思路是做好债转股的改革工作。这里所说的债转股主体是银行层面的债权转股权,即支持将银行的一部分债权转为股权,推动债务企业去杠杆。推进的债转股应有两个层次:第一个层次是银行自身层面的"债转股",即银行将不良贷款转为对企业股权,并根据《中华人民共和国商业银行法》的要求,在不超过 12 月内处置持有的股权;第二个层次是资产管理公司(AMC)层面的"债转股",即 AMC 根据市场化的原则,在法律授权的范围内从银行购买债权,并在自身完成债转股后,降低债务企业的杠杆,并按照新资产包的要求,处置形成的股权。财政应从防范风险和推动支持两个角度提升债转股工作的有效进行。

3. 创新股债结合融资模式

为了既扩大企业的融资能力,又不增加企业杠杆,可重点考虑股债结合的融资模式的扩进,财政通过支出手段为股债结合的融资提供必要的利润补偿、风险缓冲和成本补贴。股债结合的方式包括银行通过自身的基金部和信贷部联合运作的安排,也包括市场化的基金运作与银行信贷支持适当分离的操作安排,通过股权降低企业的杠杆率和风险水平,并相应地增强债权再融资的能力和条件。

4. 推进资产证券化

提高企业存量资产的利用水平、加大融资产品的周转速度是解决企业高杠杆下继续提升债权融资能力的主渠道,而其中最为有效的方法就是资产证券化改革。财政支出政策要从以下三个方面推进资产证券化改革:一是加大对基础设施资产证券化的支持力度,鼓励将基础设施以其收益或溢价空间为目标实施资产证券化安排,并尽可能地降低非标准资产进行资产证券化的高产品开发费用;二是支持对房地产抵押贷款(MBS),房地产资产本身(ABS)实施资产证券化安排,既为房地产市场提供泡沫风险的梳解渠道,又为房地产投资活动提供更加便利的投资产品;三是支持知识产权的资产证券化安排,加大投入力度,开发带有财政贴息、担保和保险补贴的知识产权资产证券化产品,主要以收益权分享为开发方向,总体属于信用性资产证券化产品。

三、以发挥市场决定性地位为目标的新积极财政政策

根据前述我国财政政策运行框架和政策体系,结合我国宏观经济运行的基本状况,以及坚持市场在资源配置中的决定性地位的改革要求,我国新积极财政政策的定位应是:以发挥市场决定性地位为目标的积极财政政策。具体的政策设计原则和政策措施安排的建议情况如下。

(一)新积极财政政策的主要原则

构建以发挥市场决定性地位为目标的财政政策(在本书中简称为新积极财政政

策)。新积极财政政策将以完善市场体系、减少政府干预和促进社会公平作为改革的基本目标,将财政政策手段的运用置于市场的规则之下,在推动市场体系完善的同时,规范政策手段的运用,提升宏观政策体系的前瞻性和科学性,使政策的扩张力和市场的导向力更好地叠加在一起,使我国宏观经济调控实现稳中求进、稳中有为的良好局面。

为实现上述政策目标,新积极财政政策需坚持以下规划原则:

第一,增加需求。增加需求是在财政政策在总需求层面要形成支撑,避免宏观经济运行中的总需求波动而带来的系统性风险,同时为全面改革的推进准备相对较好的宏观经济环境和稳定的社会环境。当前,利用财政政策增加总需求的办法不能只立足于财政支出规模的扩张,而应在保持正常财政收入增长的情况下,优化财政支出结构,将行政事业和服务性支出进行严格的控制,加大社会公共产品的保障力度,保障基础设施的建设投入,在增加当期总需求的同时,为未来的经济社会发展打下坚实的基础。

第二,调整结构。调整结构是在经济稳定发展的情况下,"求进"和"有为"的重要内容。调整经济结构既要顺应市场的基本规律,顺势而为;又要积极创造条件,凝聚合力,择机而动。因此,调整结构的财政政策重点是既要通过结构性减税安排来拓展市场空间,发挥市场效力;又要通过补贴和投资引导社会资金流向,分担市场风险,弥补市场的缺失。

第三,提升效率。提升效率包括三个方面:一是提升市场效率,也即拓展市场领域,完善市场机制,提升市场价格机制、创新机制的灵敏度和调配资源的能力;二是提升产出效率,近年来我国全要素生产率的提升与要素从农业领域向非农领域转移高度相关,但这种模式的空间已经大幅度压缩,亟须在非农领域内部形成新的产业比较优势和提升企业的产出效率;三是提升政策效率,也即强化政策执行过程中的统一性和协同性,避免政策措施的目标分散和管理粗放,提高政策配属资金的使用效率。

第四,优化配置。优化配置既包括支持和完善市场,以提高市场的资源配置结构和效果,也包括在更大的范围内调动财政资源存量,与新增增量资源一起优化配置。在坚持市场与财政资源各自优化配置的基础上,将市场机制引入到财政资源的配置之中,也即财政和政府的资源配置要在坚持公平正义的基础上,注重配置手段的合法性和效率性,注重政府资源配置与市场资源配置结果的协调统一。

第五,完善市场。完善市场的重点集中在三个方面:一是拓展市场范围,让尽可能多的资源由市场来进行配置,财政要通过税收、引导、补偿和主动引入等手段将更多的资源和要素置于市场环境之中,消除"内部化"的动因,使市场机制发挥效力的空间不断扩大,使政府资源配置的方法在法律框架下和公平公正的原则下,逐步市场化;二是弥补市场缺陷,我国的市场运行还存在一系列的影响因素限制其市场效力的发挥,这些因素包括"外部性"因素、垄断因素、公共物品因素和知识私权因素等,要下决心减少行政审批,保持市场统一,控制不合理的歧视性优惠政策;三是消除市场瓶颈,我国市场瓶颈包括基础设施瓶颈、市场避险机制瓶颈、交易促进和保障制度瓶颈以及市场行政分割和设租风险瓶颈等，解决的方法是既要保持政府对基础设施投入的力度，完善基础设施的结构和使用，又要大力完善制度建设和推进管理改革，重点发挥好政府的制度的提供职能、市场建设职能和产业监管职能。

（二）新积极财政政策的主要措施框架

新积极财政政策将在推进国家治理体系和治理能力现代化的基础上，与市场机制和企业需求紧密结合，以扩张总需求和促进要素供给为抓手，统筹推进，并与货币政策相协调，形成合力。从当前政策目标的选择来看，首先，是稳住经济增长态势，使其能够在较为合意的区间运行，扩张总需求成为最直接也最为有效的政策手段；其次，通过简单调动要素的配置结构，可以改变要素的性质并促进生产效率的大幅度提升，形成供给侧的有效扩张。需求和供给双向并举，有望在较短的时间内稳住经济形势，并通过刺激经济运行中的一系列积极因素，形成部分投资和消费热点，在强调市场公平和自由竞争的前提下，形成经济转入长周期增长阶段的坚实基础。将财政政策的改革和能有效扩张总需求与促进要素供给的政策进行整合归类，形成新积极财政政策的"财政十二条"。

1. 着手对财政政策的运行机制和架构进行研究和改革

中共十八届三中全会的《决定》明确强调：财政是国家治理的基础和重要支柱。这一界定将公共财政体系原来的二元架构调整为三元架构，也即将"政府财政—社会公众"间的简单逻辑关系推进到"政府财政—国家治理—社会公众"的复合关系，财政为国家治理体系和治理能力现代化服务，而国家治理更好地为社会公众服务，避免了因过度陷于微观层面而给财政工作带来的被动。这一关系是现代财政制度的内在特征之一，并要求我们在以下三个方面着力推进：一是支持各预算部门就财政资金的需求规模、使用方式、产出效果展开研究，找到治理的盲区、挖掘政策的潜力、形成科学的机制；二是深入开展财政政策的中介目标体系、规范的政策手段和结构化的调控要求的研究工作，并争取形成税制、补贴、投资和转移支付等领域的标准化手段和中介指标体系；三是以结果为导向开展财政资金使用的评估工作，财政政策从目标、机制和手段上退出微观领域，但对于资金的支出管理仍将延伸到具体的项目，并以结果为导向进行资金使用绩效的评估工作。当然，这一评估工作是借助不断完善的绩效评估市场来完成的。

2. 积极响应农村土地制度改革，防范地方政府土地出让收入波动风险

中共十八届三中全会开启了新一轮农村土地制度改革，其中主要包括四个方面的内容：第一，对于农村集体经营性建设用地，允许出让、租赁、入股，实行与国有土地同等入市、同权同价；第二，对于农村宅基地，要保障用益物权，慎重稳妥推进农民住房财产权抵押、担保、转让；第三，对于农村承包经营土地，要赋予农民对承包地占有、使用、收益、流转及承包经营权抵押、担保权能；第四，建立农村产权流转交易市场，完善土地租赁、转让、抵押二级市场。这些改革的逐步推进将影响现行土地市场结构，并改变土地出让收入的分配状况，地方政府的土地垄断权被打破，土地成本上升，净

收入规模下降,从而将导致以土地出让收入为还款来源的部分债务出现违约风险。可考虑由中央财政主导建立地方政府债务风险稳定资金,余额滚动并委托全国社保基金运营管理;或与货币当局积极合作,加快市政债的改革进程,明确区分企业债务和政府债务,允许部分到期债务展期或借新债还旧债,以发展和改革来化解风险。

3. 完善国有资产管理

约束国有企业和国有资产的投资边界,提高国有资本经营收益的上缴力度,有序退出不合理和不必要的国有资产投资领域。目前,我国经营性国有资产约有 7.2 万亿元,每年上缴的国有资本经营收益约为 1 572 亿元,远低于上市公司的年度分红水平。可考虑进一步提高国有资本经营收益的上缴比例,形成国有资产对社会和国家的良好回报,支持经济体制改革的进一步深化。同时,还应对部分国有资产启动退出性安排,向社会资本开放市场,并通过国有资产的变现、换股和引进战略投资者提升国有资产的收益水平和竞争能力,通过国有资产的处置所产生的收益主要用于支持中长期的收入分配改革和土地资源的配置改革等,同时,也可以部分用作地方政府性债务管理,形成市场、化解风险。

4. 适当加大财政赤字的规模

继续保持一定规模的财政赤字,积极引导社会资本,形成一批以先进制造业和现代服务业为投资对象的新投资热点。在措施安排上可以考虑以下四点:一是对基础设施和基本公共产品应继续保持投资安排,但应与经济发展和生活需要密切结合,注重建设质量和工程维护,避免基础设施和公共产品的过度损耗,对于能够产生现金流的基础设施和准公共产品,采取股权融资或公私合营(PPP)等多种方式鼓励社会资本的进入;二是积极与市场力量合作组建创业投资基金,鼓励创业投资的环节前移到实验室技术转换和新产品推广阶段,一方面为技术创新和高新技术产业发展积累力量,另一方面形成较高收益但同时具有较高风险的投资热点;三是为企业技术改造和产能扩张提供支持,包括补贴、贴息、担保,可考虑通过对当前各项产业基金整合的基础上,进一步增大资金力量,拓展覆盖领域;四是用足用好国债发行空间,2014 年,应继续保持 1.3 万亿元左右的赤字安排,其中中央赤字可考虑不低于 7 000 亿元,地方赤字可以达到 5 000 亿元以上,以在债务安全区间内,保持政府的直接投资或投资引导能力。

5. 以优化消费结构、扩张服务消费和改善消费渠道为重点,大力促进消费增长

2013 年的消费结构中,家电、家具、通讯和汽车四大类耐用消费品占商品类零售总额的比重预期不足 20%,占比明显低于美国的 50% 左右的水平。当前,可考虑继续实施消费补贴和低收入群体的消费促进政策,如对环境类产品消费实施为期一年的消费补贴安排,或是对符合条件的低收入群体在一定规模内的商超粮食、服装类消费实施增值税退税政策,退税率可定于 10% 左右,并由中央财政承担。服务消费是我国消费扩张的重点,简单地把餐饮消费看作服务消费的代表,我国的餐饮消费与同期商品消费的比值为 0.12∶1,即使考虑到全部服务消费品,与商品类消费的比例关系也只达到 0.3∶1 的水平,相较美国的 2∶1 的结构,差距很大。当前,应有步骤地

推进服务消费的发展,包括促进政务服务的消费、生产性和生活性相融合服务的消费和人民生活所必须的专业服务消费,短期内可考虑以政府行政绩效管理、信息服务消费和养老服务消费为重点展开,并着手推进政务服务市场的建立和完善。

6. 促进进出口发展

利用世界经济进入复苏阶段的有利时机,拓展我国出口商品的市场范围,提升我国产品竞争能力,形成进出口协调发展和以贸易完善市场改革的良性循环。其主要包括三个方面:一是利用美元汇价波动的有利时机,根据 WTO 协定和原则的要求,通过出口退税、出口信贷和政府的贸易商业服务等措施推动出口产业扩张;二是立足于扩张生产、提升质量和满足生活需要,完善进口机制,使进口能够与促进国内产业竞争、增强出口产业竞争力和突破国内资源(含中间产品)的瓶颈相结合,促进符合国家产业导向和居民生活需要的产品贸易便利性措施;三是改造和提升加工贸易水平,使我国加工贸易能够楔入国际供应链的核心环节,提升国际分工地位,参与国际战略协作,分享技术外溢效果,形成自身的特色竞争优势。

7. 完善政府采购体系

改变政府公共服务的提供方式,从政府养人、养事,到政府买事、买服务。目前,我国政府采购的规模每年达到 1.4 万亿元,但多数采购对象为商品类和工程类,涉及政务和公共服务类的较少。大量的政务和公共服务采用政府养人、养事的方式进行,事业单位和其他服务提供者面临的对象较少,产业渠道较为狭窄,难以促进公共服务的专业化、效率化和产业化。应下大力气推进事业单位改革,转变政务和公共服务的提供方式,形成政府与事业单位和其他服务企业之间的市场通道和市场机制,推动我国政务和公共服务产业的快速发展。

8. 稳步推进城镇化的发展

重视城镇进程中所带来的要素供给效应,科学设计推进城镇化的政策体系,使政府承担的公共成本和非农就业、城镇安居能够有序地结合起来。城镇化可以提供较为充裕的非农劳动力和资本集聚,为城镇非农劳动力的增长和农业深加工产业与其他非农产业的发展积蓄力量,同时,为农村地区的资产流转和生产组织方式转变提供条件。但城镇化的进程不宜盲目求快,要与城镇的容纳能力、非农产业的承载能力和农民再就业的生产技能培训相结合。目前可适度放缓农民工转移就业的城镇化的步伐(即业的城镇化),集中力量突破农民工居业同地、同城的瓶颈(即居的城镇化),努力启动和拓展城镇户籍人口与新迁入人口之间在教育、医疗、住房、养老等公共服务领域的一体化(即人的城镇化)。着手建立财政转移支付同农业转移人口市民化挂钩机制,并开展评价指标和规模标准的研究工作,可考虑率先在部分西部省区开展试点工作。

9. 大力促进中小企业发展

支持具有创新性、成长性和持续性的中小企业发展壮大,形成自主创新的坚实基础和产业分工细化的有效载体。2009 年以来,国务院为促进中小企业发展,解决中小企业融资难的问题,制定了一系列优惠政策,这些政策正在发挥作用,并为我国中小企业的发展和创新提供了有力的支撑。近期在落实好国务院相关支持政策的基础上,还应着力推进以下三项改革措施:一是中小企业市场公平机制建设,除非法律限制或国务院的其他规定,不得限制中小企业参与相关市场竞争,对于企业资格、资质的评选和考核也应制定对中小企业实质公平的规则和原则;二是完善中小企业市场化的评价体系建设,使得中小企业的经营信息相对透明,以消除市场的不信任感,建立对中小企业的企业主和管理团队的终身评价数据库,建立企业信誉和信用;三是为中小企业兼并和并购融资提供便利,包括允许中小企业为完成企业并购发行优先股,或者为中小企业兼并大企业提供临时的金融支持(包括私募基金的准入等)。

10. 积极推进多层次资本市场建设

构建实体商品与金融商品的连接渠道,在提升市场效率、促进金融深化的同时,形成有指导性的关键商品的定价权。目前应选择对国民经济影响较大的初级产品来构建现货和期货交易市场,包括煤炭、原油、铁矿石等,同时,应着手稀土等标准合同的建设。此外,按照生态文明的建设要求和我国节能减排的现实需要,也应逐步构建全国性和部分区域性的碳排放权和排污权交易市场,实现环境资源的有偿使用和环保收益的有效实现。

11. 继续推进"营改增"改革

坚持结构性减税的政策思路,降低企业税负,优化企业税制,提升企业的设备投资、改革和产品创新能力。在 2016 年 5 月 1 日全面推开"营改增"改革之后,建筑业、房地产业等行业的大多数企业都选择了老项目简易征收的原则,即将营业税税负直接过渡为增值税税率,并按照价外税的标准换算征收。而 2017 年,建筑业、房地产业等行业将普遍以一般征收原则作为标准,渠道调整、抵扣获取和生产方式创新等一系列新主题深入展开;此外,对于原征收 13% 税率的商品按照 11% 的税率征收,而农产品则在征收率的计算上继续保持 13% 的水平不变。这些安排又将为行业发展和企业税负带来一系列的积极影响。而 2018 年还有制造业增值税税率下调的安排,这也将为我国"营改增"和生产性企业全面减税作出重大贡献。

12. 推进税收法治化进程

开展区域性税收优惠政策的摸排、统计工作,着手准备税收优惠的立法工作研究。要保证税制统一、公平税负、促进公平竞争的目标,维护市场主体的平等地位和市场机制的有效运行,开展对税收优惠特别是区域性税收优惠政策的摸排、统计工作,为下一步清理税收优惠政策打下坚实的基础。此外,还应着手开展税收优惠管理的立法工作,以税收法定、优惠法定、政策与手段法定为目标,探索优惠政策清理的目标、步骤和措施安排,以及税收优惠立法的基本目标、结构与原则等。

第八章　政策协同：新常态下的
货币政策与金融协同

在对财政政策梳理大背景下,我们以协同的视角完成新常态下货币政策体系的构建,并以金融市场和产品作为协同基础,构建金融协同的基本框架。其具体有以下几点。

一、新常态下的货币金融政策(三角形Ⅲ)

经济新常态条件下,尽管货币金融政策在调控的主导性和优化性上处于辅助地位,但在市场风险化解、经济运行环境优化、企业融资需求匹配和资产市场的平稳运行中,货币金融政策仍然发挥着不可替代的作用。在本书的"锐盾结构"框架中,货币金融政策的宏观调控处于三角形Ⅲ之中。

(一) 货币金融政策在宏观调控中的基本原则

货币金融政策总体来看属于总量性、一致性的优势政策。也即货币金融政策的宏观调控首先应按照总量性政策的要求,坚持好公平性、综合性的原则,再按照结构性政策的支持政策的要求,坚持好透明性、间接性的原则。其具体有以下几点。

1. 公平性

公平性是指货币金融政策在对象的选择、政策力度的赋予、应用政策的手段和方法上坚持客观标准和无歧视的原则,由支持对象的自身条件和发展方向决定其是否可以获得政策支持。

2. 透明性

透明性是指政策的标准、要求和获得政策支持的条件应向所有的合格市场主体做到公开透明;而在获得政策支持后,其获得的规模、原因和标准也应在合格市场主体中公开,以接受监督。从货币金融政策来看,则包括央行、监管机构与金融机构之间,以及金融机构与非金融企业之间两个层次。

3. 综合性

综合性是指由于货币金融政策措施之间的联系十分密切,原则上不能出现相抵消或相背离的同一安排,因此,在考虑政策设计和政策施力时,要综合考虑政策措施之间的关系,形成同向的合力,而不是逆向的阻力。如一个行业的企业获得的优惠贷款的支持条件,但该行业又属于限制贷款进入的行业,则会导致优惠贷款的条件实际落空。

4. 间接性

间接性是指货币金融政策效力的发挥要通过市场机制的有效传导最终才能表现在产出和市场层面。因此,货币金融政策的实际运行效果,既要看政策安排和政策力度,又要看市场信号传递条件和传导机制的效率情况。

(二)货币金融政策在宏观调控中的基本框架

在"锐盾结构"中,货币金融政策处于三角形Ⅲ之中,要解决的宏观问题包括三个核心问题:第一,化解风险,维护资产价格稳定;第二,降低成本,支持生产性企业发展;第三,降低杠杆,优化融资结构安排。具体如图 8-1 所示。

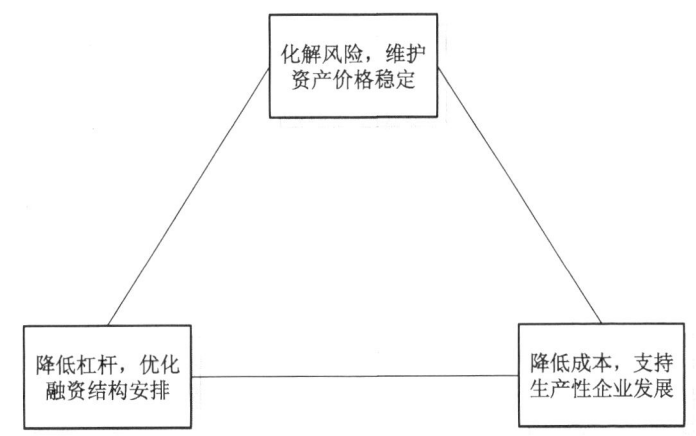

图 8-1　货币金融政策三角形的宏观调控策略

从化解风险、维护资产价格稳定来看,经济新常态下影响资产价格稳定的风险主要包括微观金融风险和房地产行业风险,也即"以高杠杆和泡沫化为主要特征"的风险。货币金融政策进行应对的时候,微观上应重点处理好不良资产、债券违约、影子银行、互联网金融等风险,并以"即抑制房地产泡沫,又防止大起大落"展开房地产市场调控。

从降低成本、支持生产性企业发展来看,货币金融政策的要点是要降低企业财务成本,金融部门要创造利率正常化的政策环境,为实体经济让利。因此,要推进金融行业的竞争,扩大市场准入,作出渠道替代和产品替代安排等,重点是利率市场化改革。

从降低杠杆、优化融资结构安排来看,货币金融政策的关键着力点是促进企业盘活存量资产,推进资产证券化,支持市场化、法治化债转股,加大股权融资力度,强化企业特别是国有企业财务杠杆约束,逐步将企业负债降到合理水平。

（三）以化解风险、维护资产价格为目标的货币金融政策

化解风险、维护资产价格的主要目标是降低高杠杆、泡沫化风险，并实施必要的资产价格购买计划或资产转型转售计划等。其具体包括以下手段。

1. 资产质押或购买计划

中期借贷便利（Medium-term Lending Facility，MLF）是一种典型的资产抵押购买计划，该工具于2014年9月由中国人民银行创设。MLF是中央银行提供中期基础货币的货币政策工具，对象为符合宏观审慎管理要求的商业银行、政策性银行，可通过招标方式开展。发放方式为质押方式，并需提供国债、央行票据、政策性金融债、高等级信用债等优质债券作为合格质押品。在央行的操作下，将对高稳定性资产价格进行有效调控，控制其收益率的上升，从而对资产市场的价格稳定发挥了有效的支持作用。

2. 债转股安排

本处所指的债转股安排，既包括前文所述及的银行对资产管理公司的债转股，又包括市场上可独立运行的可转换债券、可交换债券、可转换票据等债转股工具的使用。货币金融政策的重点是对债转股工具的使用提供相应的支持。

3. 资产证券化或再包装

受到房地产市场泡沫的影响，房地产资产的累积风险水平较高，并对其他资产的估值定价产生重要影响。货币金融政策的要点是为房地产风险的化解提供疏解的通道，并为其他低估值资产提供再融资通道，如通过信贷抵押资产证券化（MBS）改革为银行的房地产贷款流动提供通道，通过其他资产的资产证券化（ABS）为低估值资产或非标准资产的再融资提供便利等。

4. 推动产权市场和产权交易的发展

伴随着"双创"发展的不断深入和模式创新的不断增多，越来越多的企业并不是按照公司制的方式来组建企业或开展融资，如高科技企业中的有限合伙制不断增多，小微企业之间的"众创"空间不断壮大，企业融资中的"众筹"模式也广为应用，这样股权之外的其他产权的定价和交易就变得十分重要。货币金融政策要大力构建专业化的产权交易所，采取做市商、拍卖、投标等有效的方式进行科学定价，推进产权的适度流转和有效使用。

（四）以降低杠杆、优化融资结构为目标的货币金融政策

降低杠杆是化解经济宏观风险的重要举措，也是推进实体经济转型、提升实体经济融资能力和经营效率的重要举措。与财政政策不同，货币金融政策是降低杠杆、优化融资结构的直接支持政策，其政策着力点不是改善环境，而是通过宏观调控来干预和化解问题。

1. 推进股权式融资的发展

主要政策措施有：一是推进证券市场改革，加速IPO的进度，稳定和优化市场的

估值能力,提升新三板的容纳能力和活力,坚持以做市商交易为基础,更好地匹配收益率的估值系统;二是推动股权投资基金的发展和组建,进一步完善以备案制为基础的股权投资基金的组建工作,并鼓励投资基金以作为长期投资者和收益分享者的方式获得投资回报;三是推动大型企业集团和上市公司组建企业级的投资基金,并对中小企业开股权投资,提升中小企业的融资能力和经营活力;四是推动风险投资、产业投资基金的发展,进一步拓展基金的投资范围和领域。

2. **股债联动的融资模式推进**

从货币金融的角度来看,股债联动最大的风险来自对已出现结构性失衡甚至是系统性风险的掩盖,因为股权和债权的叠加将主要考虑增量平衡而忽视了现有存量中的结构性问题和矛盾。在货币金融政策上,一方面要大力支持股债联动融资的发展,支持大型商业银行开办股债结合的融资业务和融资产品;另一方面要支持市场股权投资的发展,并推动银行开展债权与股权产品互认标准的确立,推进股债联动融资的标准化。在此基础上,要实施"穿透原则",从增量到存量,从股权修饰后的资产负债情况到还原后的风险水平、解决情况和转化方向。

3. **基础权和衍生权分立联动的资产管理方案**

受到资产价格持续上涨和实体经济运行环境不断复杂的影响,在实现资产与生产联动发展时,资产持有者对将其资产用作对生产的质押始终保持谨慎的态度,从而使生产体系出现了一定程度的资产荒,而资产体系的泡沫又在不断膨胀。货币金融政策应大力推进金融机构策应权利分置改革,这样能够较好地实现房屋的租赁权、土地的流转权和国有企业的资产(不是资本)权定价,推进房屋租赁权质押贷款、土地流转权质押贷款和国有资产收益权质押贷款等,从而在保持资产产权稳定、权利清晰的格局下,利用衍生权利为实体经济的发展助力,并实现资产持有人权利的充分利用。

4. **推行金融锚产品并建立资产直接置换机制**

受到新常态下多项改革齐头并进,且产业调整逐步深入的影响,许多资产表现出一定程度的价值减损的风险,而在价值稳定的层面呈现出资产荒的特征。在这一条件下,创造新的资产种类,扩张资产的产权范围,形成新的衍生价值,从而补充资产价值的损失成为宏观层面决策的重要依据,但也面临着权利良莠不齐,形成大量的定价失误和估值风险的可能。货币金融政策应向资产市场推出具有较高信用水平、市场定价清晰、流转性较高和应用范围较广的资产作为整个市场的"锚产品",并形成"锚产品"的置换价值和资产的市场价值的双重报价,利用"锚产品"来发现和纠正市场的定价失误,避免估值过高而导致的资产风险溢出的情形。

(五) 以降低成本、支持生产性企业发展为目标的货币金融政策

降低成本是提升生产企业效率,抑制企业投资和运营风险,提升生产性企业活力的重要举措。经济新常态条件下,我们面临进一步推进产业转型的历史性任务,传统产业供给能力大幅超出需求,产业结构必须优化升级,企业兼并重组、生产相对集中不可避免。为防范转型过程中的经济运行风险,实现生产转型、设备更新和技术革新

的持续有效进行,应主要实现以下政策上的突破。

1. 利率政策

利率政策是典型的价格型货币政策。

首先,利率政策的调整方向是利率市场化,也即由资本市场的供求决定利率的水平,从而产生对投资活动的自然抑制和促进,从某种程度上来看,利率市场化条件下的市场利率水平成为我国投资形势的自动稳定器。在利率市场化的方向上,为实现对市场利率有效指导,避免出现重大的定价失误而导致资产市场系统性风险暴发的压力,货币金融政策的核心是与财政部门一起完善无风险收益率曲线,并实现该收益率曲线的充分有效定价,向市场传递无风险的资金成本,供市场在完成风险贴水的测算后,即可就个体资产和金融活动给付较为准确的利率水平报价。

其次,是利率政策实施策略,即中央银行给予商业银行或金融机构的再贷款报价或者基准利率水平。中央银行可以较为便利地实施再贷款利率的调整和基准利率的调整,并通过新的利率水平调整银行间市场的资金成本,或直接干预零售市场的资金成本。当中央银行提高基准利率的时候,银行间市场的资产估值将发生改变,债权类资产价格的承压较大,而零售市场的资金成本将发生改变,股权资产的价格将会出现一定程度的走低。

新常态下的利率政策在两个方面都表现出积极活动的特点,成为综合性的利率政策。

2. 信贷政策

信贷融资是我国融资格局的重中之重,2016 年,我国共实现社会融资总额 17.8 万亿元,其中人民币贷款就占到了 12.44 万亿元,占比高达 70%,是最为重要的融资渠道和方式,也是货币金融政策对实体经济最大的影响路径。在经济新常态下,受到房地产价格不断高企的影响,贷款资金的投放很难进入收益率较低的实体经济,更多的是进入风险水平相对较低,而收益水平又相对较高的房地产市场。2016 年,房地产贷款规模达到 7.2 万亿元,约占全年人民币和外币贷款总规模的 50%,约占 3.99 万亿中长期贷款总规模的 180%,即在中长期融资中,房地产贷款对实体经济融资实现了大规模的"挤出"。因此,货币金融政策既要支持贷款资金的合理增长和持续投放,更要实现贷款真正的流向引导,使其能够进入并保持在实体经济之中,要在宏观上管住货币,微观信贷政策上要支持合理自住购房,严格限制信贷流向投资投机性购房。

3. 金融收费政策

金融收费是企业财务成本的重要构成因素之一,按照经济新常态下降低实体经济成本、提高实体经济收益水平的要求,金融收费处于要进一步压减或取消的进程之中。但在具体的货币金融政策的设计上,关于金融收费的政策管理还应从更加全面的层面完成设计,主要有:第一,金融收费实际上是对金融风险的一种补偿形式。当前金融产品或服务定价存在一定程度的扭曲,为避免风险,金融企业增加了金融收费进行弥补,如对小微企业的指导性贷款中,金融服务的风险和收益之间就可能发生较大的失衡。在政策管理上,要纠正已有的扭曲,化解积累的风险,并对新出台的指导性政策要坚持风险和收益相平衡的原则,更多通过风险转化、保险和担保介入的方式解决问题,而不是直接扭曲市场。第二,金融收费实际上是对更高金融服务成本的一种补偿。由于我国金融机构的功能是支持投融资需求,并担当社会的信用中介,因此,金融服务始终是市场较为短缺的供给,当社会对金融服务需求提高的时候,金融企业具有良好的成本转嫁能力,从而将增加的成本以收费的形式转移给融资人承担。在政策管理上,要推进金融企业的竞争,并鼓励更多地开展金融产品为中介载体服务,从而在打破金融市场垄断的同时,打破金融服务的垄断,使转嫁成本型的金融收费失去重要的生存土壤。第三,金融收费中也存在典型的垄断性因素,要开展金融市场专项治理,通过市场监督、行业协会和用户反应等多种方式,坚决打击违法违规的金融收费,并对金融市场上的"人为中介"现象进行治理。

4. 风险管理和市场准入政策

我国传统的风险管理理念是一种控制性理念,即将金融业务进行模块划分后,形成对风险的网格化管理的基础,并设定一系列的指标,重点保证资产负债率、现金流动性、金融机构的资本充足率、不良贷款规模等指标运行在合理的范围之内。而在新常态下,许多新兴的技术和产业本身就具有高风险特征,并且许多企业选择走小型化、专业化和智能化的道路,资金需求大,但与传统风险管理指标的匹配度差。因此,货币金融政策必须转换风险管理理念,将风险控制型理念转为风险分散型理念,依靠准确的风险评估,实现平衡性的风险定价,并将风险以合理的价格实现在投资主体之间的风险,增加风险的承受力和实际上的稳定性。

而为了推进风险分散,则需要将风险能够交给更多的主体来共同承担,一方面需要更多的金融产品,更好的产品定价技术;另一方面也需要更多金融主体,通过竞争来保证定价的合理性和分散的效率性。因此,应大力推进金融市场准入制度的改革,将特许权准入改为资格性准入,由监管当局制定合理而科学的准入标准,并实施审批制向核准制甚至向备案制转变的管理办法。当前,股权投资基金的准入改革、金融租赁的准入改革等的实施都是较好的、可供参考的经验。

5. 抵押补充贷款

2012 年下半年以来,我国外汇占款增速放缓且波动性加大,对基础货币投放格局产生影响,央行流动性管理逐渐具备了从过去 10 余年的被动对冲外汇流入向主动管理转变的条件,货币政策调控框架也需要逐步从数量型向价格型转变。为应对上述变动,央行创设一个新型工具用以进行货币数量管理和资金价格调控,即抵押补充贷款(PSL)。从 PSL 的实施情况来看,其主要是接受商业银行提供的合格的投资计划和必要的担保资产,在一定利率水平上,央行向商业银行投放货币的行为,因此,PSL 既是一个数量型货币政策工具,又是一个价格型的货币政策工具,货币金融政策应将其收入工具库中,以备市场需求。但从现状来看,由于投资计划的执行性和担保资产稳定性的影响,PSL 不应大规模实施,而将其作为货币投放渠道之一是较好的选择,不应作为货币投放的主渠道,更具开放性和透明度的中期借贷便利(MLF)

是满足市场需求、创新货币供应方式的更好选择。

6. 企业保理或应收账款服务安排

新常态条件下，实体经济的融资受到房地产市场等资产市场的"挤出"影响，导致了一定程度的流动性紧张，而同时，大量的新型企业又缺乏足够的市场信用或抵押资产，导致了风险承受力下降。因此，货币金融政策必须实施有效的方式，以支持企业的资金流动和降低企业的资金风险，而企业保理和应收账款的政策安排就具有了良好的针对性和实践性。

从企业保理来看，货币金融政策应支持银行、保险和金融租赁等机构对相关企业开展商业保理的服务，服务的范围包括百分百的风险担保、应收账款管理和企业增信等活动。

从应收账款服务来看，除了商业保理所涉及的应收账款服务之外，还应大力推进"福费廷"业务，即无追索权的承购应收账款；应收账款的质押融资；应收账款收益权抵押贷款；以及应收账款资产证券化等业务创新。此外，还可以支持私募基金等参与部分应收账款投资活动（如票据等），从而加速应收账款流转，并降低流转成本。

7. 直接股权式融资

直接式的股权融资主要是指企业以发行股票的方式进行融资。货币金融政策要集中力量：强化证券交易所市场的主导地位，充分发挥证券交易所的自律监管职能。壮大主板、中小企业板市场，创新交易机制，丰富交易品种。加快创业板市场改革，健全适合创新型、成长型企业发展的制度安排。增加证券交易所市场内部层次。加快完善全国中小企业股份转让系统，建立小额、便捷、灵活、多元的投融资机制。在清理整顿的基础上，将区域性股权市场纳入多层次资本市场体系。完善集中统一的登记结算制度。

8. 直接债权式融资

直接式的债权融资主要是指企业的债券融资活动。货币金融政策要突破现有的制度"瓶颈"，并努力实现以下突破：完善公司债券公开发行制度。发展适合不同投资者群体的多样化债券品种。建立健全地方政府债券制度。丰富适合中小微企业的债券品种。统筹推进符合条件的资产证券化发展。支持和规范商业银行、证券经营机构、保险资产管理机构等合格机构依法开展债券承销业务。规范发展债券市场信用评级服务。完善发行人信息披露制度，提高投资者风险识别能力，减少对外部评级的依赖。建立债券发行人信息共享机制。探索发展债券信用保险。完善债券增信机制，规范发展债券增信业务。强化发行人和投资者的责任约束，健全债券违约监测和处置机制，支持债券持有人会议维护债权人整体利益，切实防范道德风险。

二、"供给侧"财政、货币政策框架下的金融协同

根据第6章和第7章提出的"供给侧"宏观调控框架及财政政策体系的设计，本

章延续前文的基本思路和调控理念，在以财政货币政策构建基础协调模式的基础上，发挥金融市场力量，设计金融协同的产品、渠道和模式，从而实现"供给侧"财政货币政策框架下的政府与市场有效协同。

（一）"供给侧"财政、货币政策的协调配合

"供给侧"下的财政、货币政策的协调配合既包括两类政策体系措施间的协调配合，也包括政策机制间的协调配合。我们将两类政策的特点进行归类整理，并得出其基本关系。如表8-1所示。

表 8-1 "供给侧"下财政、货币政策协调配合情况

项目	政策	政策特点	关系	协调着力点
结构/布局型政策	财政政策	效应突出，手段丰富	互补	如何使货币政策手段借助财政实现目标
	货币政策	政策效果受到套利的影响，而形成明显抑制		
规模型政策	财政政策	政策成本高，对市场力量的引导和带动能力不足	互补	财政政策可借力货币政策，或推出可资本化的财政产品
	货币政策	政策成本低，有良好的市场扩张基础，带动能力强		
效益型政策	财政政策	主要强调事后调节，政策措施不够细化，干预过于直接	独立	要构建价格型新产品弥补上述政策空白
	货币政策	政策效果不佳，属于受到约束的价格型和奖励型政策		
自动稳定机制	财政政策	具有优势，市场力量沿循政策机制直接发力	协作	以财政来优化发力路径；以货币来调动市场力量。构建协作机制和产品
	货币政策	正在构建和完善，需要借助市场力量发力		
信号反应机制	财政政策	尚未实现有效的构造	协作	开发财政信号产品，财政货币协作产品、政策时滞控制机制
	货币政策	是最主要的运转机制，但在操作中易受到时滞的影响		
相机抉择机制	财政政策	具有决策快，政策链短的特点，但随机性大	独立	需借助其他产品或机制。需开发典型工具并组建工具箱
	货币政策	以风险作为分析对象，存在决策依据和调控目标错位		

根据表8-1，"供给侧"财政与货币政策间的协调配合的情况共分为互补、协作和独立（分离）三种，在政策功能、机制和手段上表现出对新模块、新机制和新工具介入和创新的需求。其中，政策工具主要包括具有事先效益调控效果的价格型工具、以自动稳定协作为目标的政策手段、有效的财政信号工具、财政货币政策信号协作工具、

相机抉择辅助或支持工具等;政策机制主要包括在规模型政策中财政对货币的借力机制,在效益型政策中财政货币政策的事前调控机制,在自动稳定机制中的财政货币协作机制,在信号反应机制中的政策时滞控制机制,在相机抉择机制中的外部输入(辅助)性机制等;政策功能则主要包括协作模块、隔离模块、外嵌模块和组合工具箱等。通过这些分析,我们可以发现,仅依靠财政与货币金融政策的现有渠道和手段是无法满足"供给侧"财政与货币金融政策协调配合需求的,在强化内部创新和延伸内部功能的同时,大力引进并借助外部的有效机制和工具是有效实现"供给侧"管理的有效支撑。

(二)"供给侧"财政、货币政策协调的金融协同

根据上述分析,"供给侧"财政、货币政策协调的金融协同应属于外部变量和政策输入效果。根据这一定位,我们对金融协同安排进行深入讨论。

1. 金融协同的定位与功能

我们对于金融协同的界定有两个原则:一是外部性原则,金融协同不是财政和货币政策搭配中的考虑条件,而是在既有政策搭配形成后,再进行纳入、选择和考量的外部变量;二是协同性原则,金融协同是作为参变量纳入政策体系的,在地位和作用上应是辅助性和因应性的,不宜作为主导性或主动性的手段直接发力。

从金融协同的切入点来看,应包括以下三个层次:一是金融协同作为现行政策搭配优化的基础,通过对现行政策搭配的优化和效率的提升切入宏观调控框架;二是金融协同作为现行政策搭配中间断环节或独立性因素的联结纽带而存在,从而凝聚政策合力,实现财政与货币金融政策间的全面协作;三是金融协同可以丰富现有政策工具,或是充当政策信号,在提高工具效率的同时,提升政策效力。金融协同与财政和货币金融政策协调配合框架的关系如图8-2所示。

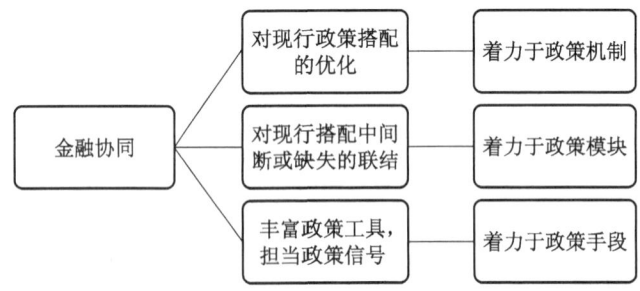

图8-2 金融协同的地位、作用和与政策调控框架的关系

2. 金融协同的内部结构和组织体系

根据图8-2,金融协同的内在构成要实现与政策调控框架的三个方面的关系,即在政策手段上,要着力建设具有结构性调控功能的价格型工具,具有财政政策引导的信号工具,机制上的协作工作和支持工具等;在政策机制上,要大力支持协作机制的

完善，在规模调控中的政策借力机制，决策辅助机制和政策时滞控制机制等；在政策模块上，要大力推进协作模块、隔离模块、外嵌模块和组合工具箱的建设，以通过模块的直接运用降低决策成本和风险，提高政策的有效性和针对性。

按照内部结构三个方面的关系，金融协同的组织体系应包括以下四个方面的内容。

第一，金融协同的手段和工具。这是进行金融协同的基础要件，但由于手段和工具需要进行深入的分析和创新性的设计，本书接下来将予以专题分析，本处就不再赘述了。

第二，金融协同的运行机制。由于金融协同的基本原则是外部性原则和协同性原则，所以金融协同的运行机制既需要具有独立性，也需要具有功能性和关联性的特点。所需构建的运行机制包括：一是财政货币政策的关联机制，即将财政政策手段与货币政策手段直接映射连接的机制；二是财政和货币政策的功能辅助机制，即将财政政策和货币政策在结构性、规模化、效益性等方面难以发挥的效用发挥出来；三是独立运行信号机制，金融协同作为独立运行的外部变量，受到外部环境的影响，将表现出一定程度的信号反应，从而为财政货币协调框架提供第三方信号支持；四是财政货币政策的决策辅助机制，即通过金融协同为财政货币政策提供决策的信息、反馈和阶段性修正等功能。

第三，构成模块与内部联系。主要包括政策协作、隔离和外嵌三个模块，具体有：一是政策协作模块，主要提供财政政策、货币政策和市场力量的借力模块，财政、货币政策的结构性协作模块，货币政策传导时滞控制模块等；二是隔离模块，主要执行财政政策的"挤出"效应隔离，货币政策的结构性、布局性调控中的套利隔离，财政、货币政策收益型措施所导致的市场扭曲效应隔离；三是外嵌模块，主要包括对外部环境变化的缓冲模块，对政策效力进行规模放大的功能模块，结构性调控对市场资源进行引导的功能模块等。

第四，市场运行的触发指标管理。指标管理的功能是根据市场运行的情况，设定一系列的反应指标，这个指标与第三方信号机制不同，主要是为金融协同的运行而设定的，并非用以辅助财政、货币政策的协调配合。触发指标主要包括：区间运行指标，应急启动指标，风险预警指标，政策缓释指标，外部隔断指标等。触发指标运转后，金融协同将独立作出管理决策，不再作为财政、货币政策体系的协同机制。

（三）"供给侧"财政、货币政策协调的"工具箱"

根据金融协同的特性和定位，以服务财政、货币政策协调配合为建构目标，我们对"供给侧"财政、货币政策协调的基本工具体系和"工具箱"结构进行初步的设计和规划。

1. "供给侧"的政策协调工具

根据"供给侧"政策的四个结构和三项机制的要求，政策协调工具主要包括以下四类。

一是独立运行工具。这类协调工具根据自身的规律在市场运行中和政策跟进中对各类信息进行搜集、整理和处置,并给出有效的反应和指示。

二是辅助运行工具。这类工具是根据"供给侧"的四个结构的要求,强化财政、货币政策协调配合的结构性、布局性、规模性和效益性政策工具。以国家开发银行为例,结构性工具如产业结构与优化升级综合授信业务,布局性工具如国家级新区、重点发展区域的贷款业务,规模性工具如国家集成电路产业基金业务,效益性工具如保障性安居工程社会资金引导业务等。

三是功能嵌入性工具。这类工具是根据"供给侧"的三项机制的要求,建立的自动稳定工具、信号反应工具和相机抉择工具。自动稳定工具即为具有自动稳定功能的金融协同措施,具有较好的逆周期性和自动稳定功能。信号反应工具是指能够为财政货币政策协调配合提供第三方信号的工具。相机抉择工具强调工具的运用能够廓清运行的态势,并为相机抉择提供风险探查和协同管理。

四是修正与优化工具。该类工具主要强调从系统有效性的角度,对财政政策、货币政策和纳入的金融协同工具的组合与运行进行优化调整。如在棚户区改造过程中,受托银行作为专业管理者,制定科学而规范的运作方法,对财政、货币和其他金融政策进行了有效的梳理和整合,高效运用有限的政策资源,达到了宏观调控的目标要求。

2. "供给侧"政策调控的"工具箱"

与政策工具的运作和管理理念不同,"供给侧"政策调控的"工具箱"是一个通用的标准化的政策手段的组合,其运用主要是为满足财政和货币当局的需要,而不是仅仅供金融协同机构的自主使用。从功能上看,"工具箱"可以分为以下类别:

第一,外源性"工具箱"。该类"工具箱"具有良好的外部性,可以根据调控和协作的需要,充当独立的外部功能模块。外源性"工具箱"可以进一步细分为规模放大型、结构调控型、效益深化型等三个类型,具体是:规模放大型工具箱可包括政府贴息扶助类贷款、政府奖励支持类贷款,以及对政策进行综合授信等工具"子箱";结构调控型工具箱可包括产业专项贷款、环保绿色金融等工具"子箱";效益强化型工具箱可包括金融机构可转债(信贷)安排、非标准资产支持证券等工具"子箱"。

第二,融合性"工具箱"。该类"工具箱"与财政和货币政策中的具体政策手段相融合,从而形成稳定的政策手段和金融工具的搭配。在类别上可以分为财政政策融合型、货币政策融合型、协调配合融合型等三个类型。财政政策融合型如政府合作资金的建设就是典型的"工具箱",包括形成的专业类、区域类、补贴类和奖励类的政府与社会合作资金等。货币政策融合型如结合中期借贷便利(MLF)下的低成本资金开展的差异化资产融资成本安排等工具"子箱",从而形成企业融资的复合性贷款机制,降低企业融资成本,扩大货币政策效果。协调配合融合型如根据积极财政政策和稳健货币政策框架,以地方政府债券交易、流转、质押和再融资安排为典型特征的专业金融服务,如地方政府债券的回购和借出业务等工具"子箱"。

第三,衍生性"工具箱"。该类"工具箱"是基于金融协同机制的功能,而改变原有的资源配置或支配关系,形成的具有形式创新性或是功能衍生性的新"工具箱"。例如,政府管理的社会保险资金的累计余额投资委托就是典型的功能衍生性工具"子箱";对关键性产业或企业,根据宏观调控的要求,而开展的股债结合式的金融投资运作则是形式创新性工具"子箱"的重要构成。

参 考 文 献

［1］汪红驹,刘诚.经济稳增长 物价去通胀 金融去杠杆[N].经济参考报,2017-3-30.

［2］李铁.从城镇化发展趋势来理解未来和智慧[N].中国信息化周报,2016-3-28.

［3］蔡昉.刘易斯转折点与公共政策方向的转变——关于中国社会保护的若干特征性事实[J].中国社会科学,2010(11).

［4］伍骏骞,阮建青,徐广彤.经济集聚、经济距离与农民增收:直接影响与空间溢出效应[J].经济学,2017(1).

［5］逯进,苏妍.人力资本、经济增长与区域经济发展差异——基于半参数可加模型的实证研究[J].人口学,2017,39(1).

［6］刘根荣.共享经济:传统经济模式的颠覆者[J].经济学家,2017(2).

［7］刘翔峰.亚投行与"一带一路"的利益聚合[N].证券日报,2015-4-25.

［8］李向阳.构建"一带一路"需要优先处理的关系[J].国际经济评论,2015(1).

［9］薛力.中国"一带一路"战略面对的外交风险[J].国际经济评论,2015(3).

［10］黄益平.中国经济外交新战略下的"一带一路"[J].国际问题研究,2015(2).

［11］申现杰,肖金成.国际区域经济合作新形势与我国"一带一路"合作战略[J].宏观经济研究,2014(11).

［12］苏杭."一带一路"战略下我国制造业海外转移问题研究[J].国际贸易,2015(3).

［13］张茉楠.全面提升"一带一路"战略发展水平[J].宏观经济管理,2015(2).

［14］黄卫平,黄剑."一带一路"战略下人民币如何走出去[J].人民论坛·学术前沿,2015(5).

［15］张良卫."一带一路"战略下国际贸易与国际物流协同分析[J].财经科学,2015(7).

［16］戴伟,张雪芳.金融发展、金融市场化与实体经济资本配置效率[J].审计与经济研究,2017(1).

［17］卢现祥.供给侧结构性改革:从资源重新配置追赶型经济转向创新驱动型经济[J].人文杂志,2017(1).

［18］陈继勇,陈大波.贸易开放度、经济自由度与经济增长[J].武汉大学学报,2017(3).

［19］饶品贵,岳衡,姜国华.经济政策不确定性与企业投资行为研究[J].世界经济,2017(2).

［20］邓晓兰,陈宝东.经济新常态下财政可持续发展问题与对策[J].中央财经大学学报,2017(1).

［21］刘穷志.税收竞争、资本外流与投资环境改善［J］.经济研究,2017(3).

［22］申勇,马忠新.构筑湾区经济引领的对外开放新格局——基于粤港澳大湾区开放度的实施分析［J］.上海行政学院学报,2017(1).

［23］侯登华.共享经济下网络平台的法律地位——以网约车为研究对象［J］.政治论坛,2017(1).

［24］吴福象.论供给侧结构性改革与中国经济转型［J］.人民论坛,2017(1).

［25］孙志红,王亚青.金融集聚对区域经济增长的空间溢出效应研究［J］.审计与经济研究,2017(2).

［26］张新红,于凤霞.中国分享经济发展现状、问题及趋势［J］.电子政务,2017(3).

［27］潘珊,龚六堂.中国经济的“双重”结构转型与非平衡增长［J］.经济学季刊,2017(1).

［28］张申,张亚光.中西经济思想的首次“大分流”——基于罗马与秦汉时期的经济思想比较研究［J］.经济科学,2017(1).

［29］王利辉,刘志红.上海自贸区对地区经济的影响效应研究——基于“反事实”的思维视角［J］.贸易问题,2017(2).

［30］庞琴,梁意颖,潘俊豪.中国的经济影响与东亚国家民众对华评价［J］.世界经济与政治,2017(2).

［31］韩增林,胡伟.基于能值分析的中国海洋生态经济可持续发展评价［J］.生态学报,2017(8).

［32］龚天平,周丹.作为经济伦理的经济共享理念［J］.华中科技大学学报,2017(1).

［33］赵彦云,王康,邢炜.转型期中国省际经济波动对经济增长的空间溢出效应［J］.统计研究,2017(5).

［34］张旭.从转变经济发展方式到供给侧结构性改革——中国经济战略调整与实施［J］.经济纵横,2017(3).

［36］马红,王元月,成哲.虚拟经济适度发展对企业投资效率的影响［J］.山东大学学报,2017(3).

［37］邵宜航,李泽扬.空间集聚、企业动态与经济增长:基于中国制造业的分析［J］.中国工业经济,2017(2).

［38］郝毅,李政.土地财政、地方政府债务与宏观经济波动研究［J］.当代经济科学,2017(1).

［39］张翔,刘璐,李伦.国际大宗商品市场金融化与中国宏观经济波动［J］.金融研究,2017(1).

［40］徐明祺.美国的自由主义经济思想是否正走向终结——特朗普政府“新干预主义”经济政策评析［J］.人民论坛,2017(6).

［41］陈继勇,刘卫平.美国经济政策转向对全球经济的影响［J］.人民论坛,2017(6).

［42］马贤磊,沈怡,仇童伟,等.自我剥削、禀赋效应与农地流转潜在市场发育——兼论经济欠发达地区小农户生产方式转型［J］.中国人口资源与环境,2017(1).

［43］魏巍贤,马喜立.人民币汇率双向波动对中国及世界经济的影响——基于单一国家和多国的动态 CGE 模型［J］.财经研究,2017(1).

［44］周玮,胡姝博,孙辉,等.考虑大规模风电并网的电力系统区间非线性经济调度研究［J］.中国电机工程学报,2017(2).

［45］潘红波,陈世来.《劳动合同法》、企业投资与经济增长［J］.经济研究,2017(4).

［46］张平.中国经济迈向中高端发展的效率提升与供给侧改革——2017 年经济展望［J］.现代经济探讨,2017(1).

［47］缪小林,王婷,高跃光.转移支付对城乡公共服务差距的影响——不同经济赶超省份的分组比较［J］.经济研究,2017(2).

［48］王锋,李紧想,陈进国,等.人口密度、能源消费与绿色经济发展——基于省域面板数据的经验分析［J］.干旱区资源与环境,2017(1).

［49］李雪松,张雨迪,孙博文.区域一体化促进了经济增长效率吗?——基于长江经济带的实证分析［J］.中国人口资源与环境,2017(1).

［50］冯健,项怡之.开发区居住空间特征及其形成机制——对北京经济技术开发区的调查［J］.地理科学进展,2017(1).

［51］孙斌栋,丁嵩.多中心空间结构经济绩效的研究进展及启示［J］.地理科学,2017(1).

［52］蒋茂荣,范英,夏炎,等.中国高铁建设投资对国民经济和环境的短期效应综合评估［J］.中国人口资源与环境,2017(2).

［53］高然,龚六堂.土地财政、房地产需求冲击与经济波动［J］.金融研究,2017(4).

［54］陈东晓,叶玉.全球经济治理:新挑战与中国路径［J］.国际问题研究,2017(1).

［55］刘浩,马琳,李国平.京津冀地区经济发展冷热点格局演化及其影响因素［J］.地理研究,2017(1).

［56］刘伟.中国经济改革对社会主义政治经济学根本性难题的突破［J］.中国社会科学,2017(5).

［57］程华,程伟波.新常态、新经济与商业银行发展转型［J］.金融监管研究,2017(2).

［58］隋广军,黄亮雄,黄兴.中国对外直接投资、基础设施建设与"一带一路"沿线国家经济增长［J］.广东财经大学学报,2017(1).

［59］吴福象,段巍.国际产能合作与重塑中国经济地理［J］.中国社会科学,2017(2).

［60］付强.市场分割促进区域经济增长的实现机制与经验辨识［J］.经济研究,2017(3).

［61］郑世林,应珊珊.项目制治理模式与中国地区经济发展［J］.中国工业经济,2017(2).

［62］郭金喜,谢威望,刘璇.县域经济向都市区经济转型的理论向度与政策选择——以浙江金华为例［J］.区域经济评论,2017(1).

［63］丁如曦,倪鹏飞.中国经济空间的新格局:基于地市房地产视角［J］.中国工业经

济,2017(5).

[64] 习近平. 7 月 26 日省部级主要领导干部专题研讨班开班式的讲话[N]. 人民日报,2017-7-27.

[65] 中共中央关于全面深化改革若干重大问题的决定[N]. 人民日报,2013-11-18.

[66] 中共中央关于制定国民经济和社会发展第十三个五年规划的建议[N]. 人民日报,2015-10-29.

[67] 国务院. 中华人民共和国国民经济和社会发展第十三个五年规划纲要[N]. 人民日报,2016-3-17.

[68] V. Porthé, I. Vargas, E. Ronda, et al. Has the quality of health care for the immigrant population changed during the economic crisis in Catalonia (Spain)? Opinions of health protessionals and immigrant users[EB/OL]. Gaceta Sanitaria,2017-6-3.

[69] Avik Sinha, Sudipta Sen. Atmospheric consequences of trade and human development：A case of BRIC countries[J]. Atmospheric Pollution Research. 2016,7(6).

[70] Fang Xia, Feng Song. Evaluating the economic impact of wind power development on local economies in China[J]. Energy Policy, 2017,105.

[71] i. O. Baycan, G. Yildirim. Examining the dynamics of the Turkish manufacturing industry：A hidden Markov model approach[J]. Chinese Journal of Physics,2017,55(3).

[72] Ashfaq Ahmad, Yuhuan Zhao, Muhammad Shahbaz, et al. Carbon emissions, energy consumption and economic growth：An aggregate and disaggregate analysis of the Indian economy. Energy Policy,2016,96.

[73] 国家统计局数据库.

[74] 财政部数据库.

[75] 中国人民银行数据库.